60대 인문학자,
우리는 어떤 길을 걸어왔는가

60대 인문학자, 우리는 어떤 길을 걸어왔는가

하세봉 지음

산지니

책을 묶으며

기왕에 발표한 글들을 묶어 책으로 내는 일이 의미가 있을까? 그동안 학계에 관하여 비평하는 글을 자주 적어왔다. 그리고 그런 글들을 묶다 말기를 반복하다가 오늘까지 왔다. 글을 PDF 파일로 손쉽게 다운받아 읽을 수 있고 종이 책은 멀어지는 시대이기 때문이었다. 그러나 정년퇴직을 앞두고 그동안의 내 공부란 도대체 무엇이었는가 하는 의문으로 한국사회의 지적 동향과 내 공부를 접목시켜보는 수필을 적어보면서, 그간의 내 글을 묶어 볼 욕심을 굳히게 되었다. 이 묶음은 베이비부머 세대의, 그리고 평범한 지방의 인문학자가 한국학계와 대학사회를 보는 시선의 기록이다. 발표될 당시의 글에서 일부 쳐내고 필요한 부분은 현재화시켰다.

능력 있고 주목할 만한 성과를 가진 학자일수록 퇴직 이후에도 공부를 손에서 놓지 않을 자세를 가진다. 마무리 못한 숙제가 남아 있기는 하나 퇴직 이후엔 그저 여유를 즐길 책을 읽고 싶고, 공부는 퇴직과 동시에 작파할 생각이다. 현직에서도 변변한 연구성과를 내놓지 못하는 능력이었으니, 퇴직 후는 언감생심이다. 뛰어난 학자나 명문대학에 재직한 학자들은 동료나 선후배들의 평론으로 그들의 학문에 의미와 가치가 부여될 터이나, 내 학문을 평해줄 동료도 후학도 갖지 못한 나는 스스로 내 공부에 대하여 자문하지 않을 수 없다. 동시에 한국의 학계에 대하여 그동안 내 시선이 어떠했고 얼마나 변했는지 뒤돌아볼 필요를 느낀다.

그러고 보니 내 생애 첫 저서는 전문연구서가 아니라 학계 비평서였다. 그 책은 지방대학 시간강사의 울분을 분출하는 내용으로 가득 찼는데, 내 글이 가치가 있다면 그것은 전문연구보다도 현실과 부딪히고 좌절하면서 쓴 학계 비평문일지도 모른다는 생각을 그때 했고, 이번에도 유사한 생각을 가진다. 동업자 가운데 누군가는 학계 내부의 현실문제와 씨름하고 그것을 드러내야 한다고 여기기 때문이다. 그 작업이 필요하다면, 제도권 학계 바깥을 오래 방황했던 내게 주어진 소임일지도 모른다. 이 책에 포함된 글 가운데 3편은 시간강사 시절에 쓴 것이다. 정규직 교수로서, 그동안 내가 비판하던 학계 권력의 말석을 10여 년 차지하고 앉아 있었다. 이 책은 늦깎이이지만 제도권 학자로서 특권과 수혜를 누린 일말의 책임감 발로이기도 하다.

이 책을 묶으며 학계의 아웃사이더로 떠돌다 결국은 인생의 황혼녘을 맞이하고 있는 동료 후배 한 분 한 분의 얼굴을 떠올린다. 어쩌면 내가 느끼는 일말의 책임감이란, 신산한 삶에도 불구하고 연구의 끈을 놓지 않고 버티어온 분들 그리고 회의와 환멸을 안고 학계를 떠난 분들에 대한 부채의식이다. 또한 오직 실력으로 정규직이 되었다는, 다수의 전임교수들과 함께 공유하는 나의 착각과 오만에 대한 자책이기도 하다.

인문학과의 입학정원 감소와 통폐합, 인문학 전공 교수의 채용 기피, 학문 후속세대의 격감은 어제 오늘의 일이 아니다. 한국 대학의 강단 인문학은 20세기 말의 위기에서 이제 사멸의 길에 들어서고 있다. 직업으로서 인문학자의 자리는 앞으로 더욱 열악해질 것이라는 사실에 이견을 다는 사람은 거의 없다. 제도권 학계의 막강한 권력층이었던 베이비부머 · 386세대의 인문학자들의 연구성과도 임박한 퇴직과 더불어 사장될지 모르는 운명에 처해 있다. 올해 3월 출범한 한국인문사회총연합회의 조직은 이러한 상황에 대한 학계의 대응이다. 학술기본법을 제정하여 정부지원 확충과 연구환경 개선을 추구하겠다는 대안은 1990년대 말 '인문학의 위기' 때와 유사한 반복이다. 필요하기는 하나, 다만 국가에 대한 요구뿐, 학계 내부의 성찰은 빠져 있다. 위축되고 퇴락하는 인문학의 현실은 인문학 내부로부터의 진단도 동시에 요구하고 있다. 이 책은 그런 자가진단이기도 하다.

1부는 학회와 공동연구에 관한 글을 묶었다. 학인들의 자발적인 모임인 학회는 국가에 의한 학술지 평가제도 시행 이후 자율성이 심각하게 훼손되고 있다. 1장은 2001년 10월 부산사학회와 경남사학회가 통합된 뒤 마련한 "지역사회와 지역학회의 문제를 다시 생각한다"는 심포지엄에서 발표한 글이다. 이 글에서 나는 지방학회의 실상이나 바람직한 운영방식을 거론했다. 이후 내가 부산경남사학회의 학술지편집위원장, 학회장을 맡았지만,

여기서 거론된 사항을 제대로 실천할 수 없었다. 여러 가지 요인이 있지만 공언에 그친 내 책임도 만만치 않다. 1장 속 '70년대 학번(40대)론'에서 언급한 베이비부머 학자들은 이제 퇴직했거나 퇴직에 임박해 있어서 그 공과를 따져볼 시점이기도 하다. 1부뿐 아니라 이 책 전반에는 75학번인 나를 포함한, 그리고 386세대도 포괄될 수 있는 '70년대 학번론'을 깔고 있다. 우리 세대에 대한 비평작업을 학문 후속세대가 할 법하지는 않다. 대중문화의 과거 주역들은 때때로 미디어에서 호출되고 있다. 대중적 인지도라는 상품성과 함께 레트로 바람과도 무관하지 않다. 70년대 학번은 한때 우리의 지적 좌표를 설정할 필요에서 묻히고 지워졌던 1930~50년대 사상가들을 복원하는 작업을 하기도 했다. 그러나 현재의 학문세계에서 레트로 바람이 일어날 것을 기대하기는 어렵다. 학문의 환경과 조건이 너무나 크게 변하여, 학문 후속세대가 세대비평으로 시사점을 찾을 요인은 적다. 그렇다면 당사자인 우리가 정리해 둘 필요가 있지 않을까 싶다.

2, 3장의 글은 내가 공동연구를 처음으로 경험하면서 공동연구의 바람직한 방향을 모색해본 내용이다. 2장에서는 무엇을 어떻게 공동으로 연구할 것인가를 생각해보았다. 2005년 부산대학교 인문학연구소가 중점연구소로 선정되어 공동연구 "중심과 주변의 생성과 역학적 전위에 대한 인문학적 연구"를 수행하고 있었고, 당시 나는 이 공동연구의 전임연구원으로 있었다. 프로젝트에 고용된 연구원이 연구기획의 방향을 제시하고 프로젝트 내부의 교수-연구원 간의 권력관계까지 언급하는 위험수준의 발

언임에도 연구소의 기관지에 게재되었다. 3장은 한국해양대학교가 수행하고 있던 인문한국(HK)사업에 관한 내부비판이다. 당시 한국해양대학교 학과 전임교수로서 공동연구에 참여하고 있던 나는 이 글을 작성한 뒤 학내 연구소의 HK사업 기관지에 투고했는데, 심사에서 게재불가 판정을 받고 공개되지 못했다.

인문학에서 대표적인 정부지원 사업은 HK사업이다. 2007년에 시작된 HK사업은 이후 10년간 4000억 원의 예산이 지원되었는데, 선정된 전국의 43개 연구소는 HK교수 227명, HK연구교수 188명을 채용했고 저서 307권, 번역서 505건이라는 방대한 성과를 낳았다. 현재는 2017년부터 2기 사업인 HK+사업이 18개 연구소에서 진행되고 있다. 이렇듯 방대한 규모의 조직과 성과 산출에도 불구하고, 공동연구사업의 내부에서 공동연구의 현실—성과나 실적이 아니라—을 진단한 글이 나오지 않은 일은 기이하다. 이 글이 유일하지 않을까 싶다. 나는 HK사업을 계기로 한국에서 인문학 연구의 생산방식에 상당한 변화가 초래될 것임은 분명하다고 전망했는데, 10년 넘게 지속되고 있는 전국 HK사업의 성과를 흘낏 살펴보면 회의적이다. 어떤 이는 공동으로 수행되는 프로젝트 연구를 '생계형 연구'라고, 혹은 철저하고 절실한 되물음이 이뤄지는 일은 매우 드물다고 폄하하기도 한다. 이 폄하는 따져볼 여지가 많지만—학과 소속 인문학 교수 당신들의 공부는? 하는 질문이 바로 나올 터이다—, 한국연구재단의 연차별, 단계별 평가와는 무관하게 연구현황과 방식 그리고 성과를 자발적으로 짚어볼 필요가 있다.

2부는 내 전공영역의 현실과 전망을 묶어보았다. 1장은 한국의 역사학 가운데서도 동양사라는 분과학문의 연구성과가 얼마나 어떻게 유통되고 소비되고 있는가를 점검한 내용이다. 유통의 측면에서 비평의 기피와 부재를 문제로 지적했고, 소비의 측면에서 역사교육의 대안을 모색했다. 2장에서는 내 전공 연구영역이었던 중국 근현대사 연구를 한국사회의 정치와 세대 그리고 연구조건의 변화를 축으로 상호관계를 짚어보았다. 최근 20~30년 동안 한국과 중국 사회, 그리고 양국 관계 변화의 너무나 빠른 속도를 전공자들이 미처 따라가지 못하고, 따라서 연구의 출발과 현실의 변화 사이에 벌어지는 엄청난 간격에 고투하는 연구자들의 고민과 함께 기득권자가 된 진보주의 학자들의 제도화된 안주를 읽을 수 있을 것이다. 3장에서는 해양사 연구가 품고 있는 잠재적 가능성을 짚어보았다. 코로나19가 인류사를 코로나 이전과 이후로 나누고 있다는 진단이 설득력을 얻고 있다. 코로나19가 문명사적 전환기의 지표라면, 전통적인 인문학도 근본적인 전환을 요구받고 있지 않을까. 해양사 연구는 인문학의 근본적인 전환을 위한 소재이자 모티브를 내장하고 있다고 진단해보았다.

덧붙이는 글은 내 개인의 지적 편력을 자유롭게 적어본 글이다. 몇 년 전에 과거의 내 지적 행로를 정리해본 적이 있다. 그리고 올해 학내 포럼에서 "내 공부는 도대체 무엇이었던가—40년 공부를 접으며"라는 제목으로 발제했다. 이 글은 언급한 두 글을 추리고 보완한 것이다. 하잘것없는 연구성과에 그친 무명의 학자가 지적 편력을 운운하는 건 비웃음을 살 일이기는 하겠다. 1, 2부가 주로 학계 내부의 문제를 지적한 내용이니만큼, 나도 그 문제에서 제3자일 수는 없다. 문제를 보는 시선은 개인이 놓여진 처지에 따라 달라진다. 개인사적 기록은 문제를 부조하는 시선의 편향 혹은 논리와 행동의 이율배반을 가늠하는 자료가 될 수도 있다. 이 글이 20세기 후반에서 21세기에 걸친 한국지성사의 한 조각 편린일 수도 있는 지방 인문학자의 개인 기록으로 남기를 바란다.

본서의 일부는 다음의 글을 바탕으로 수정하고 보충했다.

「"현실"의 '지방'에서 "지향"의 '지역'으로」, 『역사와 경계』 42, 2002

「한국인문학의 좌표와 중심/주변 연구」, 『코기토』 60, 2006

「한국에서 동양사의 유통과 소비」, 『역사와 경계』 59, 2006

「우리들의 자화상-한국의 중국근현대사 연구」, 『한국사학사학보』 21, 2010

「새로운 상상의 가능성: 해양사 연구」, 『역사와 경계』 101, 2016

2000년 이후 발표하고 이 책에 수록하지 않은 비평 혹은 서평은 다음의 글이 있다.

「전시비평: 관광과 박물관-'탐라 천년, 제주 천년'의 제주국립박물관」, 『역사와 경계』 114, 2020

「전시비평: 민속학 전시의 호소력-국립민속박물관의 특별기획전, “미역과 콘부: 바다가 잇는 한일 일상”」, 『해양도시문화교섭학』 22, 2020
「해양지식 플랫폼으로서의 전국해양문화학자대회」, 『島嶼文化』 56, 2020
「최근 10년래 한국학계의 해양사 연구 성과와 전망」, 『島嶼文化』 54, 2019
「서평: ‘조공시스템’론과 그 이후, 해양인문학에의 시사점 탐색-하마시타 타케시 저, 『조공시스템론과 근대아시아』」, 『인문사회과학연구』 20-2, 2019
「서평: 해상실크로드, 線인가 面인가?-李慶新 저,『海上絲綢之路』」, 『인문사회과학연구』 19-1, 2018
「서평: 열대학은 세계사를 어떻게 전복시켰는가?-이종찬 저, 『열대의 서구, 조선의 열대』」, 『역사와 경계』 104 , 2017
「서평: 해양에서 보면 중국근대사는 어떻게 달라지는가?-조세현 저, 『천하의 바다에서 국가의 바다로: 해양의 시각으로 본 근대 중국의 형성』」, 『중국근현대사연구』 70, 2016
「解釋中國海洋史硏究」, 『國家航運』 15, 2016
「학술지 편집의 현장에서 제시하는 학술지 정책의 방향」, 『역사와 경계』 85, 2012
「근대 동아시아사의 재구성을 위한 공간의 시점」, 『동양사학연구』 115, 2011
「한국의 동아시아 해양사연구-민족주의적 성과와 탈근대적 전망」,

『동북아 문화연구』 23, 2010
「동아시아 역사상, 그 구축의 방식과 윤곽」, 『역사학보』 200, 2008
「서평: 주류 역사학에 시비거는 비주류의 긴장감-도면회 외,『역사학의 세기: 20세기 한국과 일본의 역사학』」, 『신동아』, 2009년 7월호
「서평: 동아시아 경제사 연구의 심화와 확대-박섭 · 호리 가즈오 외,『일본 자본주의와 한국, 대만』」, 『역사와 경계』 63, 2007
「서평: 20세기 초 중국 역사상을 읽는 방식-강진아 저, 『1930년대 중국의 중앙, 지방, 상인』」, 『역사학보』 190, 2006
「서평: 동아시아는 미국 문화제국주의의 식민지인가-워렌 코헨 저, 『아시아-미국의 세기』」, 『역사와 경계』 46, 2003
「서평: '동아시아 교역권'론의 지평 확대-古田和子 저, 『海ネットワクとアジア』; 廖赤陽 저, 『長崎華商と東アジア交易網の形成』」, 『중국근현대사연구』 10, 2000

2021년 여름 영도 바닷가에서
하세봉 적다

차례

책을 묶으며 5

1부: 인문학의 현장

1장. 지방 사학회의 현장

지방 사학회의 출범과 풍경 19
지적 유희의 장 21
70년대 학번(40대)론 25
'지역'과 '경계'의 패러다임을 향하여 29

2장. 한국 인문학의 좌표와 중심/주변 연구

'인문학의 위기'와 그 이후 37
인문학의 변신 44
인문학에서 '주변'의 발견 55
새로운 출구를 찾아서-중심/주변 연구 62
연구소와 공동연구 68

3장. 인문한국(HK)사업, 갈 길은 어디인가
-'해항도시의 문화교섭학'을 예로

공개적인 내부비판을 위하여 77
첨삭되어야 할 어젠다 80
공동연구의 포장과 내실 92
공생을 위한 연구조직 101
어떻게 평가할 것인가 106

2부: 역사학의 변모와 '코로나19'에의 인문학적 대응

1장. 한국에서 동양사의 유통과 소비

역사: '대중화'에서 '소비'로 113
제도적 유통과 소비 119
시장 속의 유통과 소비 125
역사의 소비를 위하여 130
시장의 유혹 134

2장. 우리들의 자화상-최근 한국의 중국 근현대사 연구

지적 지형의 스케치 139
반독재와 2세대 학자 143
급진주의 시대와 3세대 학자 151

'진보'의 위상 158
연구의 표준모델과 한국연구재단 164
인문정신의 역사학으로 173

3장. 새로운 상상의 가능성-해양사 연구

해양사에 대한 관심의 증대 179
어디에서 배를 탈 것인가 181
교차점으로서의 해양사 189
어디로 항해할 것인가 201

덧붙이는 글

도대체 내 공부는 무엇이었던가-40년 연구생활을 접으며

열등감의 외톨이와 지식인 220
급진주의 사상으로의 경도 229
지방학자라는 정체성 233
잔학비재 독학자의 불운과 행운 238
제3의 길과 체념의 미학 245
유행을 따라서, 역사학자에서 인문학자로 256

1부

인문학의 현장

1장
지방 사학회의 현장

지방 사학회의 출범과 풍경

학회란 같은 분야를 공부하는 연구자들이 스스로 만든 조직이다. 특정한 학문분야와 특정한 대상이나 시대를 공부하는 학인들이 자신의 연구성과를 발표하고 연구정보도 교환하기 위하여 함께 만든 동업조합이다. 역사학의 경우 한국전쟁 무렵부터 학회가 결성되기 시작했다. 지방에 거주하는 역사학자들이 모인 지방 사학회로서 가장 이른 것은 대구사학회로 1969년에 창립되었고, 부산사학회는 1976년, 경남사학회는 1983년에 창립되었다. 눈에 띄는 사실은 『대구사학』이나 『호서사학』 등은 창간호 등에서 창립의 과정이나 취지를 분명히 하고 있으나, 『부산사학』에서는 창간사를 달고 있지만 창립취지에 대한 언급이 미흡하고 『경남사학』의 경우는 그러한 사정을 알리는 상세한 기록을 수록하고 있지 않다. 지방 사학회가 만들어진 배경 요인으로 1970~80년대 이후 지역사회 역사 연구자가 수적으로 증가한 점을 꼽을 수 있다. 이 무렵 지방대학에서 사학과의 신설이 많아지고, 교양과목으로 한국사, 세계사가 필수 내지는 선택으로 개설되었다. 수적으로 많아진 학자들은 연구와 발표를 위한 공간을 필요로 하였다. 또한 지방의 토호학자들은 중앙학회의 지면을 구하는 것이 썩 쉬운 일은 아니었다. 한편 재정적으로는 필수과목이었던 '한국사'와 '문화사' 교재의 편찬 발행으로 교재 채택료가 학회의 운영자금으로 조달될 수 있었다.[1] 즉 연구자 수의 증대, 발표 지면의 부족, 재정 조달 가능이라는 3박자가 '우리도 하나 있어야' 하는 생각을 채울 수 있었던 것은 아닌가 하는 추측이 가능하다. 이후에도 줄곧 신규교수의 충원, 대학원생 및 강사의 증가 등으로 발표와 게재 희망자가 증대하고, 때로 외부재단의 지원을 받기도 하여 지방 사학회의 운영은 궤도에 올랐다.

어쩌면 전임교수들에겐 지방 사학회는 있어도 그만, 없어도 그만이기도 하다. 전국(중앙)학회의 일부 몫을 지역의 전임교수들이 차지하고 있고, 전임교수들에게 연구와 발표의 공간은 부족하지 않기 때문이다. 그동안의 학문적 연륜과 전임교수라는 명함으로 어느 지면이든 두드려서 홀대받을 일은 적다. 상대적으로 지방 사학회를 필요로 하는 연구자는 강사나 신진 연구자들이리라. 중앙학회지는 문이 좁고 지방학회지의 공간은 비교적 넉넉한 편이기 때문이다. 그럼에도 불구하고 대개 전임교수들로 구성된 '부산경남사학회'의 간사진들이 지방사회와 지방학회에 착목하게 된 것은 한국 대학교수시장의 유동성 부족에서 찾을 수 있겠다. 아직 교수시장에서 자리를 옮기는 것은 예외적인 일이고, 대부분이 처음 발령받은 대학에서 평생 살게 되는 전임교수들의 처지는, 그들이 자연히 지역에 눈을 돌리지 않을 수 없게 만든다. 여기서 학자들의 지방 의식이 생겨나는 것이리라.

그런데 지방은 지방학회의 풍경에 대하여 발언할 수 있다.

---

1 하세봉, 『동아시아역사학의 생산과 유통』, 아세아문화사, 2001, 1부 2장.

오랫동안 지방학회에서 발표하고 토론하던 사람은 여전히 강사로 남는데, 중앙에서 수학한 인물이 전임이 되어 어느 날 문득 지방학회에 등장하는 일은 다반사이다. 반면에 지방대학 수학자가 중앙으로 진출하는 경우는 거의 없다. 이유를 지방학자의 경쟁력 결핍에서 찾아야 하겠으나, 왜 지방학자는 경쟁력이 결핍될 수밖에 없는가, 왜 경쟁력이 없다고 '여기는가' 하는 점도 물어져야 한다. 그것은 연구자를 양성하는 지방대학원의 자리매김과 직결되기 때문이다. 지방대학의 자리는 지방대학 수학자들이 차지해야 한다는 것은 물론 아니다. 설사 그런 주장을 한다 해도 현실이 따라줄 리 없고, 10년래 유사한 발표를 들으면 식상하듯이, 들어보지 못한 주제, 관심 받지 못했던 주제로 외래자는 신선한 자극을 줄 수도 있다. 뿐더러 중앙무대의 학자연하며 지방학계에 무심한, 그래서 중앙지향적인 지방출신의 토호학자보다는, 외지에서 왔으나 지방의식을 갖게 된 학자가 지방으로서는 더 소중하다.

지적 유희의 장

현재 한국 역사학계에는 여러 가지의 다양한 학회가 존재한다. 한국중세사학회 등과 같이 세분전공분야의 학회, 동양사학회 같은 전공분야 학회, 역사학회 같은 학문영역별 학회, 도시사학회나 중국학회 같은 학제적 학회, 그리고 이념적 지향을 세운 한국역사연구회 등 대체로 이러한 5개의 카테고리로 분류할 수 있다. 각 학회는 학회의 성격에 따라 개성을 가진다. 특정한 분야의 전공자들이 모이는 세분전공학회에서는 깊이 있는 토론을 나눌 수 있고, 전공분야학회는 시대를 관통하여 전공별 학자들의 의견을 나눌 수 있으며, 학문영역별 학회는 동일한 방법론에 서서 다른 대상과 시대에 관한 서로의 연구를 교환할 수 있다. 학제적인 학회에서는 동일한 대상을 두고 각기 다른 방법론의 다양한 소리를 들을 수 있고, 이념적 성향의 학회는 가치지향의 뚜렷한 특징을 살릴 수 있다. 각자 나름의 특징과 개성을 가지기 때문에 다양한 학회는 존재하고 있다. 그러면 지방사학회는 이들 다수의 학회 가운데서 어떠한 지점에 그 성격을 자리매길 수 있고, 하여야 할까. 지방사학회는 동·서양사와 한국사를 포괄한다는 점에서 역사학회 부류와 유사한 범주에 들어갈 수 있다. 다만 전국적인 학회와 지방적인 학회라는 점에 차이가 있다. 바로 여기에 문제가 발생한다. 한국학술진흥재단(현재 한국연구재단의 전신)의 A, B등급(현재는 등재지, 등재후보지) 학회지가 되기 위한 충족요건—전국에 회원이 분포될 것—이 결여되기 때문이다. 지난 2001년 5월 '부산경남사학회' 통합학회 창립총회에서는 A, B등급의 학회지로 평가되어야 한다는 현실 앞에서 지방 명칭을 삭제한 학회명이 다수 제기되었다. 과연 그래도 좋을까. 각고의 연구물이 등급 평가를 받지 못하는 학회지는 존재이유가 없다는 현실은 부정하기 어렵다. 그렇다고 지방이란 현실을 버리고 전국학회지의 외형으로 탈바꿈하겠다는 것은 지방사학회의 존재이유를 근저에서부터 부정하는 것은 아닐까. 짧지 않은 세월 동안 운영해온 학회를 없애서는 안 된다는 것이 지방학회가 유지되어야 한다는 이유라면 너무 단순하다.

'명(名)'과 '실(實)'. 현실을 외면하기에는 학자들이 무력하지만, 명분을 먹고사는 것이 또한 학자이기도 하다. 쉽사리 '명(名)'을 버리는 발상이 나오는 것은 그만큼 지방사학회의 존재이유에 대한 고민이 적었다는 반증이 아닐까. 학문의 현장에서 명(名)을 버리고 실(實)로 편향하기보다는 그 절충점을 찾는 현명함이 필요한 일이다. 부산사학회와 경남사학회가 통합된 뒤 마련한 "지역사회와 지역학회의 문제를 다시 생각한다"는 심포지엄의 주제는 그러한 고민을 공유하는 자리를 마련했다는 점에서 중요하다. 왜 지방사학회는 필요한가. 그리고 무엇을 할 수 있을까. 같은 지역에 거주하면서 역사학이라는 동일한 학문영역의 학자들이 서로를 알고 지내는 자리로서의 역할, 이것도 사실 매우 중요하다. 연구평가제도의 시행은 학문의 세분화와 흐름을 같이하면서 상호소통을 단절시키고 있다. 그 결과 논문은 극소수의 전공자들만이 읽는 글이 되어버려, 연구물의 유통망이 극히 좁아진 것이 요즘의 현실이다. 또한 대학 존립, 인문학 존립의 위기가 가시화되면서 대학 간 생존경쟁이 치열해지고 따라서 대학 간 교류도 소원해지고 있다. 이런 현실이 반드시 바람직한 것만은 아니라면, 역사학이라는 같은 학문을 하면서 가까운 곳에 사는 사람들끼리 서로 같고 다른 생각을 나누는 자리로서의 지방 사학회의 의미는 적지 않다. 학회가 사교의 자리가 되어버렸다고 폄하할 일은 아닌 것이다.

문제는 무슨 생각을 어떻게 나누는 자리냐에 있다. 고고학에서부터 한국사, 동·서양사를 포괄하는 지역사학회의 발표회장에서 전문적인 발표논문을 깊이 있게 제대로 이해할 수 있고 토론할 수 있는 사람은 몇 사람에 지나지 않는다. 이해하기 어렵고 관심도 적은 발표논문을 듣기 위해 한나절을 소비하는 것은 비경제적이다. 그 대안은 지적 유희의 장으로서의 발표회가 아닐까. 인문학은 본질적으로 지적 유희의 성격을 지닌다. 권력과 돈에서 먼 인문학은 바로 그 때문에 지적 유희로서의 측면이 없으면 활력을 갖기 어렵다. 실천으로서의 학문, 현실과 유리되지 않는 학문이 외쳐졌던 적이 있다. 어쩌면 지적 유희가 치열하면 치열할수록 실천적인 지식이 될지도 모른다. 현실과는 딱히 상관없지만 새로운 이야기, 다른 이야기를 만들어내고, 그것을 들을 청중을 필요로 하는 것이 인문학이다. 인문학의 위기, 역사학의 위기 앞에서 역사학자들은 우선 동업자들의 생산물이 자신들에게 즐길 거리가 되어야 한다. 역사학자 자신들도 즐기지 못하는 난해한 논문으로 사회를 향하여 역사학의 위기를 호소하는 것은 본말의 전도이다. 문제제기의 재미든, 논리구성의 재미든, 아니면 소재의 재미든 발표회장은 재미있어야 한다. 재미라는 점에서 비추어 보면, 여태까지의 발표회장은 너무나 근엄하고 엄숙했다. 지적 유희를 위해서 대개의 학회가 추구하는 것같이 전문적이고 심도 있는 토론보다는, 지방 역사학회는 발표논문을 소재로 다양한 이야깃거리가 나올 수 있는 자리로 발표회가 운영되는 것은 어떨까. 그러자면 발표가 길어서는 곤란하다. 발표는 가급적 짧게, 대신 토론은 길게 운영할 필요가 있다.

70년대 학번(40대)론

1990년대에 30대였던, 그리하여 2000년대 초 당시의 40대가 부산사학회의 운영방식을 혁신하자며 손잡고 나선 적이 있다. 그래서 학교별로 돌아가던 회장단 윤번제를 지양하고 선출제로 틀이 바뀌었다. 오늘의 자리에서는 당시의 30대, 40대가 그때 무엇을 바꾸고자 했고, 무엇이 바뀌었는가를 점검해보아야 할 것이다. 부임한 지 5년 전후가 되었던 당시 30대 혹은 40대 초반의 전임교수들은 오랜 관행을 고치고 새롭게 학회를 운영해보자며 의욕이 대단했던 것으로 기억된다. 그런데 선출제로만 바뀌었을 뿐 충만하던 의기는 이후 점차 줄어들고 사실상 이전과 다를 바 없어진 것은 아닌가 하는 느낌이 든다. 예컨대 간사의 학교별 안배를 우선하는 것이나, 회장-총무는 같은 대학 재직자로 하는 것도 그러하다. 물론 참여도를 높이고 업무상의 편의를 도모하기 때문이라는 것을 이해하지 못하는 것은 아니다. 부산사학회와 경남사학회의 학회 통합을 계기로 크게 달라진 점으로 꼽을 수 있는 점은 대학강사를 간사 선임에서 배제하지 않았다는 것이다. 내게는 이 정도의 대수롭지 않은 변화에 이르는 데도 7, 8년의 세월을 필요로 했다는 점이 오히려 의미심장하게 여겨진다.

경쟁에서 당당하게 승리하여 전임교수가 된 학자들이 경쟁에서 패하여 제도권에 진입하지 못한 강사에게 학계의 시민권을 부여하는 데 그토록 인색했던 것이다. 현재(여기서 현재는 2000년대 초반의 시점이다. 이하 본 절 내에서 언급하는 현재는 동일하게 2000년대 초반의 시점을 지칭한다) 학회의 주축은 70년대 학번 40대들이다. 지방학회에 관하여 40대에 물어야 하는 것은 이 세대가 지방학회의 향방에 결정적인 열쇠를 쥐고 있기 때문이다. 그런데 여느 시기의 40대와는 다른 위치에 있는 것이 현재의 40대이다. 40대라는 연령층이 학회의 간사진을 맡고 대학에서 보직을 맡는 등 핵심적인 역할을 하는 점은 이전과 별로 다를 바가 없다. 다른 것은 현재의 40대들이 이미 10여 년 동안 학회의 주축이 되어왔고 그리고 앞으로도 10여 년 이상 학회의 주축이 되리라는 전망이다. 교수시장에서 인력 충원의 길이 거의 막혀 있기 때문이다. 현재의 40대는 졸업정원제로 유사 이래 교수시장의 최대 호황기에 일찍 자리 잡은 경우도 많아, 전두환 정권의 수혜자이기도 하다. 인문학에서 인력의 신진대사가 이루어질 때는 현재의 40대가 왕창 정년퇴임할 거의 20년 후의 일이다.

세월은 흘러 이제 2020년 전후에 마침내 그 시기가 도래했다. 70년대 전반 학번은 이미 퇴직했고 70년대 후반 학번은 몇 년 내에 모두 퇴임하게 된다. 그러고 보면 당시 40대들은 30년이 넘는 동안 학계의 중심축 역할을 했다. 40대보다 윗세대의 교수들은 불안정했던 사회조건으로 말미암아 학자 개인에 따른 능력의 편차가 적지 않았고, 대학교수로 진입한 시기에 시차가 많았다. 반면에 40대들은 대학체제의 틀이 잡힌 시대에 학문적 수련 과정을 거치고, 안정된 조건에서 연구할 수 있어서, 대부분 일정 수준 이상의 능력을 보유하고 있다고 보아도 무방하다.

그런 한편 쉽사리 안주할 수 있는 세대이기도 하다. 승진 혹은 재임용을 위한 논문 편수 채우기란 그다지 어렵지 않은 일이다. 이러한 염려는 기우일 터이나 그런 경향이 전혀 없지는 않을 것이다. 만약 그런 경향이 존재한다면 이것은 한국학계에 심각한 현상을 야기할 것이다. 우선은 한국학계의 정체이다. 30년가량 학계의 주축을 이룬 세대가 10년 전이나 10년 후나 문제의식, 연구대상 혹은 시각에 별로 변함이 없다면 논문은 대량 생산되어도 그것은 양적 증대에 그치고 질적 발전은 기대하기 어렵다. 물론 다른 측면도 있다. 시세나 유행을 멀리하며 평소의 지론을 굽히지 않고 여러 가지 측면에서 보강하고 실증하는 논문을 축적하여 지론을 굳히고 확대하는 작업이 무용한 것은 아니다. 다만 한 우물을 판다는 일관된 작업이 특정 세부 분야의 전문가주의에 함몰되고, 거기서 원로연하고 휘두르는 지식권력이 무의식적으로 추구된다면 위험하다. 그리고 염두에 두어야 할 것은 사회 변화의 속도가 현재의 40대가 느끼는 것보다 훨씬 빠르다는 사실이다. 이전과는 달리 지식의 수명도 짧다.

그것은 현재의 40대 당사자의 문제로 그치는 것이 아니라 소위 말하는 '학문 후속세대'에게도 적지 않은 영향을 미치게 된다. 강사 그룹에서도 전통적인, 그리고 이제껏 해온 스타일에 매달리는 경향을 낳을 수도 있다. 강사는 교수가 되기 위한 예비군인데, 본능적으로 그 진입을 결정하는 교수들의 연구 성향을 크게 벗어나지 않는 연구, 즉 지나치게 튀는 주제가 아니라 전임교수들에게 평가받을 수 있는 주제에 머무르려 할 수도 있는 것이다. 학문 후속세대라 할 현재의 30대 중후반이라는 나이는 일생에서 학문적으로 지적 감수성이나 상상력이 가장 활발한 시기로, 그만큼 30대는 기존의 논리를 도전적으로 비판하고 새로운 지평을 제시하는 등 활발하게 논의의 단서를 제공할 학문연령이다. 또한 박사학위를 취득하며 학문적 성취감과 함께 자신감에 넘칠 때이다. 그런데 과문이겠으나, 역사학계에서 보편적이고 상식화된 논리에 충격을 주는 30대의 도전적인 주장을 들어보지는 못했다. 나의 시야 속에 들어온 유일한 사례는 중일전쟁으로 탄생한 왕징웨이(汪精衛) 정권에 관한 황동연과 문명기의 논쟁이다. 내가 볼 때 그들의 논쟁은 근래에 아니 50년래 한국 동양사학계의 역사에서 사실과 이론, 실증과 입장이 교직된 상호 비평으로서는 처음이자 최고의 수준을 보여주는 것으로 생각된다.[2] 두 논쟁 당사자의 어휘나 문장력도 뛰어나다. 이 논쟁에서 궁금해지는 것은 왜 한국대학에서 석사를 마치고 미국에서 박사학위를 취득한 30대 학자에 의해서 문제가 제기되는가 하는 점이다. 바꾸어 말하면 왜 근본적인 문제제기가 한국에서 학문적 수련을 쌓은 30대가 아닌가 하는 의문이다. 튀는 주제는 한국연구재단의

2 황동연, 「중국현대사 이해와 문제점들과 그 극복의 전망」, 『중국현대사연구』 10, 2000; 문명기, 「비판의 무기와 무기의 비판」, 『중국현대사연구』 11, 2001; 황동연, 「포폄, 실증, 목적론」, 『중국현대사연구』 12, 2001.

연구 프로젝트 신청에서도 위험부담을 각오해야 할 것이다. 현재 심사위원으로 위촉되는 사람들이 대개 40대들이기 때문이다. 전통적인 주제와 대상, 시각, 방법을 고집하는 지도교수 아래서 새로운 시도의 학위논문은 생산되기 어렵다. 지도나 지식의 전수라는 미명으로 지식권력이 휘둘러질 때, 그 아집은 겨우 몇 명의 대학원 공간에서만 폭압적인 마성을 발휘하기도 한다.

'지역'과 '경계'의 패러다임을 향하여

지방사학회가 전국(중앙)학회와 다른 학문적 색깔을 띨 수 있는 길은 없을까. 그것은 멀리서 찾을 것도 없이 지역이라는 문제에 천착하는 것이다. 근래에 한국사회에서 지역, 지방이 문제가 되는 이유는 말할 나위 없이 한국사회의 모든 방면에 걸쳐 극심하게 진행되는 중앙집중화 현상 때문임은 주지의 사실이다. 정체성은 '우리'가 소수자(minority)라고 여길 때, 그래서 차별된다고 느낄 때 필요로 하고 생겨난다. 다수의 주류는 굳이 자신의 정체성을 찾을 일이 없다. 학문의 중앙집중화 현상에 대한 지방학계의 이론적 대응으로 먼저 떠오르는 것은 향토사에 대한 연구이다. 역사학이 정체성을 위하여 기억을 되살리는 행위이기도 하다면, 향토사에 관한 연구논문을 우선하는 것도 지방사학회가 특색을 살리는 방법의 하나이다. 그러나 향토사 연구가 향토의 구심력을 찾아내는 데 치중하여 향토적 오기를 만들어내기 위한 의도에 그치면 곤란하다. 향토사 연구가 지방의 정체성을 만들어내기에 부심한다면 그것은 국민국가 이데올로기를 강화하기 위해 자국사가 활용된 것과 근본적으로 다를 바가 없다. 우리가 지방에 주목하는 목적이 중앙이 장악한 국민국가의 헤게모니를 분점하겠다는 것이라면 그것은 근대적 사유방식의 굴절에 머무는 것이다.

향토사가 성립할 수 있으려면 향토의 범위에 대한 경계가 설정되는 것을 전제로 한다. 그런데 국민국가의 경계선과는 달리, 향토 내지는 지역을 구분하려 할 때 분명하게 선을 긋기는 어렵다. 이 점은 2000년대 초에 이슈로 떠올랐던 국민국가를 둘러싼 논의에 하나의 시사점을 던진다. 외국사 쪽의 해체론적 공세에 대하여 한국사 쪽이 수세적으로 대립하는 형세인데, 국민국가가 절대적인 것은 아니라는 점은 공감하나, 어느 쪽도 국민국가론을 대치할 수 있는 탐색에는 미치지 못하고 있다.[3] 국민국가를 탈구축할 수 있는 실마리의 하나는 지방에 있는 것은 아닐까. 국민국가의 국경선 긋기는 선 바깥쪽을 타자로서 명백히 하면서 선 안쪽을 '국민'으로 만들어내었다. 그런데 안팎이 뚜렷한 국민국가의 틀 안에서도 향토나 지방 속의 인간은 그렇게 명백한 존재가 아니다. 예컨대 전라도 출신으로 경상도에 살고 있는 사람은 전라도 사람인가 경상도 사람인가. 누가 서울 사람이고 누

---

3 「집중토론: 한국역사학, 역사교육의 쟁점」, 『역사비평』 56, 2001; 「특집:탈/국가·탈/민족 역사서술에 대해 듣는다」, 『역사비평』 58, 2002.

가 부산 사람인가. 또한 경계도 마찬가지이다. 부산의 역사를 말할 때, 어느 지점까지가 부산인가. 가령 현재의 부산시 행정영역으로 설정한다면, 부산 역사의 고대부분으로 서술되는 가야사의 상당부분은 제외되어야 한다. 지역사의 경계 긋기에서 생기는 애매함을 거꾸로 국가사에 비추어 보면 국가사도 그렇게 명확하게 구분하기 어렵게 되어버린다. 가령 중국의 실제 지배 영역을 기준으로 한다면, 타이완(臺灣)의 역사나 화교의 역사는 중국사에서 제외된다. 국민국가의 경계는 내부와 외부를 갈라내는 기능을 맡았지만, 지역의 경계는 고무줄같이 신축성이 있고 그래서 다른 지역과 중복되고 겹친다.

지방사학회가 지방의 이름으로 향토사 연구에 무게를 둘 수 있지만, 그 향토의 경계가 분명한 것은 아니기 때문에, 향토의 경계선을 넘나들며 낙동강 시장권 혹은 양쯔강 하류 유통권 등의 지대로 확장해갈 수 있고, 동아시아 동전 혹은 서적 유통권 등의 역권으로 논의가 펼쳐져갈 수도 있다. 지방의 시점에 서면 국민국가가 절단했던 피아의 양단을 넘어설 수밖에 없다. 자주 거론되듯이 명확한 선으로서의 국경은 국민국가의 성립 과정에서 만들어졌고, 동아시아에서도 그 점은 마찬가지이다. 그러나 전근대의 국경은 '선'이 아니라 '면'이었던 경우가 많다. 전근대 동아시아가 조공책봉으로 국제관계의 안정성이 장기간 유지될 수 있었던 것은 각 왕조 간에 완충지대가 존재했기 때문이다.[4] 명(明), 청

4 하세봉, 「근세 이후 동아시아에서 지역 간 경계형태의 변화」, 『동북아문화연

(淸)과 조선 사이에는 요동(遼東)이, 조선과 일본 사이에는 대마도(對馬島)가, 동중국해 쪽으로는 유구(琉球)가 영향력이 강한 왕조 사이에서 완충적인 기능을 수행했다. 왜구도 해상이라는 완충의 공간을 만들어낸 존재라고 할 수 있다. 어느 쪽의 영역이기도 하고, 어느 쪽의 영역도 아닌 완충지대는 구심력이 강한 각 왕조가 서로 직접 맞대는 것을 피할 수 있게 하였고, 서로가 관념적인 우월을 주장해도 완충지대가 존재함으로써, 고(故) 민두기 선생이 적절히 표현했던 서로 '편의로운 오해'[5] 속에 안정적인 관계가 유지될 수 있었다. 완충지대라는 면을 지워나가며 대신 선을 긋는 과정은 곧 동아시아에서 근대 국민국가의 전개과정이기도 하다. 이것이 외부적인 전개과정이라면 내부적으로는 중앙집중화 현상이 동시에 급속히 진행되었다. 동아시아 근대성의 발현에서 한 가지 특수성은 중앙집중화이고, 그것은 동아시아 각국이 근대에 적응하면서 등장하는 현상이기도 하다. 오늘날 우리가 고민해야 하는 과제의 하나가 근대성의 극복이고, 한국에서 특히 심한 중앙집중화가 동아시아적 근대성의 특징이라면, 지방이라는 관점은 여기에 중요한 실마리를 제공한다.

지역은 지방(local), 지대(地帶, area) 그리고 역권(域圈, region)을 포함하는 복합적인 용어이다. 지역이란 용어는 예를 들면 부산이라는 지방으로서 좁은 지리적 범위를 가질 수도 있고, 서해안이

구』 1-2, 2002.

5 민두기, 『시간과의 경쟁』, 연세대학교 출판부, 2001, pp.44-45.

라는 지대로서 중규모 범위를 가질 수도 있으며, 동아시아경제권이라는 광범한 지리적 범주를 지칭할 수도 있다. 말하자면 경계로 그어지는 선의 지리적 범위 편차가 엄청나며 그만큼 애매하고 모호한 것이 지역이라는 개념과 용어이다. 애매하고 모호하기 때문에 지역이라는 개념은 폐기처분해야 한다고 주장한다면, 그것은 혹 근대적인 학문 혹은 사고방식에 사로잡힌 인식틀 때문일지도 모른다. 근대적 학문이란 내포와 외연을 엄격하게 구분하는 개념을 기초로 구축된 지식체계로, 불분명하고 애매모호한 여지를 용납하지 않는다. 그러나 현실이 그렇듯이 선과 악, 문명과 미개, 미와 추, 심지어 너와 나도 그렇게 확연하게 구분되는 것은 아니다. 지역개념의 애매모호함 때문에라도 지역을 말할 때, 지역의 범위를 어떻게 설정할 것인가가 끊임없이 물어져야 한다. 지역이란 내외가 구분되는 실체이거나 역사적으로 불변의 것이 아니기 때문이다. 지역은 역사와 함께 형성되고 또한 역사에 따라서 달라지는 존재일 뿐만 아니라 고찰하고자 하는 문제의 설정에 따라서도 달라진다. 이 때문에 지역을 설정하려는 주체의 문제가 지역의 파악에서 관건이 된다. 바로 여기서, 누구를 위한 그리고 무엇을 위한 지역인가를 혹독히 물어야 한다는 지적은 중요하다.[6]

'지방'이라는 용어는 지역이라는 포괄적인 개념 가운데서도 국가 및 중앙과 대비되는 공간이라는 문제 설정으로 시민권을

6 小谷汪之,「"地域"論の再檢討」,『歷史評論』587, 1999, p.74.

가진다. 역사인식에서 지역의 설정은 역사를 인식하고자 하는 주체의 존재방식과 떼어서는 생각할 수 없다. 이 점은 지역사 연구가 정치적이어야 할 이유를 뒷받침한다. 지방사학회가 끊임없이 문제로 삼아야 하는 것은 '경계'이다. 선과 악으로 긋는 경계, 너와 나를 구분 짓는 경계, 지방과 중앙을 가르는 경계, 우리와 그들로 각각 묶어내었던 경계, 제국과 식민지를 만들어낸 경계 등 그 경계가 왜 그리고 어떻게 만들어졌는지, 허구인지 사실인지, 경계의 안과 밖은 어떻게 다르고 같은지, 경계에 창이나 길목은 없었는지를 경계의 안팎을 넘나들며 들여다보아야 한다. 경계의 문제는 지리적 범주설정에 그치는 것이 아니다. 불평등하고 차별되며 권력화된 온갖 사회현상에도 당연히 투사되어야 한다. 계급의 문제, 여성과 남성, 혹은 연구자의 현실로 돌아오면 전임교수와 강사의 문제에도 해당된다. 지역이 문제시되는 이유의 하나는 중앙과 지방, 중심과 변방이 일방적인 관계에 있다고 여겨지기 때문이다. 서로 주고받는 것이 아니라, 흐름이 한쪽으로 편향적일 때, 그것은 피해를 당하고 차별 당한다는 의식으로 나타난다. 그것은 국가 간에서는 제국주의와 식민지로, 일국 내에서는 중앙에 대한 지방의 소외나 종속 혹은 지역차별의 문제로 나타난다. 지식의 생산과 유통에서 편향적인 흐름—서구학계와 한국학계—은 학자들 자신의 지적행위에 닥치는 문제이기도 하다. 이상적인 것은 지역 그 자체를 통해 새로운 패러다임을 구축하는 것이다. 지역이란 틀은 종족, 언어, 계급, 젠더, 민족, 근대성, 시민사회론, 탈식민주의, 문화연구 등 어떠한 개념이든 집어넣어 요리

할 수 있는 냄비이기도 하다. 그러한 요리를 통해서 지역이 '지역적 지식'을 '의식적으로' 추구하는 것, 이것이 다양한 학회 속에서 지방학회가 담당해야 할 몫이 아닐까.

2장
한국 인문학의 좌표와 중심/주변 연구

이 글은 최근 약 20년 사이의 한국 인문학계를 되돌아보면서 한국의 인문학이 오늘날 어떠한 행보를 보이고 있는가를 간략하게 조감하고, 2006년 현재 부산대학교 인문학 연구소가 진행 중인 '중심/주변 연구'가 조감도의 어디에 위치하는지 그 좌표를 자리 매겨보고자 한 것이다. 그 자리매김으로서 공동 연구주제가 놓여진 학문적 맥락을 확인하고 공동연구가 무엇을 어떻게 연구해야 바람직할지 궁리해보고자 한다. 이를 위해 다음의 몇 가지를 중심으로 서술한다. 먼저 '인문학의 위기'를 전후한 한국 인문학계를 조감하고, 이어서 한국 인문학계의 대응에서 주변 내지는 지방의 관점이 누락되어 있음을 지적하면서 '중심/주변 연구'가 한국학계의 지적 맥락 속에 어떻게 위치해 있는가를 확인할 것이다. 그런 후에 '중심/주변 연구'는 어떤 시각에서 접근하고 무엇을 화두로 삼을 것인지, 그리고 '중심/주변 연구'가 연구소라는 조직을 통하여 공동연구라는 방식으로 진행되는 만큼 이를 어떻게 운용하면 효과적으로 소기의 성과를 이루어낼 수 있을지 고민해보려 한다.

‘인문학의 위기’와 그 이후

해방 이후 오랫동안 한국의 인문학은 ‘문리(文理)대학’이라는 대학제도 속에서 자신의 위치를 물은 적이 없었고 물을 필요도 없었다. 대체로 식민지시대의 대학제도를 계승한 한국의 대학은 해방 이후 오랫동안 지식인들이 자리할 수 있는 매우 제한된 공간이었고, 사회에 대하여 비판적이고 계몽적 발언을 할 수 있는 소수의 사회조직이었다. 1970년대 후반 이후에는 대학이 반정부 파도의 진원지가 되자 정치권력이 학원에 노골적으로 개입했고, 인문학자들의 숙제는 이러한 외부적 개입에 대하여 어떻게 대응할 것인가 하는 태도와 입장의 선택이었다. 그것을 도식화하자면 근대화와 민주화 사이의 선택이었고 현실의 요구와 학자적 양심 사이의 갈등이기도 했다. 1980년대는 인문학의 전성기였다. 그 전성기는 두 가지 방면에서 찾아왔다. 하나는 대학교수 수요의 폭증이었다. 특히 전두환 정권의 졸업정원제 시행으로 대학이 팽창되고 그에 따라 교수의 자리가 대폭 늘어나서, 1980년대 전반에는 석사학위를 가지고 교수로 취직하는 것이 드물지 않았다. 또 하나는 사회변혁 운동의 고양으로, 보다 근원적인 질문과 목소리가 현실적인 계산보다 힘을 가졌다. ‘반독재’, ‘민주화’, ‘민중’, ‘반미’ 등의 신념은 ‘경제발전’, ‘안정’, ‘경쟁’, ‘안보’ 등의 가치를 기득권자의 현실논리라고 폄하시켰다. 전자의 신념은 인간이 인간답게 살기 위하여 이루어내어야 할 가치로 보였던 것이고, 그것은 곧 인문학이 처방하는 가치관이기도 했다. 인문대학 졸업생이 상대적으로 취업이 어려운 현실은 그 전이나 후나 마찬가지지만, 1980년대에는 사학과, 철학과 등의 인문학 공부가 인간답게 살기 위한, 그리고 공동체의 이상을 위한 공부라고 자신한 인문학도들이 법학과나 경영학과의 공부는 개인적 치부를 위한 기능적 공부라고 폄하하기도 했고 적어도 대학가에서는 인문학도들의 목소리가 통했다.

이렇듯 1980년대까지 한국의 인문학은 사회나 정치와의 거리 설정이 화두였지 내부의 자신을 돌아볼 여유도 그럴 필요도 없었다. 대학의 지식은 여전히 사회로부터 신뢰와 경배의 대상이었기 때문이다. 그런데 1990년대 중반 이후 사정은 달라졌다. 인문학은 외부로부터 내부 혁신을 강요받게 되었다. 1995년 김영삼 정권이 '세계화'라는 정책기조의 일환으로 내놓은 '5 · 31 교육개혁안'이 바로 그것이다. 교육개혁안은 세계화시대에 살아남기 위해서 혹은 앞서가기 위하여 교육체제를 공급자 중심에서 수요자 중심으로 전환하겠다는 것이 기본논리였다. 단편적 암기 위주의 교육, 필수교과목의 과다, 규제 위주의 교육제도를 문제로 지적한 개혁안은 창의성, 다양화, 자율과 책임 등을 추구하며 교장 초빙제, 교사임용 자율화, 자립형 사립학교 등을 구체적인 안으로 제시했다.[1] 국립대 특수법인화, 학부대학 도입,

---

1 임선하, 「5.31교육개혁안과 창의성교육 전망」, 『열린교육연구』 3-2, 1995,

사학법 개정도 포함된 교육개혁안은 이후 정권이 바뀌었지만 시장경제의 논리를 교육에 도입하여 교육의 경쟁력을 강화시키겠다는 정부의 방침은 지속되었다.

인문학의 위기의식을 증폭시킨 직접적인 계기는 학부제의 시행이었다. 서울대학에서 거론한 후 일부 대학으로 번지던 학부제는 '5 · 31교육개혁안'이 발표된 후 1996년부터 전국의 다수 대학이 행정 및 재정적 지원을 받기 위하여 대폭 도입하게 되었다. 그런데 학부제가 도입되자, 바로 '인문학의 위기'가 닥쳐왔다. 1996년 11월 전국 인문대학 학장 등이 "이성의 회복과 학문의 기반이 되는 인문학이 존폐의 갈림길에 서 있으며…… 정부는 인문학 연구와 교육에 대해 정책적 배려와 지원을 다해야 한다"는 요지의 제주선언을 발표했다. 1997년 8월에도 전국 국공립대 학장 21명이 '교육부 장관께 드리는 대학교육의 올바른 발전을 위한 건의문'을 교육부에 전달했다. 이 건의문도 "교육부는 학문분야 간의 불균형이 더 이상 심화되지 않도록 제도적 장치를 마련해 달라"는 게 골자였다. 1997년 11월에는 14개 대학 인문학 연구소가 "현대사회의 인문학-위기와 전망"이라는 주제로 심포지엄을 열었고 다양한 전공자들이 모여 인문학의 위기와 그 해결책을 모색했다. 1998년 11월에는 학술단체협의회에서 인문사회과학의 위기에 대한 심포지엄을 개최했다. 이 무렵 언론에서도 '인문학의 위기'가 연이어 기사로 다루어지고, 인문

pp.215-216.

학자들 사이에서도 '인문학의 위기'를 둘러싼 논의가 설왕설래 이어졌다.

'인문학의 위기'에 관한 인문학자들의 글 속에서는 그 위기가 구체적으로 무엇인지 요령 있게 종합하여 제시한 글을 찾아보기가 쉽지 않은데, 당시 언론의 기사를 우선 인용해보자.

> 90년대부터 교양학부에서 필수과목이던 「철학개론」이 선택과목으로 변경됐다. 그 후 이를 수강하는 학생들의 숫자는 급격히 감소, 강좌 수는 15개에서 10개로 줄어들었다…… 국사과목이 필수에서 선택으로 바뀐 다음 수강생들의 숫자가 줄었고, 「한국사회경제사」 등 몇 과목은 아예 폐강되는 지경에 이르렀다…… 서울대 철학과는…… 올해 석사과정에 진학한 20명 가운데 서울대 학부출신은 6명에 불과하다…… 철학교수 자리를 잡는 일이 하늘의 별따기 만큼이나 어렵다…… 이제는 인문학 서적들은 서점에 내보내고 두 달만 지나면 반품이 되는 찬밥 신세가 되었다…… 인문학에 대한 관심 퇴조는 다른 기초학문을 외면하는 현상으로 이어지고 있다.[2]

이러한 기사 등을 토대로 위기의 구체적인 양상을 종합해보면, 인문대학 출신자들의 취업난, 학생들의 수강신청 저조로 인

2 「사회도 학생도 인문학 외면」, 『조선일보』 1997.5.28, 19면.

한 인문학 과목의 축소와 폐강, 학부제 실시로 인한 비인기학과의 쇠락, 나아가 인문학 일부 학과의 폐과 혹은 명칭 변경, 학문후속세대의 단절 즉 인문학 대학원의 공동화 등을 들 수 있다. 인문학자에 따라서 인문학 위기의 양상을 달리 보는 경우도 있지만, 적어도 '인문학의 위기'에서 이러한 현실이 크게 차지하고 있었음은 분명하다. 이 때문에 일각에서는 '인문학의 위기'가 아니라 인문학자들 밥그릇의 위기이며, 강호 인문학과는 상관없는 강단 인문학의 위기라는 야유도 적지 않았다.

그런데 '인문학의 위기'는 2001년을 전후하여 사라졌다. 사라진 것이 사실로서의 '인문학의 위기'인지, 담론으로서의 '인문학의 위기'인지는 차치하고, 적어도 언론매체나 인문학자들의 글 속에서 '인문학의 위기'가 사라진 것은 분명하다. 어느 학자는 잠시 스쳐가는 언급이기는 하였으나, 지금은 '인문학의 전성시대'라고 했다. 문화콘텐츠진흥원이 2천억 원을 조성하여 문화원형 콘텐츠 시나리오 개발에 한 팀당 5억 원을 배당하여, 역사나 문화 쪽에서도 얼마든지 노력하면 한 프로젝트에 5억 정도씩 받을 수 있는 시대가 왔기 때문이라는 것이다.[3] '인문학의 전성시대'를 농담이라고 일소에 부치기는 어렵다. 가령 기초학문 육성사업이 3년 예정으로 시행된 첫 해인 2002년에 인문사회분야에서는 개인연구자 지원이 약 100억 원, 공동연구 지원이 567억 원이었다. 사업별로는 선도연구자 지원이 377개, 국내

3 「인문학분야전문가 콜로키움」, 『인문비평』 3, 2002, pp.204-206.

외 지역연구가 119개, 국학고전 연구지원이 31개, 인문일반연구 지원이 118개, 한국근현대 연구지원이 44개, 전문연구 인력지원이 142개의 과제였다. 1인당 평균 연구비는 2천만 원이었다.[4] 대학강사가 일주일에 10시간을 강의하여도 1년 소득이 천만 원도 채 되지 않는 현실을 생각하면, 1편의 논문만으로 한 해 2천만 원의 지원을 받을 수 있다는 것은 실로 미취업 인문학자들에게 얼마나 큰 수혜인가를 상상하기 어렵지 않다.

'5 · 31교육개혁안'으로 인하여 1990년대 중반부터 부분적으로 시작된 논술고사는 상당한 기간 동안 형식적으로 치러졌지만, 2000년대에 들어오면서 대입의 당락을 좌우하는 요소로 비중이 커지면서, 논술시장이 비약적으로 성장했다. 논술시험을 위해 읽어야 할 고전, 신간서적의 상당수는 인문학 도서들이 차지했다. 시중의 서점에서도 논술고사와 관련된 인문학 도서들의 판매부수가 증대했고, 논술고사를 위한 다이제스트, 주요 신문과 주간지들은 논술기사를 판매부수 확대를 위한 전략으로 삼았다. 인문학 서적들은 서점에 내보내고 두 달만 지나면 반품이 되는 찬밥신세였던 90년대와는 달리 독자들의 지적 호기심에 부응하는 인문학 도서들은 지식시장에서도 상당히 수익성을 보장할 수 있게 되었다.

뿐만 아니라 기업 및 공무원의 입사시험 양식이 바뀌면서,

---

4 박찬성, 『기초학문교육 및 연구의 내실화 방안에 관한 연구』, 교육인적자원부 교육정책연구 2002-특-13, 2003, pp.41-48.

대학에서도 그에 상응하는 커리큘럼의 대응을 가져왔고, 그 대표적인 예가 의사소통 과목이다. 논리적 사고, 설득력 있는 표현 등 의사전달 능력의 함양은 기업의 적성검사 시험이나 공무원 시험의 공직자 적성검사에서도 필요한 능력이 되었다. 또한 치의학 전문대학원의 진학에서도 유사한 능력이 측정되었다. 이로 말미암아 전국의 대학은 이전의 '국어작문'과 성격을 달리하는 논리적인 글쓰기나 말하기 강좌를 통해서 학생들에게 논리적으로 사고하는 능력과 전문적 자료를 활용하는 능력, 다양한 청중에 적응하는 능력 등 의사소통 상황을 이해하고 여기에 합리적으로 대응하는 능력을 배양시키고자 했다. 이러한 능력은 곧 인문학적 능력과 직결되고 이와 같은 의사소통 과목이 필수 내지 선택으로 새롭게 개설되어, 주로 국문학, 철학 전공자들에게 강좌의 풍요를 맛보게 했다.

또 2002년, 2003년에 오며 이공계 기피현상이 사회적 관심을 끌면서, 과학기술인의 홀대, 사회적 박탈감이 문제로 대두되었다. 이공계 대학원생들이 국내외로 연쇄 이동한다든지, 상대적으로 적은 보상에 학업을 중도포기하고 취업한다든지, 혹은 20~30대 신진 연구 인력이 불안정한 처우와 신분 보장으로 제 역할을 다할 기회를 보장받지 못하는 현실 등이 문제시되었다. '이공계 기피' 혹은 '기초과학의 위기'라는 소리 앞에, 사회적 효용에서 비교대상도 되기 힘든 인문학은 이제 감히 위기를 말하기 어려운 분위기로 변했다.

그렇다면 오늘날 한국의 인문학은 이제 위기가 아닌가.

2006년의 현실을 90년대 후반 '인문학의 위기'라고 했을 때의 구체적인 양상과 대조해보자. 인문대학 출신자들의 취업난. 이 점은 이전보다 심했으면 심했지 결코 완화된 것은 아니다. 학부제 실시로 인한 비인기학과의 쇠락. 이 점은 갈수록 심각한 양상이 되어간다. 학문 후속세대의 단절과 대학원의 공동화. BK21, 장학금 지급 등의 정책이 추진되고 있으나 상황은 나아지지 않고 있다. 더욱이 비정규직 연구자의 수는 누적되고 정규직 연구자가 되기 위한 장벽은 더욱 높아지고 있다. 90년대의 구체적인 양상이 '인문학의 위기'를 의미한다면, 오늘날에도 '인문학의 위기'는 계속되고 있다. 그러나 한편으로 인문학 관련 교양과목의 축소와 폐강 위기는 의사소통 과목의 신설, 영상 등 디지털 콘텐츠와 관련된 과목의 신설로 새로운 변화가 생기고 있다. 논술 때문이라고는 하나 시장에서의 인문학 수요는 증가하고 또한 디지털 환경은 이전에 비하여 한층 많은 문화상품을 요구하고 있다는 점에서 '인문학의 기회'가 동시에 병존하고 있다고 할 수 있다.

인문학의 변신

'인문학의 위기'가 '인문학의 기회'와 교차하고 있는 오늘날, 인문학은 어디에 와 있는가. 인문학의 현실을 위기로 받아들인다는 인식행위는 문제를 진단하면서 변신의 방향을 모색하는 작업이기도 하다. 인문학의 현실을 위기로 받아들인 일부 인문학자는 한국 인문학이 걸어가야 할 길을 진지하게 물었다. 인문학의 위기를 운운하는 논자들의 상당수는 위기의 1차적인 원인을 분과학문에의 매몰로 꼽고 있다. 가령 최종욱은 "한국의 인문학자들은 자신들의 전공으로 간주되는 사상가에 대한 독점권을 행사하면서 그들의 사변적인 사상과 이론에만 매달려왔다. 서양학을 하는 연구자들은 서구의 현실과 괴리된 서구사상의 추상적 관념과 논리 속에서, 동양학을 전공하는 연구자들 또한 우리의 현실과의 연관성은 물론이고 고전사상을 배태했던 당시의 시대적 상황과의 연관성을 상실한 채 고전의 폐쇄적인 훈고학적 해석에만 집착하고 있었다"라고 하면서 "전문화라는 미명하에 스스로에 대한 자기반성의 길을 봉쇄하고 관행화되었다" 라고 말한다.[5] 그동안 학계에서는 연구하는 주제가 다른 연구자가 다루지 않는 특정 사상이나 시기 또는 대상일수록 새롭고 전문적인 전공이라고 간주되었다. 전문화의 이러한 논리는 '학문은 세부적일수록 전문·특수적이다'라는 명제를 함축하여 세부성의 존엄성을 보장하고 분업의 가속화를 정당화한다. 인문학의 동일학문에서는 물론 동일 계열의 인접분야와의 대화는 전공특수성에 도움이 되지 않고 피하는 것일수록 건강하다고 여겨지고 있다.[6] 인문학을 포함하여 학문 전반에서 전공의 세분

5 최종욱, 「인문과학의 위기」, 『어문학논총』 18, 1999 , p.405.

6 정대현 외, 『표현인문학』, 생각의 나무, 2000, pp.56-57.

화, 전문화는 논문의 형식으로 표출되는데, 서론-본론-결론, 일인칭 대명사 '나'를 회피한 합리성의 가장, 권위로서의 각주와 인용문 등 논문의 합리성이 사회적 권력의 유지와 재생산과 밀접하게 관련되어 있음은 이미 지적된 바가 있다.[7]

그리고 자주 꼽히는 점은 현실과 대면하지 않고 이론을 위한 이론에 빠져 있다는 자성이다. 가령 이주향은 인문학자들이 고집하는 '순수'가 생산성과 무관하고 경쟁력과 관계없더라도 신선하고 의연한 영혼의 향기라면 그것이야말로 버릴 수 없는 인문학의 매력이겠지만, 현실을 해명하는 능력의 부재를 '순수'라는 이름으로 포장하고 그 속에 웅크리고 앉아 이미 그 '순수'와는 관계없는 현실을 타락한 것으로, 그 '순수'에 관심 없는 사람들을 '우매한 대중'으로 매도한 적이 없는지 반성을 요구했다. 그러면서 그는 "세계를 읽기 위해 이론이 필요했던 것이 아니라, 전공 책을 읽기 위해 세계가 필요했던 것은 아닌가" 묻고, "과거의 방식으로 강단을 고집하고 아무도 읽지 않는 학술지만을 고집하는 것으로는 인문학의 위기는 심화될 뿐 극복되지 않는다"고 진단했다.[8]

인문학이 대면하지 않을 수 없는 현실은 논자에 따라 다양하나 누구나 공통적으로 지적하는 사실은 테크놀로지의 발전 즉 디지털 혁명이다. 인터넷으로 인하여 시간과 공간이 압축되

---

7 심광현, 「대학의 담론으로서의 논문-형식의 합리성에 대한 비판」, 『사회비평』 14, 1996, pp.179-184.

8 이주향, 「신유목시대와 인문학의 위기」, 『철학과 현실』 41, 1999, pp.266-268.

어버리고, 사이버가 실제보다 더 사실적인 시대를 맞이하여, 문자언어의 막강하던 힘이 약해지게 되었다. 이러한 디지털 정보 양식의 변화는 당장 강의에서도 이러닝이니, 파워포인트니, 사이버 강의니 하는 모습으로 인문학자의 앞에 버티고 서 있다.

이러한 진단과 대안의 모색에서 먼저 이론적 작업으로 들 수 있는 것은 한국 인문학의 상대화와 유형화의 시도이다. 상대화의 예로 인문학의 관행적인 글쓰기를 문제 삼은 김영민을 꼽을 수 있는데, 그는 한국의 지식인 인문학자를 '기지촌 지식인', '수입오퍼상' 등의 자극적인 용어로 규정하여 주목을 끌었다. 그러한 논의도 포괄하여 조동일은 학풍의 유형별 분류를 시도하여, 한국의 인문학을 수입학, 시비학, 자립학 그리고 창조학으로 구분하였다. 주류를 이루는 수입학은 학문이 무엇이며 어떻게 할 것인가 고민하지 않았고, 새로운 조류인 시비학은 비생산적이며, 국학을 중심으로 하는 자립학은 소재에 매몰되어 있다고 비판을 하면서 창조학을 한국 인문학의 비전으로 제시했다.[9] 조동일의 이러한 유형화는 지금도 남아 있는 진보와 보수라는 양분법을 넘어선 학문론인데, 이 유형화가 인문학의 위기가 회자되는 시점에서 등장하였다는 점에 유의할 필요가 있다. 수입학 등 각각이 가진 문제는 한국의 인문학이 위기에 빠진 원인으로 거론할 수 있는데, 그는 유형화로 한국학이 세계적인 보편 학문으로 확장되어야 한다는 그의 지론을 재삼 확인하며 보강하는

9 조동일, 『인문학문의 사명』, 서울대학교출판부, 1997, pp.29-56.

기회로 삼았다.

인문학의 위기에 대하여 집단적으로 고민하며 이론적 대안으로 제시된 것은 '표현인문학'이다. 서양철학, 동양철학, 국문학, 불문학, 독문학, 영문학 등을 전공하는 8명이 5년에 걸친 공동연구로 산출한 것이 '표현인문학'이라는 개념인데, 연구팀은 오늘날 학문과 지식의 존재양상을 점검하고 시대를 거슬러 올라가 동서양의 경우를 추적한 연후에, 인간론으로 돌아와 인문학의 본질을 묻고, 인문학이 자리하고 있는 현대인의 조건을 검토한 위에 표현인문학의 수립을 시도했다. 이와 같이 동서양, 현재와 과거를 오가며 논의를 펼쳐서, 고전읽기나 관념적 자유보다는 자기성취와 표현방식의 자유를 중시하여 비문자 텍스트가 가진 의미와 가치를 강조하였다. 표현인문학은 인간론을 기초로 수립되었는데, 성기성물(成器成物)이라는 동양사상에서 그 실마리를 발굴해내었다. 실로 '표현인문학'은 여태껏 한국의 인문학계가 수행한 공동연구 가운데 가장 탁월한 연구성과로서 공동연구의 전범을 보여주는데, 동양학과 서양학을 아울러 '표현인문학'으로 녹여낸 작업은 한국의 인문학 연구사에서 획기적인 이정표가 될 것이다. '표현인문학'이 학계에 적지 않은 파문을 던질 수 있었던 것은 연구멤버들 각각의 생각을 한 곳에 녹여내며 추진된 명실상부한 공동연구의 성과 때문이라고 해도 좋다. 일반적인 공동연구는 개인별로 작업한 글에 필자의 이름을 각각 달아서 출간하고, 개별 논문과 논문 사이의 연계성 없이 따로 놀 뿐만 아니라 서술의 수위나 범위 혹은 용어도 들쑥

날쑥한 경우가 많다. 『표현인문학』은 공동연구자의 이름을 책 앞머리에 적었을 뿐, 각 장에는 책임 집필자의 이름이 없다. 그리고 각 장의 내용도 상당히 균질하여 개인 연구와 다를 바가 없다.[10]

근래 인문학은 상당한 속도로 변하고 있다. 그러한 변모는 여러 가지로 정리할 수 있을 텐데, 나는 다양한 개별 분과학문의 동향에 어둡기 때문에 거칠고 개략적으로 스케치해보자면, 중복되는 성격이기는 하나 편의상 대략 4가지로 분류할 수 있다. 첫째로는 문학 혹은 철학, 역사에서 문화연구로의 전환이다. 이는 문학, 역사, 철학연구가 문화연구로 전환되는 현상이다. 노동문화나 일상생활 혹은 시민운동 공공영역 같이 경험적인 일상적 주제가 우선되고, 이론이나 철학적 주제가 뒤로 밀려나는 현상은 구미학계에서 먼저 시작되었고 한국의 분과학문에서도 문화연구로의 전환은 두드러진다. 문화연구를 규정하기는 쉽지 않은데, 김성곤은 영국에서 시작된 문화연구, 미국의 미디어문화연구, 일본의 학제 간 문화연구, 세계 각국에서 진행되고 있는 트랜스내셔널 문화연구, 한국적 문화연구 등을 예시하고 있다.[11] 이러한 문화연구로의 전환은 분과학문 위주의 관행을 넘어서려는 지적 혁신의 측면과 소비사회에의 대응이라는 두 가지 측면

---

10 정대현 외, 『표현인문학』, 생각의 나무, 2000. 이 책이 출간된 이후, 일간지, 학술지, 교수신문, 심포지엄에서 표현인문학에 관한 비판과 반비판이 진행되었다. 그러나 공동연구 방식 자체에 관한 언급은 희소했다.

11 김성곤, 『문화연구와 인문학의 미래』, 서울대학교출판부, 2003, p.77.

을 동시에 가지고 있다. 이와 대조적이기는 하나 문학연구가 비평보다 이론연구로 바뀌는 것도 대응 양상의 하나로 보인다. 구체적인 작가 혹은 문학작품의 분석이나 검토인 문학비평이 전통적인 문학연구의 하나라면, 문학의 원리나 판단기준 등에 관한 연구인 문학이론이 근래에 활발하다. 작품의 바깥보다 작품 자체에만 시야를 두는 문학비평과는 달리, 여성주의, 해체론, 탈구조주의, 신역사주의, 포스트모더니즘, 포스트식민주의 등 이론에 관한 연구가 활발하다.[12] 문학에서의 이러한 이론연구는 철학에서의 이론연구와 만나면서 그 경계가 허물어지고 있다.

둘째로는 문화콘텐츠로의 관심이다. 2002년에 출범한 인문콘텐츠학회는 창립발기문에서 "디지털 내용물은 흔히 '문화콘텐츠'라고 표현되었고, 그 구체적인 모습은 영화, 애니메이션, 게임, 음반, 캐릭터산업 등으로 이해되어왔다. 그러나 디지털 내용물은 사실상 우리 사회 전 분야의 다양한 측면을 모두 포괄하는 것이며, 그러한 내용물 창출의 주된 원천이 되는 것은 인문학적 사고와 축적물이다"라고 인문학을 디지털 환경에 즉응시키고자 했다.[13] 인문콘텐츠가 기왕의 인문학과 다른 점은 테크놀로지를 전제로 하거나 테크놀로지와 결합된 내용물이다. 즉 영화나 만화, 애니메이션같이 콘텐츠의 내용과 그것을 담는 기술을 분리해서 생각할 수 없다. 미디어는 단순한 기술이나 도

12 정대현 외, 앞의 책, pp.59-63.

13 「창립발기문」, 『인문콘텐츠』 창간호, 2003, p.297.

구가 아니라, 콘텐츠를 표현하고 실현하는 최종적인 창구라는 것이다. 문자언어에 국한되지 않는 문화콘텐츠는 "문학의 숭고성, 장엄성, 예술성과 같은 성격보다 재미와 쾌락, 감동의 측면이 더 강조되는 문학의 내포적 의미의 변화는 문학의 외연을 오히려 확장할 수 있는 기회이다"라 간주되기도 한다.[14] 문화콘텐츠는 문화콘텐츠산업과 직결되어 상업성의 측면에서도 관심의 대상이 되고 있다. 일부 대학에서는 인문학의 활로를 찾아 (문화)콘텐츠학과를 신설한 곳도 적지 않고, 정부의 인문학정책과제 연구도 이 부분에 집중되어 있다.[15]

셋째로는 문화 콘텐츠와 연관되는 영상언어에의 관심이다. 문학과 영상학회, 한국영상문화학회, 영상영어교육학회, 영상예술학회, 한국영상학회 등은 대부분 1999년을 전후한 시기에 창립된 학회이다. 디지털시대의 도래로 문자언어 중심의 시대가 가고 멀티미디어의 시대가 오면서, 문자가 아닌 도상 혹은 영상언어의 힘은 이전과 비교되지 않을 정도로 막강해졌다. 특히 대중문화에서 영상언어의 위력을 대단해져서, 문학연구에서도 영화, 드라마 등은 외면할 수 없게 되었다. 영화비평 등이 인문학의 한 장르로 시민권을 획득하게 되었다.

넷째로 해외지역연구이다. 세계화와 더불어 1990년대 중반

---

14 우정권, 「문학콘텐츠, 문학의 위기에서 기회로」, 『민족문학사연구』 30, 2006, p.447.

15 일례로 2002년도 인문사회연구원이 발주한 정책과제연구로서 수행된 『문화콘텐츠 기획을 위한 인문학의 활용방안 연구』를 비롯하여 다수가 있다.

부터 전국대학에 국제지역학과 국제대학원 등의 해외지역학 분야가 신설되면서 해외를 연구대상으로 삼는 인문학자의 일부는 해외지역학으로 취업하거나 옮아가게 되었다. 조선의 선비들이 한문에 뛰어났지만 중국 현지를 답사하거나 중국어를 익힐 필요를 느끼지 못했던 것과 같이, 영문학자들도 영국사회를 대면할 필요를 느끼지 못하고 오로지 그들의 대표적 문화유산이라는 책과 그 해석을 읽는 것에 자족했다. 한국의 대학 제도권에서 지역학이 탄생하면서 영문학자 등 외국 어문학자들이 비로소 당해국의 실정에 관심을 갖는 계기를 맞이하게 되었다는 지적[16]은 새삼스럽다. 해외지역학은 외국어의 숙련이 기초조건의 하나였고, 당해국의 언어에 숙달된 인문학자들이 지역연구과에 들어가면서 언어나 문학을 버리고 '문화연구'로 기울었다. 원래 미국의 대외팽창의 필요에서 탄생했던 지역학은 그것이 한국에 해외지역학으로 도입되었다는 점에서 원죄의식을 가지게 되었고, 그래서 한국에서 그것이 탄생할 때부터 학문적 정체성을 묻는 논의가 많았다.

인문학계에서의 근래에 진행되고 있는 이러한 변화는 편의상의 구분일 뿐 사실은 유사한 추세를 몇 가지 측면으로 나누어 언급한 것이다. 그런데 이러한 변화가 전체 인문학계에서 어느 정도의 비중을 차지하고 있는지 가늠하기는 쉽지 않다. 보

16 이상섭, 「지역연구로서의 문학연구 무엇이 문제인가」, 『한국의 지역연구-현황과 과제』, 서울대학출판부, 1998, pp.332-333.

도매체에서 자주 다루어지기 때문에 그 변화는 실제 이상으로 크게 느껴지는 것일 뿐, 그것은 빙산의 일각에 지나지 않을지도 모른다. 이러한 연구경향을 선도하는 학자들은 전임교수이나, 이러한 흐름에 편승한 신진연구자는 제도권에 진입하기란 쉽지 않을 것으로 보인다. 제도권 편입 시, 인사권을 쥐고 있는 다수는 인문학의 새로운 대응방식을 고민하는 학자들보다는 전공과 분과학문의 틀을 고수하는 전통적이고 보수적인 학자들이 많기 때문이다. 그런 점은 신규임용공고를 보면 잘 드러난다. 학제적인 연구가 필요하고 해외학계의 대세라고 하지만, 신규임용공고에는 매우 세분화된 전공분야가 공고되고, 임용심사규정의 중요한 항목은 공고된 전공과 지원자의 전공일치의 여부이다.

인문학의 위기상황에 대한 인문학자들의 태도를 김성곤은 3가지로 유형화한 바가 있다. 첫째는 주위의 변화에 대한 철저한 무관심으로 여전히 인문학이 최고의 학문이라는 지적 우월감에 살고 있다. 둘째는 위기는 인정하지만 인문학의 특권과 신성성을 내세우며 스스로 인문학의 수호자로 나서는 것이다. 이런 때일수록 인문학은 순수하게 남아 있어야 하며 성스러운 본령을 지켜야 한다고 주장한다. 셋째는 위기만 강조하다가 자조주의와 패배주의에 빠진 경우이다. 또한 그는 이미 대학의 안팎이 변했음에도 오직 교수들이 변화를 싫어하는 이유를 1) 변화가 귀찮고 현상유지가 편하기 때문에, 2) 기득권의 포기가 싫어서, 3) 새로운 것을 가르칠 능력과 실력의 부재가 드러나는 것이

두렵기 때문이라는 스펙스의 진단을 인용하고 있다.[17]

인문학이 학문의 중심이고, 인문학은 위대한 문화적 전통의 핵심에 서 있으며 교양과 인성, 그리고 지혜와 지식을 함양해 보다 나은 인간과 사회를 창출하는 순수하고 고결한 것이므로, 이럴 때일수록 우리는 변하지 말고 관습과 전통을 지켜야 한다는 신념은 존중할 필요가 있으며 끝까지 버리지 않고 고수해야 할 초심이기도 하다. 다만 그것은 인문학자 개인의 학문적 지향으로서 가치가 있다. 10년, 20년 인문학을 공부한 인문학자에게 누군가가 당신은 얼마나 깊은 지혜와 풍부한 인성을 갖게 되었는가 질문할 때, 자신 있게 답할 수 있는 학자는 많지 않을 것이 분명하다. 20년을 공부해도 변변한 지혜를 갖지 못한 인문학자가 실업 예비군인 인문대학 학생들을 앞에 두고 인문학이 전하려는 교양과 지혜의 무력함을 느끼지 못한다면, 그는 매우 뛰어난 교육자이거나 자폐증 학자 가운데 하나일 것이다. 대학정원 감축이 강도 높게 추진되는 점에 비추어 보면, 제도권 대학 내에서 인문학은 더욱 더 설자리가 좁아질 가능성이 높다.

---

17 김성곤, 『문화연구와 인문학의 미래』, pp. 67-68.

인문학에서 '주변'의 발견

위기와 기회가 교차하는 인문학의 현실을 살펴보았지만, 그 대응에서 지방, 혹은 지역이라는 관점은 누락되었다. 디지털 혁명이 공간의 구분을 무색하게 만들고 있다고 하나, 컴퓨터를 끄고 사이버 공간에서 나오는 순간 우리는 구체적인 실제공간으로 되돌아오고, 우리의 삶은 이 실제공간에 의하여 규정된다. 사이버와 디지털은 세계 전체를 균질하게 만든다고 하나, 그것을 띄우는 미디어는 386컴퓨터가 있는가 하면 펜티엄 컴퓨터도 있다. 그 컴퓨터는 30층 오피스텔의 마호가니 책상에 놓여 있기도 하고, 전세방의 초라한 앉은뱅이 책상에 올려져 있기도 하다. 이 때문에 "인문학은 시간 속에서 자리하고 있는 역사적 좌표와 공간 속에 자리하고 있는 사회적 좌표를 입체적으로 고찰하는 과정 속에서 생명력을 지닌다. 인문학은 탈역사적, 탈사회적 상황 속에서 정립되는 수학이나 기하학 같은 추상적인 학문일 수 없다. 인문학은 보편성을 지향하되 구체성을 지니고 있어야 한다. 그러나 불행히도 우리의 인문학은 이런 '구체적 보편성'을 마련하지 못했다"는 김석수의 지적은 타당하다.[18]

'인문학의 위기'라고 했을 때, 실은 그 위기가 인문학 연구자 일반에게 균질한 위기는 아니었다. 제도권의 교수가 아닌 강

---

18 김석수, 「구체적 보편성과 지방, 그리고 창조학으로서의 인문학」, 『사회와 철학』 8, 2004, p.208.

사들에게, 그리고 실업 예비군의 대학원생들에게 절실한 위기였고, 또한 서울의 유수 대학의 인문학보다는 지방대학의 인문학에게 절실한 위기임은 누구나 아는 일이다. 그럼에도 불구하고 인문학의 위기를 말하며 자성과 대책을 논의하는 연구자는 수도권 유수 대학의 교수들이 많았다. 왜 한층 심각한 위기 앞에선 지방의 인문학자는 침묵을 지키고, 오히려 자리가 안정된 수도권의 인문학자들이 소리 높여 위기를 말했던가. 이 모순된 풍경이 한국 인문학의 현장이다. 인문학이 관념적인 이론이 아니라 현장과 현실에 발 디딘 이론이 되기 위해서, 누구나 아는, 그럼에도 누구도 정면에서 대면하려 하지 않는 지방의 현실에서 출발하는 인문학은 중요하다. 지방이란 중앙을 전제로 하고 그에 대립되는 개념이다. 따라서 지방이라는 개념은 주변부라는 의식과 통하고 때로는 지역이라는 용어로 환치되기도 한다. 지방과 지역이라는 개념은 여러 가지 스펙트럼을 가지고 있으나, 여기에서는 중앙에 대조하는 데 무게를 둘 때 지방이라는 용어를 사용하도록 한다.

해방 후 한국학계에서 '주변'의 발견은 먼저 80년대 초 주변부자본주의론의 도입에서 시작되었다고 할 수 있다. 근대화이론을 바탕으로 정치적 억압체제하의 경제발전 전략을 추구하고 있던 박정희 정권과 뒤이은 전두환 정권에 대하여 이론적 저항의 일환으로 60년대 구미학계에서 풍미했던 종속이론이 도입되었다. 서구중심적 근대화론이 제3세계의 정치발전을 낙관적으로 본 것과 달리 A. G. 프랑크, 사미르 아민, 왈러스타인 등의 종속이론과 주변부자본주의론은 현존 체제하의 정치발전은 비관적이며, '탈종속' 또는 '혁명'과 같은 급진적 방법을 통해서만 진정한 발전이 가능하다고 보았다. 또한 제3세계의 저발전요인은 '중심-주변'의 세계적 잉여수탈구조에 있다고 주장했다. 한국을 중심부에 의하여 수탈당하는 존재로 상정했던 주변부자본주의론은 세계의 중심, 즉 서구열강에 대비되는 존재로서 한국을 중심-주변의 관계 속에 두었다는 점에서 의미를 찾을 수 있다. 그러나 주변부자본주의론은 한국에서 생명력을 유지하지 못하고, 사회구성체 논쟁같이 보다 본격적인 마르크시즘의 도입으로 일찍 퇴장했다. 종속이론 내지 주변부자본주의론은 사회과학계에서 주로 논의되었지만, 인문학에서도 일부가 논의에 가세하였다.[19]

주변부자본주의론에서는 중심부 국가와 대비하여 주변부 국가로서의 한국을 발견한 셈이었지만, 일국 내의 중앙과 지방의 대비나 격차 등이 시야에 들어서 있었던 것은 아니었다. 한국에서 수도권 집중화가 문제로 널리 의식되기 시작한 것은 90년대에 들어선 이후로 보인다. 거기에는 1995년 6월에 처음으로 지방단체장과 의회의원들을 선출하는 지방자치제도의 부활이 중요한 계기로 작용했다. 그동안 지방이란 중앙과 중심의 세련되고 질 높은 자리에 대해 잡스럽고 투박한 삶의 자리 혹

---

19 이병창, 「한국 국가의 종속적 성격-주변부 사회이론에 대한 방법론적 검토」, 『哲學硏究』 22-1, 1987이 일례이다.

은 질이 떨어지거나 무언가 결핍된 문화나 학술의 유통공간이라고 여겼던 인식[20]에 비추어 보면, 이 무렵 지방 내지 지역의 발견은 결코 사소한 현상이 아니다. 지방(지역)의 발견은 해방 이후 정치 판도를 규정하던 지역색, 지역감정과는 차원이 다른 논의이다.

지방에 대한 관심은 1980년대 초 대구사학회에서 지방사를 주제로 한 심포지엄이 하나의 이정표가 되었다. 이후 한국사학계가 지방사에 눈을 돌리게 되었고 1990년대 중반에는 연구성과가 단행본으로 다수 출간되었다. 다만 이러한 지방사연구에서 '지방' 사회는 연구의 대상일 뿐 '지방' 자체가 어떻게 창출되었는가의 문제는 배제되어 있었다. 이훈상은 90년대 중반 이후 지방사, 지방문화, 지방문학 등 지방 담론의 역사적 형성과 지적 계보에 대한 성찰을 주문했다. 그는 지방사연구가 불평등한 권력 구조의 역사를 분명하게 드러내지 못함으로써 오히려 중앙 중심주의를 은폐하는 역할을 해왔다고 해부했다.[21] 이훈상은 폐기하고 대체해야 할 담론으로 '지방'을 문제 삼았지만, 인문학의 지역성에 대하여 장기간 작업하고 고민하면서 정치한 논리의 구축을 모색하고 있는 학자로는 구모룡과 박태일을 꼽을 수 있다. 구모룡은 자본-기술복합체 시대의 획일화된 시스템에 맞서기 위해서, 중앙과 지방의 대립만을 강조하는 향토주의나 자

---

20 박태일, 『한국지역문학의 논리』, 청동거울, 2004, p.40.

21 이훈상, 「타자로서의 '지방'과 중앙의 헤게모니」, 한국사연구회 편, 『지방사 연구의 현황과 과제』, 경인문화사, 2001.

립주의, 그리고 중앙의 시선으로 지역을 계몽하려는 지방주의의 한계를 넘어선 '비판적 지역주의'를 대안으로 제시했다.[22] 구모룡의 '비판적 지역주의'가 지구적 차원을 염두에 둔 대안이라면, 박태일은 구체적인 삶의 터로서 '지역 구심주의'를 주창했다. 인문학에 대하여, 박태일은 "마땅한 사람살이에 대한 학적 반성이 인문학이다"라고 정의하면서 "인문학에서 지역문제의 필요성은 해묵은 중앙패권주의와 지역패배주의의 속결을 살피고 그것을 넘어서기 위한 노력에 있다"며, 그것은 중앙중심의 국가주의와 반공민족주의에 의한 왜곡이나 획일화를 넘어선 학문적 민주화의 길이라고 언명했다.[23] 그렇다고 그가 지역을 신화화하는 것은 아니다. 지역이 하나의 합의된 정체성을 지닌 공간이 아니라 서로 다투고 갈등하는 장소이기도 하고, 왜곡과 은폐, 거짓이 혈연과 학연으로 뭉쳐서 명분만 찾는 토박이 의식이나 배타적 허세가 횡행하기도 하는, 그래서 지역이 지역다운 뜻과 값어치를 갖기 위하여 지역의 재장소화가 늘 요구되는 공간으로 자리매김하였다. 그의 지역에 대한 인식은 학회 명칭에도 섬세하게 관철되고 있다. 박태일은 "일반적인 관행대로 '부산경남문학회'라 하지 않고 '경남부산지역문학회'라는 명칭을 쓰게 된 이유는 이 지역의 역사적 경험이나 흐름을 통해서 볼 때 부산보다

---

22 구모룡, 『지역문학과 주변부적 시각』, 신생, 2005; 이희환, 「지역문학의 연대를 위하여」, 『오늘의 문예비평』 60, 2006의 소개에 따름.

23 박태일, 『한국지역문학의 논리』, pp.77-92.

는 경남을 앞세우는 것이 훨씬 삶의 실재에서 볼 때 정통성이 있다는 판단 때문입니다. 경상도가 먼저 있고 그 다음에 부산이 있는 셈인데, 근대적 인식틀에 비추어서 근대화가 진행된 곳을 가치 중심에 놓고 보자니 으레 부산이 먼저 와야 하는 것으로 생각하기 쉽습니다"라며, 근대화의 논리에 따르는 것이 아니라 삶의 역사와 구체적인 삶의 흔적을 따져 학회를 명명했다고 한다.[24]

'경남부산지역문학회'라는 명명은 '부산경남사학회'나 '부경역사연구소'라는 명명과 대비된다. 박태일의 지적이 없었다면, 부산·경남이라는 연칭이 다수의 논리, 근대의 논리가 짙게 밴 중심부적 사고의 결과라는 것을 알아차리지 못했을 것이다. 더욱 흥미로운 것은 분과학문별 지방학회의 명명이다. 역사학의 경우, 1976년에 부산사학회가 창립되었고 1984년 경남사학회가 창립되었는데 2001년에 두 학회를 통합하여 부산경남사학회로 명명하였다. 국문학 쪽에서는 1977년에 한국문학회가 창립되어 오늘에 이르고 있다. 1967년 한국영어영문학회 부산지회로 출범한 지역의 영문학회는 1998년에 '신한영어영문학회'로, 1999년에 '새한영어영문학회'로 학회명칭을 바꾸어 오늘에 이르고 있으며, 철학에서는 1998년에 대동철학회가 창립되어 지역철학계의 구심점이 되어 있다. 1983년에 창립된 부산경남중

---

24 「특집좌담; 지역에서, 지역을 가로질러, 지역 너머를 꿈꾼다」, 『오늘의 문예비평』 53, 2004, p.21.

국어문학회는 1999년 무렵 대한중국학회로 개칭하였는데, 이는 1980년에 창립된 영남중국어문학회가 줄곧 지역명을 단 학회명을 바꾸지 않고 지속한 것과는 대조된다. 여기서 보듯이 부산경남지방을 근거로 한 인문학회들이 지방명을 달고 있는 학회는 역사학 쪽뿐이다. 한국문학회의 창간사에는 지방학계로서의 정체성을 드러낸 구절은 찾아볼 수 없다. 부산경남사학회도 통합을 위한 논의에서 지역명칭을 없애서 지방학회지라는 인상을 없애자는 목소리도 꽤 높았다. 역사학의 논의에 비추어보자면, 여타 학회는 지방 명칭을 의식적으로 기피한 것으로 보아도 무방하겠다. 지방의 학문에 대한 자의식의 부재는 이와 같이 한국학술진흥재단이 요구하는 전국학회의 형식에 맞추기 위한, 지방학자들의 손쉬운 굴복으로 나타나는 것이다.

지방과 지역을 모색하는 학자들은 거의 대부분 국학 연구자들이라는 점에 비추어 보면, 외국학 연구자인 김태만의 지역연구는 독특하다. 중국현대문학 전공자인 그는 부산이라는 도시의 성격을 주변성, 해양성으로 정리한 후, '상해학'의 성립과정을 추적하여 중국 상하이의 정체성 형성과정과 도시공간에 대한 재발견을 추적했다. 이어서 그는 부산의 상하이 거리의 발전방안을 모색했다.[25] 그의 지역 시점은 부산에서 시작하여 부산의 비교대상으로 상하이로 비약했다가 다시 부산 속의 타자인

---

25 김태만, 「부산성,주변성,해양성」, 『오늘의 문예비평』 42, 2001; 김태만, 『상해학 연구』, 부산발전연구원, 2004; 『제34회 시민사회포럼 발제문』, 2006년 6월 29일.

상하이 거리로 귀환하는 궤적을 그리고 있어서, 일국 내 중앙과 지방에 갇혀 있던 지역의 논리가 어떻게 국경을 넘어서서 비약하고 귀환할 수 있는지 보여주고 있다. 또한 외국사 영역에서는 지역은 역사와 함께 형성되고 또한 역사에 따라서 달라지는 존재일 뿐만 아니라 고찰하고자 하는 문제의 설정에 따라서도 달라짐을 지적하며, 지역을 설정하려는 주체의 문제가 지역 파악의 관건이 된다고 내가 지적한 바가 있다.[26]

새로운 출구를 찾아서-중심/주변 연구

20세기 이래 가속화된 중앙집중화는 한국만의 현상이 아니라 세계적인 추세였기는 하나 동아시아 각국과 한국이 특히 심하였다. 중앙집중화가 권력이나 경제의 집중화에 국한될 리 없다. 지식과 문화의 집중화도 당연히 수반되었고, 지방은 중앙의 지식과 문화의 수신지에 지나지 않았다. 문화의 다양성이 보존되어야 한다면, 다양성을 좌우하는 요소 가운데 중요한 하나는 '지방'이다. 중앙집중화와 그로 인한 중앙과 지방의 대립, 지방사회의 공동화 등은 한국의 지방사회가 처해진 심각한 현실인데, '지방'의 문제가 인간과 사회의 일면에 어떻게 작용하고 있는지를 궁구하여 그것을 인문학적으로 개념화시켜내야

---

26 본서 1부 1장.

한다.

앞에서 언급했듯이 인문학 위기의 원인을 우리 인문학자들에서 찾는 자기반성에서 시작할 필요가 있다면, 그것은 학과의 벽을 쌓고 논문을 위한 논문의 생산에 매달리는 것, 현실에서 유리된 연구, 사회현실의 변화를 따라가지 못하는 지적 통찰력 등으로 요약된다. 여기에서 연구방향은 자연스럽게 잡힌다. 학문의 장벽을 뛰어넘어 상호 의사소통을 할 것, 사회의 변화에 능동적으로 지적인 대응을 할 것, 현실에서 인식틀을 도출할 것 등이다. 지방학계에 '지방'은 더할 나위 없이 엄중한 현실이다.

서구학계에서 local이나 region에 대한 연구는 그다지 두드러지지 않는다고 한다. 분권화가 잘 되어 있는 서구에서는 지방이라는 것을 문제 삼을 필요성이 적기 때문일 것이다.[27] 일본학계의 경우 지방사, 지방문화에 대한 연구와 정리는 활발하지만, 그들의 지방이 중앙과 대립하는 개념으로 이해되는 경우는 적다. 중국학계의 경우, 지방지로 지방사에 접근하는 방지학(方志學)이 오랜 역사를 지니고, 안후이(安徽)성의 휘학(徽學), 푸젠(福建)성의 천주학(泉州學)등이 형성되고 있으나, 일본과 마찬가지로 지역문화학이고 지방주의의 발양은 경계의 대상이다. '지방'

---

27 서구의 지역주의에 대하여 상세하게 소개한 글로는 황태연, 「내부식민지의 저항과 지역의 정치화」, 『지역문제-지역주의-지역화』, 1997가 대표적이다. 이 글에 의하면 서구에서도 1970년대 후반 헤치터의 내부식민지론을 계기로 논의가 활발했다고 한다. 그러나 헤치터의 주장 이후 더 이상 논의가 크게 진전된 것 같지는 않다. 이 글은 지방이나 지역의 관점으로 서구를 재해석할 수 있는 여지가 풍부함을 시사하고 있어 정독할 필요가 있다.

의 문제가 매우 극명하게 표출되는 한국사회인 만큼, 이러한 현실에 대면하여 씨름한다면 '지방'은 한국인문학에서 자생이론을 창출하기 위한 모티브가 되기에 충분하다. 여태껏 인문학에서 이러한 접근이 학제적으로 시도된 적이 없었는데, 그 사명을 지방의 인문학계가 짊어지지 않는다면, 그것은 지적 태만임에 분명하다. 우리가 연구하고자 하는 중심/주변은 바로 이러한 문제의식에 발 디디고 서 있다. 이것은 단지 공동연구팀의 몇 명이 개별적으로 우연히 지니고 있던 문제의식이 아니라, 앞에서 보았듯이 지방학계에서 이미 고민하기 시작한 문제이고 논리의 심화와 확대가 진행되고 있다. 이러한 맥락 위에서 기왕의 연구를 비판적으로 계승하면서, 각각 다양한 분과학문의 연구방법과 연구소재를 가지고 서로 매듭을 묶어나갈 필요가 있다.

그런데 '지방'의 가치를 찾는다고 하여 곧장 '지방문화'를 연구해야 한다는 주장으로 귀결된다면 단순하고 일차원적인 사고를 면하기 어렵다. 우리는 소위 '향토'문화 연구가 지방정부가 만들어내는 축제에서 얼마나 얄팍하게 포장되어 팔리고 있는지 목격하고 있다. 또한 '지방'에 스스로를 유폐시켜서는 중앙에 대한 열등감이나 적개심으로 연소되고 말 뿐이다. 그것은 소국(小國)의 민족주의가 대국(大國)에 대한 열등감이나 적개심으로 비등하는 것과 마찬가지이다. '지방'은 소외당하는 소극적이고 수동적인 대상이 아니라, 생동하는 변화의 출발점, 문화와 사회에 활력을 불어넣은 능동적 생성의 계기로 되새김질할 필요가 있다. 그러므로 우리는 '지방'에서 출발하면서도 그것의 국한성을 뛰어넘을 수 있는 개념으로 '경계'에 착목한다. 중앙과 지방, 중심과 주변에 가로놓여진, 혹은 중앙과 지방, 중심과 주변을 갈라놓는 경계를 문제 삼는 것이다.

여기서 경계란 지리적 혹은 공간적 경계에서 나아가 한층 추상화시킨 개념인데, 따라서 중심/주변도 지리공간적 개념에 국한된 것이 아니다. 우리의 연구에서 중심/주변은 차별적 이항의 대립구조를 싱징적으로 나타내는 의미로 사용한다. 중심/주변은 다수/소수, 주류/비주류, 우월/열등, 정통/이단, 포용/배제 등의 차별적 이항대립에서부터 긍정/부정, 동질/이질, 능동/수동, 陽/陰, 長/幼, 大/小, 上/下, 生/死, 몸/정신과 같이 차이적 이항대립의 개념도 포괄한다. 차이적 이항대립의 개념은 조건에 따라서 손쉽게 차별적 이항대립으로 전환되기 때문이다. 우리의 연구에서 특히 차별적 이항대립의 구조가 1) 어떻게 경계를 그리며 형성되었고, 2) 그것은 어떤 방식으로 운동하는가, 3) 그것은 언제 무엇을 계기로 전위(轉位)하여 새로운 이항대립을 갖추게 되었는가, 혹은 경계가 희미해지고 불투명해지는가 하는 점에 초점이 맞추어져야 할 것이다. 차별적인 이항대립의 구조는 세계의 각 지역에 따라서 그리고 시대에 따라서 다양한 편차를 가지게 될 것이다. 지역이나 국가 혹은 문화권에 따른 편차나 시대에 따라 달라지는 다양한 스펙트럼을 장기간의 연구를 통해서 그려내게 되면, 그 속에 관철되는 논리를 발견하고 동시에 새로운 개념을 발명할 수 있기를 기대한다. 그것이 중심/주변 연구를 채우는 사실과 논리와 개념이 될 것이다.

요컨대 우리는 '지방'에서 도출된 문제를 '경계'로 추상화시키고, 그것을 공간적 관념에서 문화적인 제현상으로 비약시켜나갈 필요가 있다. 경계라는 화두로 기왕의 세계 문화에 대한 연구를 재해석하고 재구성한다면 중심/주변론의 건축도 요원하지는 않을 것이다. 연구의 장기목표는 중심/주변을 이론적 틀로 삼아 '문화지형학'이라는 새로운 영역의 창출에 둘 수도 있다. 이것은 문화, 지형, 경계 3가지의 요소를 유기적으로 결합한 패러다임이다. '문화'는 오늘날 풍미되고 있는 개념으로 현대사회의 이해에 핵심적인 요소의 하나이자 인문학이 다루어야 할 본연의 과제이기도 하다. 인간과 사회에 대하여 문화라는 관점에서 접근하되, 우리는 동아시아와 구미 세계를 오가며 '지형'에 따라 그 문화가 어떤 양상으로 표상되고 있는지에 초점을 좁힐 필요가 있다. 지형에 따라 달라지는 다양한 문화의 표상(表象)과 지적 영상(知的 影像)을 여러 가지 형태로 그려내면서, 특히 우리가 끊임없이 화두로 잡을 요소가 바로 '경계'인 것이다.

중심/주변 연구가 목적하는 바는 순수인문학의 재생, 자생적 이론의 인문학, 지방에서 발신하는 인문학의 3가지이다. 인간이 삶을 영위하는 이상, 인간 본연에 대한 물음이 없을 수 없다. 편한 것을 찾고 즐기는 쾌락을 우선하는 현대사회에서 인간의 본질에 대하여 던지는 질문은 인간을 성가시게 괴롭히기 때문에 피할 뿐이다. 인간이 어떤 존재이고 인간다운 삶을 영위하기 위하여 무엇을 알고 실천해야 하는가 하는 의문 혹은 인간성과 인간됨, 인간다움을 물어 사람이 사람다울 수 있는 해답 찾기라는 인문학[28]은 인간인 이상 사라질 수는 없는 법이다. 한편 그동안 외국문화를 연구하는 인문학은 외국학문의 수입창구가 되어왔다. 우리는 이 역할이 매도되어야 할 이유는 없다고 여긴다. 오히려 제대로 수입하지 못한 점을 탓해야 한다. 다만 그것이 한국의 지적 수요와 무관하게 외국의 유행이 맹목적으로 수입된 경우가 없지 않았다. 이 땅에서 근대학문의 축적이 시작된 지 한 세기를 넘어서는 현재, 이제는 한국이 필요로 하는, 한국 나름의 색깔을 가지는 외국문화의 인문학을 모색할 단계가 되었다. 우리는 그 방법 가운데 하나가 동·서양 인문학의 만남에 있다고 여긴다. 외국문화연구에 무게 중심을 두되 그것이 국학 연구와 손잡아야 할 이유는 여기에 있다. 서로 마주보고 의사소통을 하면서 서로의 문제를 지적하고 문제를 발굴할 때, 자생적 이론의 인문학에 가깝게 다가설 수 있다.

국학도 아니고 해외지역학도 아닌 순수인문학은 황무지로 변하고 있다. 더욱이 지방의 인문학은 고사하고 있다. 인문학 그 가운데서도 순수인문학 거기다 지방의 인문학은 어떻게 살아남을 것인가. 인문학의 새로운 출구를 찾기 위한 출발점의 하나는 바로 이 현실, 다름 아닌 3중으로 겹치는 인문학의 위기이다. 지방에서 외국문화를 연구하는, 인문학이라는 현실을 외면

28 임재택, 「인문학문의 위상과 인문학문을 공부하는 보람」, 『인문과학연구』 1, 1999, p.23.

하거나 덮어버리는 것이 아니라 이 현실을 직시하는, 바로 이 현실을 우리는 연구의 출발점이자 종착점으로 삼아야 할 것이다.

연구소와 공동연구

중심/주변이 인문학의 새로운 출구를 찾기 위한 이론적 탐색이라면, 그 탐색을 채우기 위한 방법도 새로운 모델을 찾을 필요가 있다. 그동안 인문학의 연구를 생산하는 방식은 성직자 같이 고독한 연구수행이었다. 이 때문에 인문학만큼 개인주의적으로 수행되는 학문도 없고, 개인에 의한 연구방식은 앞으로도 지속될 연구방식임에는 틀림없다. 다만 개인주의적 연구방식은 분과학문과 전문화에 최적화된 연구방식이고, 인문학의 위기는 "학과 간 벽을 높이 쌓고 자신들의 밥그릇 챙기기에 바쁘다 보니 인접학문 간 교류를 등한히 하고 전공을 지나치게 세분화해 숲을 보지 못하는 잘못"에 있음이 언론매체에서도 지적된 바이다.[29] 분과학문, 학과 이기주의를 넘어서야 한다는 소리는 무성하나, 어떻게 가능할지에 관한 논의는 적다. 논의는 없어도 신기하게도 실행은 일찌감치 진행되고 있다. 그것은 한국연구재단의 연구지원 신청을 위한 계획서 작성 때이다. 인문학 위기의 담론에 대한 대책으로 한국연구재단은 공동연구에 상당히 많은 재

29 『중앙일보』, 1999.4.1. 사설.

정을 지원하고 있다. 하지만 '표현인문학' 등 몇 과제를 제외하면 제대로 된 공동연구는 아직 찾기 어렵고, 개인연구의 단순한 집합에 불과하다. 학술대회도 개인발표-지정토론으로 끝나고, 특정한 대주제를 내건 학술대회의 경우 정작 중요한 종합토론은 개인별 질문답변에 그치고 마는 것이 단적인 예이다. 그렇지만 공동연구 신청 시기만 되면, 다들 머리를 싸매고 함께 고민하는 풍경은 일상이 되었고, 이 경험은 계속 축적되면서 이후 효율 있고 조직적 연구의 자산이 될 것임에 분명하다. 2006년 교수신문에서 대규모 공동연구의 성과를 검토하는 연재기사를 실었다. 연재기획은 그동안의 경험을 성찰할 수 있는 좋은 기회인데 관련 기사를 읽어보면 서로가 매우 조심스럽게 발언하고 있다. 같은 동업자이기 때문이기도 하고, 우리 학계에서 공동연구의 경험이 일천하기 때문이기도 하다.

이러한 현실에서 주목되는 제안은 인문학이 앞으로 분과형식을 벗어나 주제 중심으로 재편될 필요가 있다는 시안이다. 문학, 역사학 등의 전통적 분과체제가 모두 불필요하다는 것은 아니나, 지식생산 양식, 주체화 양식, 매체 양식, 지역문화와 민족문화, 비교문화연구 같은 대주제들을 중심으로 연구가 심화될 경우 그 연구과정에서 여러 분과학문들이 이합집산을 이루며 각 학문분야가 생산적으로 절합하며 새로운 편제가 형성될 필요가 있다는 것이다.[30] 사실 그동안 선정된 대학연구소의 중점

30 심광현, 「21세기 인문학의 발전방향」, 『현대사회 인문학의 위기와 전망』,

연구과제는 '○○강 주변 문화연구'같이 연구소재를 위주로 하고 국문학, 역사학, 민속학, 사회학, 건축학 등 각기 영역별로 분업한 학제적 연구가 많았다. 이 제안에 비추어 본다면, 우리가 기획하는 중심/주변 연구야말로 각 학문분야가 절합하여 새로운 편제를 실험할 수 있는 둘도 없는 기회이다.

어떻게 절합하면서 공동연구를 진행할 것인가. 우리는 아직 그러한 경험을 축적하지 못했는데, 문화연구의 산실이었던 버밍햄 대학의 현대문화연구소(CCCS, Center for Contemporary Cultural Studies)의 경우는 우리에게 여러 가지를 시사한다. 현대문화연구소는 고립되고 격리되어 개인화된 연구들을 극복하기 위해 집단연구를 시도했다. 같은 주제를 가지고 서로 다른 개인들이 경쟁하는 방식이 아니라 작업단위를 집단으로 묶고 각자가 나름의 방식대로 연구하되 동시에 지식의 영역 전체 발전에 책임을 지도록 했다. 지식의 공유를 위하여 집단적인 아이디어 구축, 집단적인 연구, 집단적 글쓰기를 강조했다. 이를 위하여 먼저 개인의 관심사를 추출하고 다음에 공동관심사를 가진 학자들이 함께 강독, 토론할 수 있는 프로그램을 개발하여 그 틀 속에서 개인의 관심사와 집단적 관심사가 좀 더 적절히 통합될 수 있게 하였다. 대학원생 연구집단은 강의보다 스터디 그룹을 선호했고, 학생들은 과제물을 제출하고 평가받기보다는 스터디의 결과를 반드시 집단으로 인쇄토록 재촉 받았다. 각 연구집단은 결

민속원, 1998, p.146.

산보고서를 통해서 연구소에 그 결과를 보고했다. 이 보고를 통해 연구소는 각 소집단이 공동으로 지니고 있는 주제와 문제의식을 추출할 수 있었다. 즉 각 집단의 전문화된 연구들을 다시 일반적인 연구로 걸러내는 작업을 수행했다. 연구소의 저널은 이러한 관행을 수행하는 데 중요하게 작용했다. 각 집단들의 전문적인 주제에 대하여 독립성을 주되 저널을 통하여 각 집단들이 진행한 주제들을 묶어내었다. 연구소는 다양한 분과학문의 전공자들을 모으고 다양한 학자들과의 세미나를 통하여 이론전진을 훨씬 용이하게 도모했다고 한다.[31]

현대문화연구소의 공동연구 방식에서 우리가 배울 점은 개인과 연구소가 지식의 공유를 위하여 다양한 방식으로 피드백을 시도한 것이다. 여기서 나아가 중심/주변 연구에서는 연구의 내용뿐 아니라 구체적인 연구 현장에서도 중심/주변의 논리틀을 늘 의식하고 문제 삼을 필요가 있다. 조동일이 비판적으로 지적했듯이 "남의 학문을 가져와서 자랑하는" 수입학이나 "남의 학문을 가져와서 나무라기" 하는 시비학이 아니라, 중심/주변 연구는 앞서 언급했듯이 인문학이 놓여진 현실에서 출발하고자 하기 때문이다.

구체적인 연구 현장의 첫째는 프로젝트 내 전임교수와 연

---

31 원용진, 「지식생산 장치로서의 문화연구-영국 CCCS를 중심으로」, 『문화과학』 11, 1997. 연구방식과 관련된 서술의 거의 전부를 인용한 셈인데, 더 이상의 구체적인 양상은 이 글에서 전거를 달아놓지 않았고, 현재 버밍엄대학에는 이 연구소가 이미 없어져서 확인할 수 없었다.

구교수 사이에 놓인 권력관계이다. 전임교수와 연구교수 사이에는 엄연히 권력의 논리가 작동하여 중심과 주변의 관계를 형성하고 있다. 그러면서 중심과 주변이 전위하기도 하는 상호 의존관계이기도 하다. 연구소의 주체인 전임교수는 연구프로젝트를 기획하여 성사시켰고 제한된 연구활동비를 수령하면서도 전체 기간에 걸쳐 프로젝트에 책임을 져야 하는 당사자이다. 연구교수들은 적지 않은 인건비를 지원받으며 공동연구를 수행하나, 언제라도 좀 더 나은 연구조건이 주어지면 공동연구에서 즉시 손 털고 떠나버릴 입장이다. 그런 한편으로 연구교수들은 중심/주변의 논리구축에 전력투구해야 할 당사자이기도 하다. 중심/주변이 언제, 어디에서 누구에 의하여 형성되고 전위되는가가 심각하게 물어져야 하는 것은 그것이 단순히 이론에 그치는 것이 아니라 연구의 현실에서도, 즉 중심/주변 이론의 생산에서 누가 능동적으로 나서는가, 나서야 하는가의 문제로서 작동하기 때문이다. 이것이야 말로 중심/주변 연구가 얼마나 중요하고 절박한 문제인가를 재차 증거하고 있다.

둘째로 공동연구원들이 활동하는 학문의 장에서 기왕의 학회나 분과학문이 '중심'이라면 연구소에서의 공동연구는 '주변'이다. 이 때문에 분과학문이 요구하는 주제, 논문의 형식, 논리의 전개방식, 용어와 서술 등은 연구자 개개인에게 강력한 구심력으로 작용하고, 이는 공동연구 주제의 원심력과 자주 갈등을 일으키는 관계이다. 그러나 공동연구는 개별 연구자가 속한 분과학문의 시야가 닿지 않는 소재나 논리를 제공할 수 있고, 이를 충분히 활용하면 분과학문의 연구조류에 새로운 바람을 일으킬 수 있다. 분과학문의 관행을 공동연구의 과정을 통하여 낯설게 보고, 분과학문 체제에 길들여진 우리 자신을 되새길 때, 분과학문의 닫힌 벽은 보다 낮아질 수 있을 것이다.

셋째로 개인연구와 공동연구 사이의 중심/주변 관계이다. 개인의 지적 관심사와 그동안의 지적 편력에 따른 개인연구가 연구자 개인에게 연구 활동의 '중심'인 것은 당연하다. 따라서 공동연구는 연구자 개인의 작업에서 '주변'으로 밀려나는 것이 현실이다. 이 간극을 어떻게 메울 수 있는가. 실로 공동연구 성패의 관건은 여기에 있다. 일부 연구자에게 공동연구의 주제나 시각이 개인의 지적 관심사나 세계관과 가깝지 않다면, 공동연구의 방향과 개인적 시각 간에 조화를 이루어내기는 쉽지 않다. 누구에게나 배어 있는 개인주의적 연구의 관습에 더하여 이러한 사정은 더욱더 공동연구다운 공동연구를 방해하는 요인이 되어 있다. 그러나 개인의 연구가 연구업적의 경쟁에서 선두를 차지하기 위한 목적이 아니라면, 그리고 공동연구가 단지 프로젝트 건수 하나 올리기 위한 것이 아니라면, 공동연구는 연구수행과정 자체가 자그마한 지적 공동체를 만들어가는 과정이 되어야 할 것이다. 문제의식을 공유하며 만나서 생각의 차이를 거듭 나누는 행위야말로 인문학적 정신의 실천일 터이다. 지적 공동체는 소명감과 각오와 긴장 없이 저절로 만들어지는 것이 아니다. 경남부산지역문학연구회의 발간사는 인문정신의 긴장 어린 실천을 생생하게 담고 있다. "사람살이가 날로 어려워지고 있습니다. 문학연구 또한 보다 생산적인 담론을 개발해야 할 짐이 더욱 무거워지고 있습니다. 옆을 둘러보지 않고 한 발 한 발 앞서 걸어 나갈 따름입니다. 할 일은 많고 마음은 바쁘나, 어려움 속에서도 늘 힘을 모아주시는 여러분의 고마움을 다시 기억하며, 새 마음 새 뜻으로 다시 신발 끈을 묶습니다."[32] 그렇다고 일사불란한 전체 논리의 구축을 위해 개인의 연구를 매트릭스의 부속품같이 다루는 것도 찬성할 수 없다. 요즘의 유행어를 빌린다면, 공동연구가 만들어낼 지식은 수목형 지식이 아니라 리좀적 지식의 구축이 아닐까 싶다.

넷째로 프로젝트의 공동연구팀과 바깥의 인문학자, 나아가 사회의 관계 역시 중심과 주변의 관계로 설정할 수 있다. 중심/주변의 연구가 보고용이나 취직(승진)을 위한 자가소비용이 아니라면, 대중과 소통하고 시장 속에서 소비되는 방안도 강구되어야 할 것이다. 현행의 연구소 공동연구는 제도 내부에 비제도권적 요소를 포괄하고 있는 형식인데, 이것은 지식 생산에서 제도의 안팎—중심/주변—을 넘나드는 일종의 실험도 될 수 있다. 열악한 지방의 환경에서 인문학 연구가 제도 밖으로 나가 시장에서 생존할 수 없으나, 기능적 혹은 자가소비적 지식의 생산에 치중하는 제도 내부의 연구에 함몰되기도 거부하는 경계선에 있기 때문이다. 이론적 접근이 위주인 중심/주변 연구가 사회와 소통하기 위하여 염두에 두어야 할 사항이 곧 앞에

32 「책머리에: 신발끈을 다시 묶으며」, 『지역문학연구』 8, 2003, p.8.

서 본 인문학의 변신이다. 문화연구, 인문콘텐츠, 영상언어, 지역학 등은 사회의 변화를 따라잡고 시장과 대면하기 위한 변신이기 때문이다.

3장

인문한국(HK)사업, 갈 길은 어디인가

'해항도시의 문화교섭학'을 예로

공개적인 내부비판을 위하여

내가 어쩌면 쓸데없는 발언을 하는 이유를 먼저 밝혀야 하겠다. 나는 인문학 관련 대학 연구소의 연구원 내지 연구교수로 7년가량 생활한 적이 있고, 인문한국(HK, 이하 HK로 약칭한다) 사업의 연구교수로 있다가 학과교수로 자리를 옮긴 인문학자이다. HK사업계획 시행이 발표된 첫해에 나는 길고 긴 강사 생활을 탈출할 수 있는 마지막 기회이다 싶어 몇 달 동안 HK사업 준비에 전력투구한 적이 있다. 이 때문에 인문한국 사업에 누구보다 관심과 애정이 많은 편이다. 2010년 현재 연구소에 따라 출범한지 1, 2년차에 들어가는 HK연구단이 있는가 하면 첫해에 선정된 연구단은 단계별 평가를 받아야 하는 시기를 맞이하게 되었다. 2010년은 HK사업의 연구성과 일부가 구체적으로 드러나고 따라서 HK사업의 진전 상황과 현실이 가늠되어야 할 시점이기도 하다.

HK사업에 대하여 출발 때부터 인문학에 과연 조직적인 공동연구가 필요한가에 대한 의문이 제기된 적이 있다. 인문학 자체가 학문의 성격이나 방법론상 꼭 '대형 프로젝트'를 필요로 하지 않고, "인문학이 비판해야 할 개발주의적 현시주의적 드라이브 걸기를 바로 인문학 진흥이라는 명분 아래 끌고 들어온 비인문학적 발상"이라는 도정일 교수의 비판이 대표적이다.[1] 이와 유사한 비판을 주변의 학자들에게서 나도 들은 바가 적지 않다. 그러나 상당수의 인문학 전공자들이 대학 내에서 비교적 안정적인 연구환경을 가질 수 있게 되었다는 점에서, 그리고 전국 대학의 대부분의 인문학 관련 연구소가 유명무실한 경우가 많았지만, HK사업을 계기로 인문학연구소가 연구소로서의 기능을 제대로 갖추게 되었다는 점에서 과소평가하기는 어렵다. 뿐만 아니라 이 사업을 계기로 한국의 인문학이 집단적으로 일이십 년의 전망을 내다보기 위하여 고민했다는 점은 한국 인문학의 역사에서 특기할 일이다.[2] 이 사업으로 인하여 콜로퀴엄, 세미나, 학술대회 등 학자들 사이에 그리고 국내외로 연구성과의 교류가 빈번해졌고, 공동연구의 성과가 방대하게 산출될 것이어서, 한국에서 인문학 연구의 생산방식에 상당한 변화가 초래될 것임은 분명하다.

여기서 내가 수십 개에 이르는 전국의 HK사업단을 다 거론할 수는 없다. 이 글의 작성을 위하여 HK사업단의 여러 사이트를 방문해보았지만, 대부분 어젠다에 관한 개요와 행사에 관한 정보만 확인할 수 있는 정도여서 각 사업단의 구체적인 실황에 관하여는 알기 어려웠다. 여기서는 내가 참가하고 있는 '해항도시의 문화교섭학'의 사례를 들어 HK사업의 일단을 검토한다.

1 『한겨레신문』 2007.11.20.

2 하세봉, 「동아시아 역사상, 그 구축의 방식과 윤곽」, 『역사학보』 200, 2008, pp.8-10.

HK사업에 대한 진단은 사실 미묘한 측면을 가지고 있다. 잘잘못을 따지면 그 짐이 결국은 여전히 대학사회에서 온전한 시민권을 갖지 못한 HK교수(이하 HK연구교수도 포함하여 통칭하되, 필요한 경우 구분한다)들에게 돌아가게 만드는 결과를 초래하기 쉽기 때문이다. 다만 누가 이 문제를 꺼내는가에 따라—개별 연구소의 HK사업단장인가, 한국연구재단 등 정책당국자인가, 혹은 HK교수인가—그 발언의 무게와 방향은 현저하게 다를 것이다. 학과교수로 자리를 옮긴 이후 나는 HK공동연구원으로서 '해항도시의 문화교섭학' 사업단에 참여하고 있다. 연구소 운영에는 관여하고 있지 않은 단순한 공동연구원이다. 누구도 부담을 가질 필요가 없을 정도로 무게가 작은 내 발언의 위치 때문에 발언하는, 따라서 제3자의 단순한 참고 견해에 지나지 않을 수 있다는 점을 먼저 확인해두고 싶다.

이 글에서는 제출된 어젠다의 비평에 역점을 둔다. 이 비평은 각 연구단의 어젠다 자체에 문제가 있음을 지적하기 위함은 결코 아니다. 현재 연구가 진행되고 있는 각 연구단의 어젠다는 경선과정에서 다수의 전문가 심사자들에 의하여 어젠다의 가치와 수행가능성이 인정된 것들이다. 이 점을 전제로 한 바탕에서, 설계된 어젠다가 공동연구 수행에서 반드시 금과옥조로 삼아야할 절대적인 지침이 되기보다는 HK교수들에 의하여 연구의 범위가 확대되거나 수정 가능한 가이드라인이 되어야 한다는 점을 지적하고 싶다. 다음으로 학제적 공동연구란 어떻게 진행되어야 하는지를 생각해보고 싶다. 기본적으로 HK사업은 학제적 공동연구를 통하여 기획한 어젠다에 접근하려고 한다. 그러나 아직 우리 학계에서 학제적 공동연구의 선행경험이 부족하기 때문에 앞으로도 많은 시행착오를 거듭해야 하나의 모델이 만들어질 것으로 보인다. 여기서는 야스시 오가타(緒形康) 편저, 『1930년대와 접촉공간(1930年代と接觸空間)』(双文社出版, 2008)을 활용한다. 이 책은 일본에서 최근 출간된 연구서 가운데 '해항도시의 문화교섭학'과 근접한 연구성과이고, HK사업이 공동연구이듯이 이 책 또한 공동연구에 의한 저서이기 때문에 어젠다와 공동연구 두 가지 측면을 고려하는 데 유용할 것이다. 마지막으로 HK연구단의 운영문제를 다루겠다.

첨삭되어야 할 어젠다

'해항도시의 문화교섭학'의 연구방향은 다음과 같이 축약될 수 있다.

1. '타자와 서로 주체가 되는 공생관계'의 공공(公共)공간의 구축을 지향하고,

2. 연구의 대상인 해항도시는 '이질적인 것이 동적으로 혼교하며, 혁신적인 사상과 인재가 형성되는 공명공간의 장'으로 파악하고, 교류의 장으로 기능해온 역사성, 해양으로 열린 개방성, 이문화의 혼효성을 본질적으로 지닌 것으로 이해한다.

3. 기초개념으로서 '크로스보더형 도시론'을 제기하고, 1) 인간, 정보=문화와 상품의 국경을 넘어선 이동과 교류 역사경험의 개별성과 보편성, 재내셔널리즘화와 탈내셔널리즘화, 그리고 탈에스니시티(ethnicity)와 재에스시니티라는 중층의 역동성을 교차시키는 실태에 대한 규명, 2) 서로 다른 '타자'들이 차별화되는 구조에 대한 규명, 3) 이문화의 혼교가 새로운 문화적 창성과 발전을 낳는다는 가능조건을 규명한다.

4. 핵심연구과제로는 개방성과 폐쇄성, 매개를 중심으로 하는 접촉의 양태와 유형, 트랜스내셔널리티, 배외적 내셔널리즘과 갈등완화 시스템, 디아스포라와 모국의 상극, 원격지 내셔널리즘, 횡단하는 대중문화와 갈등, 탈중심성과 다원성의 논리, 타자인식 형성과 유형, 이주자 공간, 국가적 관리 시스템과 이질적 요소에 대한 심상의 계보 등이다.

'해항도시의 문화교섭학'이라는 어젠다의 개념은, 사업계획 신청서에서 언급하였듯이, 기획자가 한국 · 중국 · 일본 · 대만의 관련 대학 연구소가 공동으로 추진했던 동아시아 해항도시연구 프로젝트 및 국제학술심포지엄에 참여한 경험을 기초로 하고 있다. 이 프로젝트는 2005년부터 일본재단의 연구비 지원을 받은 고베(神戶)대학의 해항도시연구센터를 중심으로 추진되었고, 센터 소장 사사키 마모루 교수는 2005년 10월 한국해양대학교에서 열린 한국해양문화학회 추계학술대회에서 "해항도시 문화학의 창성"이라는 제목으로 기조발제를 한 적이 있다. 그는 여기서 항구도시가 갖는 역사성, 초국가적 영역성, 이문화혼합의 경험을 들고, '공명공간으로서 지역'을 발견하기 위한 틀로서 '크로스보더형 도시론'을 제기했다. 사사키 교수가 제기한 '크로스보더형 도시론'은 '해항도시의 문화교섭학'에서 제시한 개념과 대체로 유사하다.[3]

'해항도시'라는 개념은 유사한 시기에 일본의 또 다른 연구팀에서도 제기했다. 2005년 봄부터 2009년 봄까지 4년간 일본학술진흥회의 연구비 지원을 받아 "17~18세기 아시아지역 해항도시에서의 이문화교류 제상에 대한 비교연구"라는 주제로 25명이 참여하여 공동연구가 진행되었다. '해항도시의 문화교섭학' 연구단은 이 연구의 책임자 하네다 마사시 교수를 초청하여 연구의 개요를 경청한 바 있다. 그의 발표에 의하면 네덜란드, 영국, 프랑스 등의 동인도회사가 상관(商館)을 설치한 아시아 지역 6개의 해항도시에 대하여, 6개의 포인트를 설정해 이문화 교류의 제상을 구체적으로 비교하고 각 해항도시와 그 배경에 있는 사회적 특징을 밝히는 것을 시도하는 것이 목적이고, 비교의 6개 포인트란 상관의 건물, 상거래, 언어, 법 등이다.[4] "17~18세기 아시아지역 해항도시에서의 이문화교류 제상에 대한 비교연

---

3 사사키 마모루, 「해항도시문화학의 창성-새로운 동아시아론의 구축을 위하여」, 『2005년 한국해양문화학회 추계학술대회: 바다와 문류, 그리고 해항도시의 문화』, 2005.

4 하네다 마사시, 「아시아해항도시 비교연구에서 새로운 세계사 연구로」, 『한국해양대학교 국제해양문제연구소 HK해항도시의 문화교섭학연구단 제8회 콜로퀴움』, 한국해양대학교, 2010.

구'를 '해항도시의 문화교섭학'과 비교하면, 전자는 동인도회사 관계 자료라는 자료의 공유를 바탕으로 연구기획이 출발했음에 비하여, 후자는 개념적이고 가치지향적인 연구 설계라는 차이가 있다.

한편 '문화교섭학'이라는 용어는 2007년 일본의 COE프로그램에서 간사이대학(關西大學)의 '동아시아 문화교섭학의 교육연구'로 채택되어 선을 보인 바가 있다. '문화교섭학'이란 "국가와 민족이라는 분석단위를 넘어서, 동아시아라는 일정한 윤곽을 갖는 문화복합체를 상정하고, 그 내부에서의 문화생성, 전파, 접촉, 변용에 주목하면서, 문화교섭 통째를 복안적이고 종합적인 견지에서 해명하고자 하는 새로운 학문연구"라고 규정했다.[5]

'해항도시의 문화교섭학'은 일본학계에서 먼저 문제를 제기했고 개념을 만들면서 연구성과를 막 도출하고 있다. 그러므로 '해항도시의 문화교섭학' 연구단에게 일차적으로 필요한 작업은 일본학계의 문제의식, 연구방법, 연구내용과 성과를 면밀하게 검토하여 그것을 충분히 소화하는 것이다. 연구단의 HK교수 가운데 해항도시나 문화교섭에 관하여 연구해온 연구자는 많지 않기 때문이다. 동시에 일본학계의 접근방법을 상대화시켜내야 차후 일본학계의 답습을 벗어난 연구단 독자의 진로가 설정될 수 있을 것이다. 관련된 서적의 서평이나 일본학계의 프로

5 http://www.kansai-u.ac.jp/ 대학원에 동아시아문화교섭학 전공을 신설하여 석박사 학위를 수여한다는 계획을 세웠다.

젝트 책임자를 초빙하여 발표를 들은 것은 그러한 작업의 일환으로서 소중하다. 다만 한 가지 발표장에서 느낀 인상은 '경청' 하는데 그치는 것이 아닌가 하는 것이었다. 아직은 연구단이 출범의 단계이고 자체 축적이 없는 시점이기 때문에 '경청'은 피할 수 없는 일이지만, 미구에 철저한 비판적 분석과 대안을 기대한다. 그리고 관련 전문가를 초빙하여 발표회를 가질 때, 각자의 전공지식을 드러내는 토론으로 진행되는 경우가 잦으나 발표내용 속의 구체적 사실이나 실증보다는 이론과 시각, 방법론에 관하여 토론이 활발하게 진행되는 것이 바람직하고, 그래야 어젠다의 이론적 구축을 위한 소득을 얻을 수 있다.

일본학계의 틀을 벗어나는 대안의 모색을 위해서는 서구학계의 해항 혹은 해양 연구에서 힌트를 찾는 것도 하나의 길이 될 법하다. 한국학계의 연구축적이 일천한 현실에서 가까운 일본학계의 연구 성과를 도입하는 것이 비난받을 일은 아니다. 다만 지나치게 일본학계의 개념에 경도된 시각을 교정하고 일본학계에 매몰되는 것을 피하기 위해서도 서구학계의 연구를 소화하는 작업이 동시에 진행될 필요가 있겠다. 서구학계의 연구가 일본학계의 필터를 거쳐 한국에 재수입되는 시기는 지났고, 일본학계와의 관계도 이제 일방적 수입의 시대는 아니다. 서구학계에도 근래에 해양에 관한 연구가 하나의 붐을 이루고 있다고 하는데, 국내에도 서구학계의 해양사 연구성과가 지구사의 관점에서 번역되거나 소개되고 있다. 서구학계의 연구에서 구체적인 사실보다도 그들이 어떠한 시각에서 접근하고 그래서 탄생한 패러다임은 이전과 어떻게 다른가를 따질 때 어젠다의 확장을 위한 시사를 얻을 수 있을 듯하다.

해외 학계의 연구 이상으로 국내 다른 연구소의 HK 어젠다의 연구진행도 주시할 필요가 있다. '해항도시의 문화교섭학'은 연구필드로서 해항도시가 있고 거기에 대한 접근방법으로서 '문화교섭학'을 염두에 두고 있다. 문화교섭이라는 측면에서 "문화와 상품의 국경을 넘어선 이동과 교류"에 방점을 찍는 점은 한양대학교 비교역사문화연구소의 '트랜스내셔널 인문학'과 상통한다. '국민국가 패러다임'을 넘어서는 인식과 사유 방식의 모색을 통해 지구화 시대 인문학 연구의 지평을 넓히고 또한 이에 대한 실천적 방안을 제시하겠다는 '트랜스내셔널 인문학'은 '해항도시의 문화교섭학'과 문제의식에서 공통분모가 적지 않다. '해항도시의 문화교섭학'이나 '트랜스내셔널 인문학'이 극복할 대상으로 꼽는 첫째는 국경인데, 그것은 국경이 오늘날 정체성에서 1차적인 경계로 작용하고 있다고 보기 때문이고, 따라서 경계 그 자체에 어떻게 이론적으로 접근할 것인가를 고민하지 않을 수 없다. 이화여대의 이화인문과학원이 수행하는 '탈경계 인문학'은 1단계 연구에서 첫째로 경계/탈경계의 개념 연구 및 이론적 접근 시도를 꼽고, 각기 상이한 문화 이해를 바탕으로 하고 있는 다문화주의, 상호문화성, 초문화성 개념에 대한 논쟁적인 연구의 이론적 기초를 다진다고 한다. 이론적 기반을 다져야 할 '해항도시의 문화교섭학'으로서는 '탈경계 인문학'의 이론적 천착을 충분히 소화할 필요가 있다. 연구필드인 해항도시는 부산대학교 한국민족문화연구소의 '로컬리티 인문학'과 서울시립대학의 '도시인문학'과도 공통분모를 가진다. 해항도시는 도시라는 점, 그리고 지방도시인 경우가 많다는 점에서 두 연구소의 연구성과를 공유할 때 해항도시라는 특수성을 한층 부조시킬 수 있다.

특히 국내 HK사업의 연구성과는 '해항도시의 문화교섭학'에서 빈곤한 연구방법론의 창출에 참고할 여지가 많다. 대부분의 어젠다가 그러하듯 '해항도시의 문화교섭학'도 이제까지 없었던 새로운 학문을 창출하겠다는 포부를 가지고 있다. '해항도시의 문화교섭학'이 새로운 학문으로서 등장할 수 있기 위해서는 독자적인 학문방법론을 필요로 한다. "인간과 물자와 정신의 이동을 이문화 간 교섭이라는 견지에서 파악하고자 하는 것이 '문화교섭학'"이라는 진술을 참고로 한다면,[6] '문화교섭학'이 해항도시 문화교섭학 고유의, 그리고 차별성 있는 학문적 방법론이 되기는 쉽지 않을 듯하다. 문화 간의 이동이란 하나의 현상이고, 또한 기존의 역사학에서, 인류학에서, 문학에서도 흔히들 주목하는 현상이기 때문이다. 이 때문에 국내 HK사업의 다른 어젠다에서 기왕의 이론적 논의를 정리하며 고유한 방법론을 모색하고자 하는 고민은 충분히 참조해야 할 가치가 있다. '로컬리티 인문학'에서는 로컬리티 연구를 로컬리톨로지

6 현재열, 「동남아시아 해항도시에서의 이주와 정체성-문화교섭학적 전망」, 『2009년도 국내학술대회: 해항도시 네트워크의 형성』, 한국해양대학교, 2009, p.10.

(localitology)라 명명하고, 로컬에 사는 인간의 존재적 본원성과 시간성이 관통하는 장소/공간성을 통하여 학문적 방법론을 모색한 바가 있다.[7] 또한 '도시인문학'에서도 생활세계의 개념을 중심으로 철학적 기반을 모색하거나 장소의 정치성에 주목하여 도시공간을 정치경제학적인 구조로서 파악해보고자 했다.[8] 이러한 연구총서는 공동연구의 출발점에 서서 각 어젠다의 지적 좌표를 설정하는 단계에 머물고 있지만, 어젠다의 이론적 기초를 마련하려는 시도에서 의미가 있다.

그러나 해외학계나 국내의 다른 연구소의 연구성과에 대한 관심과 공유 이상으로 어젠다의 의미와 가치를 음미할 때 필요한 것은 문제의식의 출발점이다. 그동안 한국 인문학의 위기가 논의되었을 때 자주 지적되었던 문제의 하나는 한국의 인문학에 현재성과 당사자성의 과소(過小)였다. 한국의 인문학이 현실과 대면하지 않고 외국의 추상적인 논리와 관념을 아무런 고민 없이 그대로 들여와, 내가 딛고 서 있는 세계를 해명하기 위하여 이론이 필요했던 것이 아니라, 수입한 이론을 위해서 세계가 필요했다는 지적은 아직도 유효하다. '해항도시의 문화교섭학'이 출발점으로 삼는 현실문제의 인식은 무엇인가. 제출한 연구계획서에서 현실문제에 대한 인식은 다소 상식적이다. "환경의 열

---

7 유지석, 「로컬리톨로지를 위한 시론」, 『로컬리티, 인문학의 새로운 지평』, 혜안, 2009, p.30.

8 서울시립대학교 도시인문학연구소 편, 『도시공간의 인문학적 모색』, 메이데이, 2009.

화(劣化), 자원의 고갈, 격화하는 분쟁, 확대되는 격차, 빈곤과 기아 등, 현재 인류는 그야말로 세계적인 규모로 기왕에 경험하지 못했던 수많은 심각한 과제에 직면해 있다"라는 현실세계의 진단에서 출발하여 "글로벌한 수많은 과제에 직면한 우리는 외눈박이 세계화가 되지 않기 위해, 노동력 · 자본 · 상품의 이동, 개별국가의 주권, 환경과 분배정의 같은 인류의 대의 등 세 가지 핵심가치"를 들고 있다. 그리하여 문화교섭학에서는 어젠다가 딛고 있는 현실에 대한 치열한 문제의식보다는 "타자와 서로 주체가 되는 공생관계"의 공공(公共)공간 구축이라는 '지향'을 강조하고 있다.[9] 그러나 현실은 경쟁과 배제와 차별로 얼룩져 있고 공생은 너무나 먼 이상이다. 어느 도시사학자는 도시연구가 필요한 현실배경과 관련하여 "개발독재 권력과 자본의 불도저식 밀어붙이기와 성과주의의 산물이었던 한국의 20세기 도시화 과정에서 시민의 참여는 배제되었다…… 효율적 공간이용과 기능성에 몰두하여 콘크리트 빌딩 덩어리들이 도심을, '아파트공화국'의 획일적인 공간이 주거문화를 숨 막히게 하고 있으며, 서울-수도권과 낙후한 지방 중소도시들의 격차, 서울 강남 강북의 격차가 심각하다…… 신자유주의적 도시재생의 사업은 지구

---

9 프로젝트 수행을 위한 연구계획서는 개인의 논문이나 논설과는 다르다. 전자는 경선 속에 과제가 채택되기 위한 목적에 서술되고 공식성이 강한 문건이므로 표현이 매우 절제되어야 하나 후자는 그러한 제한이 없이 자유롭게 개인의 생각을 편다. 그럼에도 이 글에서 비교하는 이유는 논쟁을 끌어내기 위함이다.

촌 곳곳의 도시 내부에 새로운 식민지인 슬럼들을 양산하였다." 라고 도시의 현실을 진단했다.[10]

이러한 도시현실의 진단에 비추어본다면, 해항도시를 "이질적인 것이 동적으로 혼교하며, 혁신적인 사상과 인재가 형성되는 공명공간의 장"으로 파악하고, 교류의 장으로 기능해온 역사성, 해양으로 열린 개방성, 이문화의 혼효성을 본질적으로 지닌 것이라는 이해방식은 너무 안이하고 이상주의적인 발상은 아닐까. 경쟁과 배제와 차별이 상존하는 현대의 도시에서 작동하고 있는 화폐와 자본의 논리는 권력으로 구체화된다. 화폐와 자본의 논리가 점철되고 있는, 눈앞의 해항도시가 갖는 심각한 현실에 눈감고 과거의 혹은 단편적인 혼교와 개방적인 측면만을 부각시키면, 현실과 역사의 왜곡으로 흐를 가능성도 없지 않다. 특히 '해항도시의 문화교섭학'에서 결여되고 있는 것은 권력의 문제이다. 이질적인 것이 혼교될 때 거기에는 상호 간에 권력이 작동하지 않을 수 없다. 누가 더 힘세고 강한가, 여기에 따라 혼교의 양상은 크게 달라질 수밖에 없다. 상호소통에서도 어느 쪽이 더 소통을 필요로 하는가 하는 문제가 있다. 상이한 두 문화가 만나면 충돌, 격투를 거치며 지배하고 지배당하는 혹은 우월하고 열등한 관계로 자리 잡게 되는 경우가 많다. 하네다 마사시 교수가 중심이 되어 진행한 "17~18세기 아시아지역 해항도

10 민유기, 「한국의 도시사연구 지형도와 향후 전망」, 『도시연구: 역사, 사회, 문화』 창간호, 2009, pp.16-17.

시에서의 이문화교류 제상에 대한 비교연구"는 근대를 피하고 근세를 대상으로 삼았다. 17~18세기에 유럽이 아시아에 진출했던 동인은 상업적 이익의 추구에 있었고, 영토적 목적은 없었다. 따라서 문화 교류라는 관점이 유용성을 지닐 수 있다. 그러나 근대는 다르다. 근대는 문화의 교류가 근세와 비교되기 힘들 정도로 그 교류가 광범위하게 진행되었지만, 그것은 권력관계의 엄청난 비대칭성을 수반하고 있었다.

필드에서 제기되는 문제로 칭다오를 예로 들면서 "칭다오에서는 중국 내셔널리즘의 팽창과 그에 따른 한국 내셔널리즘과의 대립, 그리고 중국 조선족의 아이덴티티의 변용과 재구축이라고 하는 역동적인 변용을 체험하고 있다"고 한다. 그러나 여기에는 한 도시 내부의 계급적 차이에 대한 관심은 없다. 집단적 이익을 만들어내기 위한 인적 네트워크에 대한 관심도 없고, 청년실업문제 같은 세대의 문제도 존재하지 않는다. 더욱이 한국의 이주노동자의 문제는 그것을 "역동적인 변용"으로 평가하기에는 심각한, 차별과 소외라는 현상이 존재한다. 돈 떼이고 얻어맞고 사는 한국의 이주노동자가 가장 못 견디는 일은 '멸시'라고 한다.[11] 백인우월주의 및 사대주의와 짝을 이루는 동남아시아인들에 대한 우월감은 반드시 한국에서만 보이는 현상은 아니다. 또한 어젠다에서는 일본의 한류를 "국경을 넘는 이동의 증대와 문화의 교류는, 상호이해를 깊게 할 뿐만 아니

---

11 『한겨레신문』 2010.3.18.

라 나아가 현지문화=자문화의 다양성을 창출하는 자원이나 에너지원이 되고 있다고 말할 수 있다."고 평가하고 있다. 문화의 교류가 자문화의 다양성을 창출하는 자원으로 들 수 있는 사례는 무엇이 있을까. 이미 시대는 바뀌어 인간이 배로 이동하는 것이 아니라 비행기로 이동하고, 인간의 이동은 근대에는 해항도시가 거점이었지만 이제는 수도같은 거대도시를 경유지로 하고 있다. 이 때문에 국경을 넘는 인간의 이동과 문화의 교류는 오늘날 해항도시보다도 수도가 훨씬 빈번하고 다양하다. 해항도시에서는 인류(人流)의 기능은 크게 위축되고 물류(物流)의 거점으로서 기능이 한층 커졌다. 이 때문에 문화교섭에서 수도나 거대도시와는 다른 해항도시 고유의 개성이나 차별성이 있을 수 있을지 의문이다. 뿐만 아니라 해항도시라 하여도 시대에 따라 그 성격은 변한다. 비근한 예로 부산이 그러하다. 1950~70년대까지만 하더라도 부산은 시 외부로부터의 급속한 인구유입으로 인하여 개방성, 다양성, 포용성이 도시 특징의 하나였다. 그러나 90년대 이후 인구의 감소와 역외 이출로 인해 특정한 고교와 대학 출신으로 여론주도 세력이 일원화되는 현상이 짙게 나타나며 그러한 그룹들에 의하여 사회적 이슈의 독점과 배타성이 점점 증가하고 있다. 공항(空港)의 시대에 성쇠를 거듭하는 해항도시는 어떠한 메시지를 던질 수 있을지 보다 깊이 고민할 여지가 있다.

공동연구의 포장과 내실

전국의 HK연구단은 예외 없이 학제적 연구로서, 다양한 학문분야의 연구자들이 공동의 목표나 지향을 가지고 공동으로 연구를 수행하여 해당 주제에 관한 세계적 수준의 연구소 수립을 목표로 하고 있다. 그런데 서로 다른 학문영역의 연구자가 목표를 공유하며 공동연구를 한다는 것은 쉽지 않다. 인문학 자체가 극히 개인적인 작업을 요하여 인문학자들이 공동연구를 경험한 적이 희소했고 오랫동안 익숙해온 학문영역별 연구 스타일을 공동연구에 접합시키기란 쉬운 일이 아니다. 분과학문에서 익힌 주제 선정, 논문의 형식, 논리의 전개방식, 용어와 서술 등은 공동연구 주제나 글쓰기와 조화되지 못하고 충돌하는 경우도 잦다. 분과학문적 소재와 논리전개의 앞뒤에 어젠다를 덮어씌워 생뚱맞은 글이 되는 경우를 종종 본다. 혹은 소재만 어젠다에 근접하면 공동연구의 성과로 치부하는 경우도 많다.

『1930년대와 접촉공간(1930年代と接觸空間)』은 공동연구로서의 도달점을 검토하기에 좋은 사례이다. 이 저서를 산출한 프로젝트의 종합주제는 "1914년에서 1945년에 걸쳤던 모더니즘과 총력전 체제 시대의 고베(神戶)의 문화연구"였다. 아시아 항로의 종점인 콜로니얼 도시 고베가 식민지주의적인 배제의 폭력을 어떻게 타자와의 공생 이념으로 전환시켰는가 하는 그 과정을 부조(浮彫)시켜내겠다는 의도를 가지고 있었다. 종합주제의 한 갈래로 "접촉공간에서 위기와 공생(共生)의 문화연구-해항도시 고베(神戶)와 문화혼효(文化混淆)의 경험"을 수행하기 위하여 2005~2007년의 3년 동안 고베를 비롯하여 목포, 타이베이, 광저우 등에서 다섯 차례의 학술대회를 열었고 여기서 발표된 논문 가운데 일부를 선별 수록한 것이 이 책이다.[12] 여기에 수록된 논문의 필자들은 각각 중국근대사, 일본아동문학, 일본문학, 현대철학, 중국현대문학, 타이완문학, 일본설화문학, 일본근대사 등을 전공으로 하는 연구자들이다. 이렇게 다양한 연구자들이 무엇을 소재로 하여 어떻게 연구의도를 살려내었는가. 과연 공동연구의 의도는 충분히 채워내었는가. 이 책의 목차는 다음과 같다.

서언: 접촉공간으로서 1930년대의 일본과 동아시아를 생각한다

제1부: 일본에서의 '접촉공간'

- 谷崎潤一郎 "細雪"에 보이는 접촉공간에서 모던 걸 表象의 아포리에
- 多重소속자의 궤적-陳舜臣의 1930년대 소설과 華人 디아스포라
- 일본정신론의 유행과 변용
- 파토스의 공생공간 – 한나 아렌트와 三木清

제2부: 동아시아에서의 '접촉공간'

---

12 緖形康 編, 『1930年代と接觸空間』, 双文社出版, 2008의 후기 참고

- '內助의 功'이라는 자기표현－표현주체로서의 許廣平
- 일본통치기 臺灣의 詩에서 모더니즘의 수용-林修二를 예로
- 1930년대 타이완의 종교시책과 媽祖신앙-寺廟整理운동을 중심으로
- 南京國民政府시대 上海租界越界築路지역의 주권문제에 대하여-경찰권문제를 중심으로
- 식민지에서 일본인의 '死'의 문제-부산거주 일본인 사회를 중심으로
- 중국통일국어문제와 접촉공간의 기억

이 공동연구에서는 저서를 꿰뚫는 기본개념으로 '접촉공간'을 세웠다. '접촉공간'이란 "복수의 국적을 지닌 인간들이 어떠한 매개를 거치는 것 없이 서로 접촉하는 공간"으로 정의하고 다양한 배경을 갖는 이문화 간의 '접촉공간'은 새로운 문화를 만들어내는 곳으로 보았다. '크로스보더 도시론'이라는 공동의 기본개념에서 출발하여 나아가 '접촉공간'이라는 개념을 창출한 점은 본보기로 삼을 만하다. 어젠다에서 제안한 개념을 공유하면서 새로운 개념을 창출하여 기본개념을 확대 발전시키며 그 개념의 내포를 풍성하게 하고 있기 때문이다.

'접촉공간'이라는 개념은 2002년도에 선정된 21세기 COE 프로그램의 오사카(大阪)대학 '인터페이스 인문학'에서도 등장했다. 인터페이스 인문학은 여러 가지 문화가 접촉하는 계면(界

面, 인터페이스)에 발생하는 대립, 갈등, 알력, 혹은 커뮤니케이션의 불통과 단절에 대응하기 위함이고, 단일적 균질적이라고 여겨졌던 문화의 생성을 늘 다른 복수문화의 접촉이라는 차원에서 파악하는데, 특히 상호침투와 교차, 충돌과 알력의 면에서 동태적으로, 또한 국가와 언어와 지역을 횡단하는 연구라고 한다.[13] 또한 다니자키 준이치로(谷崎潤一郎)의 문학작품을 분석한 글이 인용하고 있는 프래트(Mary Louise Pratt)의 '접촉공간'이라는 개념은 "때로는 지배하고 종속하는 극히 비대칭적인 관계성 아래에, 복수의 이문화가 만나고 충돌하고 서로 싸우는 사회공간"[14]으로 사용하고 있다. '인터페이스 인문학'이나 프래트는 이문화 간의 접촉을 충돌 알력에 무게를 두고 있지만, 이 공동연구의 '크로스보더형 도시론'이나 '접촉공간'의 개념은 대립적인 측면보다 '새로운 문화를 만들어내는 곳'으로 간주하는 차이가 있다. 이와 같이 특정한 개념을 공동연구의 문맥에 따라 전유하면서 선행 개념과는 일정 정도 이화(異化)시키는 것은 눈여겨볼 만한 점이다.

이러한 개념을 살아 있던 현실로 구체화하는 데 고베의 화교 소설이나 모던 걸과 백계 러시아인이 등장하는 『세설(細雪)』은 충분히 주목할 만한 소재가 될 법하다. 한나 아렌트와 미키 기요시(三木清)가 둘 다 하이데거의 문하생이라는 점에서 착목

13 http://www.let.osaka-u.ac.jp/coe/web/

14 앞의 책, p.17.

한 글은 미키 기요시가 전쟁의 시대임에도 불구하고 그려내고자 했던 공생공간의 전망을 한나 아렌트의 '공공영역'이라는 개념과 대비시켜 그 의미를 포착하고자 했다. 이러한 접근은 '접촉공간'과는 거리가 있어서 접촉공간 운운은 억지로 의미를 끌어다 붙였다는 느낌을 지울 수 없다. 1930년대에 일본정부가 이데올로기로 삼았던 '일본정신론'에 관한 논문은 그것이 만주사변 이전에 이미 제기되었고 원래 황국사관(皇國史觀)과는 무관했다는 내용이다. 이 글은 접촉공간과는 아무래도 관련시켜보기 어렵고, 그래서인지 총론격인 서언에서도 이 글을 '접촉공간'과 관련시킨 언급은 없다.

2부 동아시아 편에 중국의 여성문인 수광핑(許廣平), 타이완의 모더니즘 시인, 타이완의 종교정책과 마조(媽祖)신앙, 상하이 조계(租界)의 월계축로(越界築路), 부산 일본인의 장묘, 중국의 통일국어문제 등을 다룬 논문이 실렸다. 수광핑은 루쉰(魯迅)의 학생이자 조수이자 처였다. 루쉰 위주의 수광핑에 대한 관점을 바꾸어, 루쉰을 내조한 공을 자기표현 한다는, 수광핑을 표현주체로 다시 자리매김했다. 타이완 문학을 논한 글은 사회운동의 일환으로서 사실주의가 주류였던 당시 타이완 문단에서 '내지' 일본의 대학을 졸업한 청년들이 일본의 모더니즘을 받아들였는데 그것은 사상이 아니라 창작양식으로 수용했다는 점을 해명했다. 마조신앙에 관한 글은 일본 당국이 타이완의 도교계 사묘(寺廟)를 강제로 폐지하면서 수반된 여러 가지 측면을 조명했다. 상하이 조계(租界)를 다룬 논문은 공동조계 측과 중국 측의 교섭을 돌이켜 보고, 전자는 경찰권의 보유를 원했으나 중국 측의 강경한 민족주의적 태도로 양자의 공동관리라는 절충안에 이르게 된 과정을 밝혔다. 부산 일본인사회의 장례문화를 살펴본 글은 그들의 화장이 일본 본토의 관습이었던 4할가량보다 9할 이상으로 압도적으로 많았다는 점을 발견하고, 그 주된 원인을 조국으로의 회귀의식에서 찾았다.

2부 동아시아 편에서 '접촉공간'이라는 개념을 잘 살려낸 글은 마조신앙에 관한 글이다. 이 글은 마조묘(媽祖廟)를 통해서 1930년대 타이완에서 문화의 접촉, 마찰, 공생의 일단을 가늠했기 때문이다. 마조를 보는 일본인의 태도, 거기에 대한 타이완 측의 반응을 짚어내어 일본인의 온정적인 태도, 타이완 측의 사묘폐지 반발, 폭격에서 지켜준다는 설화 등으로 마조는 일본 제국주의에 영유화되지 않았다는 점을 말했다. 이 글을 제외하면 일본 편보다 동아시아 편은 '접촉공간'이라는 개념의 반영이 한층 희석된 것으로 보인다. 당시의 타이완, 조선, 상하이는 식민지 내지는 반식민지 상태에 가까웠기 때문에 이곳을 다루기만 하면 제국/식민지라는 '접촉공간'이 될 수도 있다는 편집 발상으로 보인다. 그러나 '접촉공간'이라는 개념을 통하여 공동연구로서 소기의 성과를 이루자면 연구사례나 접근방식이 면밀하게 설정되었어야 할 법하나, '접촉공간'과 무관하지는 않다는 정도이다.

이러한 점에서 볼 때 이 책은 공동연구를 위하여 새로운 기초개념을 정립하려 했고 그 개념으로서 전체의 글을 묶어보고자 한 시도는 긍정적으로 평가할 수 있지만, 전체적으로는 개별적 작업을 사후적으로 기초개념에 끼워 맞추어내려고 한, 그래서 내실이 충분히 채워졌다고 보기는 어렵다. 연구책임자로 보이는 이의 글도 기초개념의 구체화에 얼마나 이바지했는지 회의적이다. 유사한 문제의식을 가지고 서로 다른 학문영역이 각기 연구대상을 선택하여 분석할 때, 논문과 논문 사이의 상호연관성이 끊임없이 문제시되면서 하나의 결론으로 묶어낼 수 있을 때 비로소 명실상부한 공동연구가 되는 것은 아닐까 싶다. 현재 국내외를 막론하고 공동연구는 연구책임자 역할을 맡은 이가 서론에서 책 전체의 문제의식이나 발간동기를 서술하고 이어서 개별 논문을 간략히 소개한 후, 각 논문이 배치되는 편집이다. 한국의 HK사업이 이러한 국내외의 공동연구와 차별성을 갖는 하나의 길은 각각의 논문이 개진한 논리를 종합하여 하나의 결론으로 묶어내는 데 있는 것은 아닐까.

그러나 공동연구가 일사불란한 전체 논리의 구축을 위해 개인의 연구를 매트릭스의 부속품같이 다루는 것도 찬성할 수 없다. 공동연구가 만들어낼 지식은 수목형 지식이 아니라 리좀형 지식의 구축이 아닐까 싶다. 이진경의 들뢰즈/가타리 해석에 의하면 수목형에서는 다양하게 분기되는 선들이 하나의 중심으로 귀착하고, 이로 인해 중심에 가까운 것과 먼 것 간에 위계가 발생하며, 잔가지는 중심과의 관계에서 의미화되고 그 중심을 통해서 주체화된다. 위계적인 체계에서 하나의 개체는 오직 상위 이웃을 가질 뿐이다. 한편 리좀은 곁뿌리들을 끌어들이며 통일시키는 중심, 일자(一者, The One)로서의 중심을 제거한 뿌리들의 망이라고 한다. 리좀에서는 줄기들의 모든 점이 열려 있어서 다른 줄기가 접속될 수 있고, 혹은 다른 줄기의 어디든 달라붙어 접속할 수 있지만, 접속한 줄기들이 어느 한 점으로 귀결되지 않으며 배타적 이항성도 작동시키지 않는 것으로 본다.[15] 이러한 비유가 주목할 가치가 있는 것은 수목형 지식은 국가를 모델로 하고 있고, 그것은 국가의 초월적 위상에 로고스의 위치를 부여하면서 동시에 초월적 권력의 일부가 되고 있다는, 말하자면 근대적 지식의 전범을 보여주는 것으로 이해할 수 있기 때문이다. '해항도시의 문화교섭학'이 내셔널리즘을 넘어선 이질적인 것의 혼교에 주목한다면, 우리의 지식 생산 내지 구성 방식이 근대국가적인 틀에 머물러 있을지도 모른다는 점을 수목형 지식이론이 시사하고 있다.

리좀형 지식은 근래의 하이퍼텍스트 지식과도 통한다. 정해진 시작과 끝이 없는 하이퍼텍스트는 마치 미로나 뿌리줄기와 같이 얽혀 있어서, 읽는 자의 입장에서 보면 어떤 길을 선택하느냐에 따라 무한한 텍스트'들'의 가능성이 열려 있다. 하이퍼텍스트의 등장은 선형성과 위계성의 근간이 되는 선의 횡포로부터의 해방이다. 하이퍼텍스트에는 어떤 중심도 없다. 하이퍼텍스트를 사용하는 사람에게는 자기 자신의 관심이 지적 항해를 하기 위한 정보 탐색의 첫째 요소가 된다. 우리는 하이퍼텍스트를

15 이진경, 『노마디즘1』, 휴머니스트, 2002, pp.83-94.

무한히 탈중심화와 재중심화할 수 있는 체계로 경험한다. 하나의 정보 요소가 다른 것에 비해 순서나 가치 면에서 우위에 있던 기존의 선형적 텍스트와 달리 하이퍼텍스트에서는 어떤 정보 요소와 결합되느냐, 그리고 어떤 순서로 해독되느냐에 따라 그 의미나 중요성이 달라지는 것이다.[16] 문화의 교섭에서 흔히 중시되는 '네트워크'도 하이퍼텍스트와 마찬가지로 중심이 없는 개념이다.

HK사업단은 대학원 운영을 기획안에 포함시킨 경우가 자주 있다. 새로운 학문영역의 창조를 지향하는 만큼 대학원 교과목 개설도 달리 강구될 필요가 있을 법하다. 기초과목, 필수과목, 공통과목이 필요하고 여기에 선택과목을 둔다는 발상은 우리에게 상식으로 자리 잡고 있는, 그러나 그것은 수목형 지식의 발상이지 싶다. 교과과정의 설계는 수강학생의 전공이나 지적 관심사와 담당교수의 전공영역이 등위적으로 결합하여 제3의 지식으로 가는 과정에 초점이 맞추어져야 하지 않을까 한다. 가지나 줄기들이 서로 접속하고 분기하듯이, 기초나 필수과목 그리고 석·박사과정 구분도 없이 수강생은 자신의 지적 줄기와 관심 있고 관계 있는 어느 과목을 임의로 수강하여 그것이 네트워크와 같은 지식의 얼개를 갖도록 할 때, 21세기의 새로운 학문을 지향하는 어젠다와 대학원 교과과정이 따로 놀지 않을 것

---

16 이재현, 「사이버시대, 지식 패러다임의 전환」, 『사회과학연구』 13, 2002, pp.291-292.

으로 생각된다.

공생을 위한 연구조직

'해항도시의 문화교섭학'은 "타자와 서로 주체가 되는 공생관계"의 공공(公共)공간의 구축을 궁극적인 목표로 삼고 있다. 그렇다면 연구의 현장에서부터 그러한 공생관계의 구축이 시도되지 않는다면, 그것은 연구를 위한 연구에 불과하게 될지 모른다. 이론과 현실이 따로 노는 경우를 우리는 자주 보아왔다. 가령 시민 없는 시민운동이나, 평화와 연대를 추구하는 진영 내부에 파벌적 경향이나 폭력성이 지적되었고, 머리는 진보적이나 행동은 연고주의 혹은 권위주의를 벗어나지 못하고 마초적이라는 자기성찰이 제기된 바도 있다. 진보와 변혁을 내세운 대학사회가 실은 위계질서와 개인적인 예속관계의 온상이라는 비판도 있었다. 80년대의 소위 '사회과학'의 진보적 이론과 논쟁은 한국사회와 역사가 안고 있던 구조적 문제를 제시했다는 점에서 의미가 있었다. 동시에 구체적인 현실을 외면하고 관념에 빠진 극단적인 슬로건 내지 레토릭이었다고 평가되기도 했다. 이론과 현실의 괴리가 또 다시 되풀이되는 것을 피해야 한다면, 연구현장의 현실 자체를 외면해서는 곤란하다.

연구소와 HK교수는 서로 주체가 될 때 공생관계가 가능해질 것이다. 그러나 구체적인 연구 현장에서는 연구소와 HK교수

사이에 권력관계가 작동하고 있는 것이 현실이다. 일전에 나는 중점연구소 지원 프로그램 '중심과 주변의 생성과 역학적 전위에 대한 인문학적 연구'와 관련하여 다음과 같이 서술한 바가 있다.

> 연구소와 연구교수 사이에는 엄연히 권력의 논리가 작동하여 중심과 주변의 관계를 형성하고 있다. 그러면서 중심과 주변이 전위하기도 하는 상호 의존관계이기도 하다. 연구소의 주체인 전임교수는 연구프로젝트를 기획하여 성사시켰고 제한된 연구활동비를 수령하면서도 전 기간에 걸쳐 프로젝트에 책임을 져야하는 당사자이다. 연구교수들은 적지 않은 인건비를 지원받으며 공동연구를 수행하나, 언제라도 좀 더 나은 연구조건이 주어지면 공동연구에서 즉시 손 털고 떠나버릴 입장이다. 그런 한편으로 연구교수들은 중심/주변의 논리구축에 전력투구해야 할 당사자이기도 하다. 중심/주변이 언제, 어디에서 누구에 의하여 형성되고 전위되는가가 심각하게 물어져야 하는 것은 그것이 단순히 이론에 그치는 것이 아니라 연구의 현실에서도 즉 중심/주변 이론의 생산에서 누가 능동적으로 나서는가, 나서야 하는가의 문제로서 작동하기 때문이다. 이것이야 말로 중심/주변 연구가 얼마나 중요하고 절박한 문제인가를 재차 증거하고 있다.[17]

---

17 하세봉, 「한국인문학의 좌표와 중심/주변 연구」, 『코기토』 60, 2006, p.291; 본서 1부 2장.

'해항도시의 문화교섭학'을 비롯하여 HK사업의 어젠다 대부분이 기안자와 실행자가 서로 다르다는 점은 여러 가지 문제를 파생한다. HK사업의 어젠다는 대개 학내 일부 교수가 주축이 되어 연구계획서를 작성하고, 선정된 이후 어젠다를 수행할 연구자를 공모했다. 어젠다와는 무관한 연구를 수행하고 있던 연구자들은 공개된 어젠다를 열람한 후 어젠다와 관련된 연구계획서를 제출하여 선정되는 과정을 거쳤던 것이 일반적이다. 물론 HK(연구)교수들의 이전 개인연구가 연구영역이나 문제의식에서 어젠다와 전혀 무관하지는 않겠으나, 어젠다가 품고 있는 개념이나 지향 그리고 문제의식을 공유한 경우가 많지는 않을 것이다. 따라서 개별적으로 지녔던 학문적 코드를 어젠다의 코드에 맞추지 않으면 안 되는 현실에 당면한다. 대부분의 어젠다는 단순한 사례 연구가 아니라 HK사업의 목적이 "학문적 · 사회적 수요를 반영한 어젠다를 중심으로 기획된 학제적 통섭 연구를 장기적으로 지원, 세계화 · 지식정보화 사회에 대한 종합적 이해를 도모하고, 당면 문제의 진단과 해결 방안을 도출하며, 미래의 전망을 모색함"이라고 제시하고 있듯이 당면 문제의 진단과 미래 전망의 모색에는 학문적, 지적 세계관이 짙게 반영되지 않을 수 없다. 어젠다의 논리를 구축해야 할 당사자인 HK교수들이 어젠다 기획의 주인이 되지 못했던 사실로 말미암아 자칫하면 HK교수가 어젠다 논리 구축을 위한 피고용자로 전락할 위험이 상존한다. 이러한 위험성 때문에 HK사업 요강에서 개인

연구 7, 어젠다 연구 3의 배분을 요구한 바가 있으나, HK교수가 갖는 어젠다 연구의 실행자이자 피고용자로서의 이중적 성격은 이러한 배분 요구로 쉽사리 해소될 모순이 아니다.

이 지점에서 고려해볼 점은 HK교수 개개인의 학문적 코드와 어젠다 간의 개입과 거리두기이다. 첫째는 어젠다에의 개입이다. 어젠다는 공동연구의 지향과 설계를 담은 개략적인 스케치이지 고정불변의 정전인 것은 아니라는 점은 2장에서 언급한 바이다. HK교수 개개인이 품고 있는 학문적 성과와 세계관을 어젠다로 끌고 가 어젠다에 일정한 변질과 확장 혹은 취사선택을 통하여 어젠다를 변용할 때, 피고용자로서의 성격이 줄어들 수 있을 것이 아닌가 한다. 즉 HK교수들이 어젠다에 끌려가기보다 어젠다를 내 방식으로 가공하고 변용하는 여지가 허용되어야 할 것이다. 이때 필요불가결한 과정은 HK교수 상호 간의 긴밀한 의사소통이고 그 필터를 거칠 때 '우리 방식'이 탄생될 수 있을 것이다. 운영자로서의 연구단장을 위시한 학과 교수는 어젠다의 초안에 집착하는 지휘자가 아니라 '우리 방식'을 만들어내는 동반자로서의 역할이 기대된다. 동시에 필요한 것은 어젠다와의 거리두기이다. 적절한 거리가 있을 때, HK교수 개개인의 학문적 입지와 어젠다 간에 조화를 이룰 수 있다. 각자의 학문영역에서 고유성을 살리면서 연구단의 일원으로서 호흡을 같이하는 '따로 또 같이'가 가능할 때, 어젠다의 연구성과도 한층 풍부해지리라 전망된다.

그러나 개개인의 자율성 이상으로 조직성의 필요 또한 부인할 수 없다. 대형사업단의 경우 연구보조원을 포함하면 20~30명에 육박하는 대규모인 만큼 조직화는 피할 수 없다. 문제는 얼마나 자율성을 담보할 수 있는 조직성이 될 수 있는가 하는 점인데, 위에서 내려오는 조직적 요구보다는 아래로부터의 조직화가 시도될 때, HK교수를 위주로 하는 자율적 시스템을 마련할 수 있지 않을까 한다. 여기에 사업과 연구 간의 갈등이 생기기 쉽다. 연구소 측에서는 대외적으로 과시적이고 홍보적인 사업에 무게를 두고 싶다면, HK교수는 연구를 위한 환경의 조성과 연구와 관련된 활동을 선호하는 경우가 많아서, 양쪽의 입장이 같지 않기 때문이다. 대학당국과 싸우다시피 하여 어렵게 연구공간을 확보하고 학교 측의 대응자금까지 받은 상황이라면 연구소로서는 거기에 상응하여 대학 측에 무언가 기여하지 않을 수 없다. 즉 과시적이거나 홍보적인 사업을 벌인다고 하여 그것이 비난받을 일은 아니다. 다만 그것이 지나칠 때는 HK사업단이 조직적으로 심각한 문제에 봉착할 가능성이 있다.

그것은 연구소와 HK교수 간의 갈등으로 나타나거나 그 이전에 HK교수 내부의 갈등으로 나타날 수도 있다. 연구소와 HK교수의 갈등이 표면화되기 이전에 HK교수 내의 갈등이 먼저 시작되는 것은 전자는 권력관계로 인하여 쉽사리 분출되기 어렵기 때문이다. 대체로 유사한 업무와 연구를 요구받으면서도 신분과 급여에 차이가 나는 HK교수와 HK연구교수 간에도 갈등이 생기기 쉽다. 신분의 고정화를 피하기 위하여 HK연구교수 가운데 일부를 업무평가를 통하여 HK교수로 승진시키기로 설계를 한 경우, HK연구교수 간에는 살아남기 위한 경쟁이 '공생으로의 지향'을 비웃게 만들 수도 있다. 학과교수는 교수 간에 반목 대립하여도 학과의 운영 자체는 가능하다. 그러나 연구소는 연구자 간 갈등과 반목이 심각하면, 어젠다의 달성이라는 공동의 목표를 지닌 연구소 운영 자체에 심각한 문제를 야기한다. 사업이나 연구 때문에 밤샘하는 수고보다 한층 고통스럽게 만드는 것은 악화된 내부의 인간관계이다. 전공도 다르고 나이나 성도 다르고 학문적 경력이 다른 연구자가 우연히 만나 하나의 조직에서 생활하게 될 때, 갈등이 없다면 그 조직이야말로 죽은 조직이다. 살아 있는 조직이라면 갈등은 피할 수 없는 일이되, 심각한 양상으로 치닫기 전에 서로 갈등의 해소를 위한 배려와 이해를 위한 노력이 필요하다. 이 점은 제도적으로 해결될 수 있는 문제는 아니다.

어떻게 평가할 것인가

내가 참여하고 있는 '해항도시의 문화교섭학'을 비판적으로 검토하였다. 비판에 많은 지면이 할애되었기 때문에 우리의 어젠다에 무언가 많은 문제가 있는 듯이 비치지 않을까 하는 일말의 우려가 없는 것은 아니다. 내 자신이 이 어젠다의 기획시 3, 4일은 밤 12시를 넘기며 작업에 참여했기 때문에 비판에서 나도 자유로운 것은 아니다. 인신공격이 아니라 공개적인 내부의 이론적 비판은 많으면 많을수록 어젠다는 튼실해질 것이고, 일말의 우려가 현실화될 정도로 우리 학계가 그렇게 위약하지 않다고 판단한다. 또한 대부분 타 대학의 어젠다 수행에도 그대로 대입시킬 수 있는 일이다. 가령 '해항도시의 문화교섭학'이 타 대학의 어젠다 연구성과를 섭렵할 필요가 있다는 제안은 타 대학의 HK연구단이 '해항도시의 문화교섭학'의 연구성과를 수렴할 때 공통성과 차별성을 인지할 수 있을 것이다. 한국연구재단에 제출했던 어젠다를 금과옥조 모시듯이 할 것이 아니라, 끊임없이 어젠다에 문제를 제기하고 의문을 품을 때 어젠다는 초안보다 훨씬 다양하고 풍부한 내용으로 발전될 것이다. 주어진 과제를 의문 없이 수행하여 이루어지는 인문학은 이미 인문학이 아니다. 어젠다는 끊임없이 수정, 보완, 변화하는 것이 되어야 하고 그 주체는 HK교수여야 한다. 주체가 될 수 있을 때 비로소 HK교수는 어젠다의 전도사가 될 수 있다. 10년 이상의 장기간 공동연구는 공동연구에 가치를 부여한 사명감 없이는 단순한 사업에 불과해진다. HK 등 연구 프로젝트로 출간되는 다수의 인문학 서적들이 "물적 토대를 지원해주는 갑(甲)과 지원받는 을(乙) 사이에서 철저하고 절실한 되물음이 이뤄지는 일은 매우 드물다."[18]는 비평은 HK연구가 '생계형 연구'라는 평가절하로 이어지고 있다. 이러한 평가가 적절할지는 따져볼 여지가 많지만, 국내 대학의 HK사업의 연구자들에게 사명감을 지닌 전도

18 표정훈, 「인문학을 파는 사기꾼을 고발한다」, 『프레시안』, 2012.

사 의식이 높지 않음을 시사한다. 이는 연구소의 운영에서 HK 교수가 주체가 될 수 있도록 조직의 논리와 자율성이 균형을 잡아야 함을 확인시켜 준다.

선정된 연구소에 대한 연차평가나 단계평가를 어떻게 할 것인가는 단지 결과에 대한 평가에 그치는 것이 아니라 HK사업 자체의 방향을 가름하는 중요한 사항이다. 연구의 자율성을 보장하려면 평가는 보류하는 것이 낫겠지만, 국고지원 사업으로서 정량 지표의 제시를 통한 최소한의 사회적 책임을 회피할 수 없고, 사업목적 달성과 모럴 해저드 방지를 위하여 긴장감 있는 평가는 필수적이라는 진단[19]을 부정하기는 어렵다. 기왕의 사업 가운데 HK사업과 성격이 가장 근접한 것은 중점연구소 지원 프로그램이었다. 이 프로그램에서 성과지표상 가장 중요한 것은 학술지 게재 논문, 번역, 저술, 학술회 발표 논문 등의 계량적인 수치였다. 그러나 이러한 평가기준을 HK사업에 도입하는 것은 극히 비인문적이다. 중점연구소 지원프로그램은 전 학문영역에 걸쳐 있어서 인문학만의 독자적인 평가기준을 요구하기는 어려우나, HK사업은 인문학 육성사업이므로 인문학에 걸맞은 새로운 평가방식을 강구하지 않으면 안 된다. 여기에는 호주의 감사(audit)모델이 참고가 될 법하다. 평가를 받는 조직이 평가영역—질, 영향, 역량—에서 자신들의 연구에 가장 적합한 지표를

19 윤병남, 「인문한국사업을 통해 본 인문학지원사업의 성과와 과제」, 『학술정책』 2, 2008, p.172.

자율적으로 정하고, 이를 통하여 자신들의 수월성을 입증하는 변론을 하고, 전문가 패널은 질적으로 평가한다는 것이다. 이럴 경우 획일적이고 정형화된 평가체제를 넘어설 수 있다.[20]

HK사업의 평가문제는 깊이 있는 연구가 필요하나, HK사업단들이 재단의 평가방식이나 척도를 수동적으로 받아들일 것이 아니라 능동적으로 먼저 평가방식을 강구하여 재단 측에 제안해야 할 것이다. 이러한 평가에 추가되어야 할 항목 하나로 건의하고 싶은 것은 실질적인 공동연구에의 접근 정도이다. 연구소가 생산해내는 연구가 단지 개인연구의 집합에 불과하다면 굳이 연구소라는 조직을 육성해야 할 의미는 반감된다. 앞의 공동연구서가 일례이듯이 국내외의 공동연구는 단지 유사한 연구 소재를 다룬 글들의 단순한 묶음에서 벗어난 경우는 적다. 그만큼 공동연구의 내실을 기하기는 어렵다. 개인연구가 인문학의 본령이라는 사고방식은 근대적 사유일지도 모르고, 인문학에서 공동연구는 탈근대의 새로운 연구방식을 탐색하는 데 의미 있는 시사를 줄 수 있을지 모른다.

---

20 김철규, 『학술연구조성사업의 성과지표개발 및 투자효과분석: 인문사회분야』, 한국학술진흥재단, 2007, pp.16-19.

2부

역사학의 변모와 '코로나19'에의 인문학적 대응

1장

한국에서 동양사의 유통과 소비

역사: '대중화'에서 '소비'로

『동아시아 역사학의 생산과 유통』이라는 이름을 달아 2001년도에 책을 낸 적이 있다. 아는 분들에게 이 책을 보내었는데 당시 대부분의 반응은 노골적으로 드러내지는 않았지만 역사학의 연구를 생산이니 유통이니 하는 단어로 표현함에 대하여 생경하고 불편하게 여김을 느낄 수 있었다. 고고한 학문적 연구가 생산이니 유통이니 하여 폄하된다는 느낌이었을 것이다. 이후 역사학계에서 역사학의 '유통'이나 '소비'가 학술대회의 주제로 때때로 올려졌다. 그것은 이런 용어가 학계의 시민권을 취득했다는 의미로 읽히기도 하여 다행스럽다.

한국의 역사학자들이 역사학과 대중과의 관계에 관심을 갖게 된 때는 80년대 말이었다. "역사연구의 대중화와 새로운 역사인식의 정립을 위한 대중역사지"라는 구호를 내걸고 창간한 『역사비평』과 "연구를 통하여 얻어진 성과를 시민과 더불어 공유"하고자 한 『한국사시민강좌』가 우연하게도 1987년이라는 같은 해에 창간되었다. 2012년 50호를 내고 『한국사시민강좌』가 종간되기까지 이 두 잡지는 이후 역사학에서 의제를 제기하고 공론을 이끄는 양대 축이었다. 역사학계 내부에서 진보와 보수가 구분되기 시작하던 당시 양쪽 다 대중에 다가설 필요를 절실히 느꼈음을 보여준다. 대중을 위하고 대중에 다가서겠다는 입장은 두 잡지 모두 창간 10주년의 특집 기획에서 다시 확인된다. 창간 10주년 기념으로 『역사비평』 38호(1997, 가을호)는 ‘역사의 대중화와 출판문화’를, 『한국사시민강좌』 20집(1997. 2)도 ‘역사와 시민의 대화’를 기획하여, 창간 후 10년 사이에 역사의 대중화 혹은 시민화는 여전히 숙제로 남아 있음을 확인하고 있었다.[1]

그 당시 ‘역사의 대중화’란 무엇을 의미했는가. 『역사비평』에서는, 진정한 역사의 대중화란 “역사기록 및 서술의 대중화, 곧 역사지식의 대중화”에서 나아가 “민중이 창조하는 역사로 우뚝 세우는 것”이라고 했다.[2] 또한 ‘시민을 위한 역사학’이란 역사가들이 시민들과 더불어 우리 역사문제에 관하여 서로 이야기를 나누어, “역사학자들과 시민이 올바른 한국사의 이해를 위한 대화”로서, ‘시민을 위한 역사학’은 “시민 여러분과 더불어 한국사의 진리를 지키는 파수꾼”을 자임하였다.[3] ‘대중’과 ‘시민’이라는 용어로서 정치적 입장의 차이를 분명히 하고 있지만, 역사학자라는 전문가들만의 역사학은 넘어서겠다는 점에서는 일치하고 있었다.

그런데 대중역사서의 저자 박은봉은 이러한 역사의 대중화에 대하여 “독자를 교화의 대상으로 간주하는 사고방식”[4]이라고

---

1 『역사비평』에는 「한국역사의 대중화를 위하여」(오종록), 「20세기 영국노동계급을 위한 역사서술」(리차드 크로커)을, 『한국사시민강좌』는 「한국사학과 현실인식」(이기백), 「한국사학과 시민의 역사의식」(정두희), 「역사소설 · 사극의 공과 과」(이기동)를 실었다.

2 오종록, 「한국역사의 대중화를 위하여」, 『역사비평』 38, 1997, p.322.

3 이기백, 「창간사」, 『한국사시민강좌』 창간호, 1987.

4 박은봉, 「역사의 대중화와 대중역사서」, 『내일을 여는 역사』 20, 2005, p.119.

지적했다. 그의 지적은 이 한 마디로 그치고 있지만, 이 한 마디는 그렇게 간단한 것이 아니다. '군자(君子)'를 '소인(小人)'과 대립시키며 천하에 대한 책임의식의 유산을 계승한 동아시아의 지식인들은 19세기 말 이래로 문명개화를 위하여 대중을 계몽시키는 역할을 시대가 부과한 사명으로 떠안았다. 역사학자들에게서도 그런 엘리트로서의 의식은 뚜렷했다. 『한국사시민강좌』 창간호의 간행사는 이렇게 시작된다. "학문은 진리를 탐구하는 것을 그 사명으로 한다. 학문은 진리의 탐구라는 그 맡은 바 사명을 충실히 이행함으로써 그 사회를 밝히는 등불이 될 수 있고, 반대로 그 맡은 바 사명을 저버림으로써 사회를 암흑의 세계로 떨어지게도 한다." 진리의 등불을 든 자로서 '시민의 역사학'이 지녔던 소명감은 80년대 후반 90년대에 이르는 '역사의 대중화' 쪽이라고 하여 다를 것은 없었다. 이쪽에서도 역사에 대하여 잘 알지 못하는 대중에게 역사의 주체임을 깨우치려는 소명의식에 가득 차 있었다.[5]

여기에는 두 가지 측면을 지적할 수 있다. 첫째로는 역사학자 지식인들은 발신자, 저자로서의 위치를 독점했다. 대중의 대변자인 지식인이 계몽적 이상을 대중에게 전파한다는 소명의식은 한편으로 대중에 대하여 지식을 매개로 한 권위의 행사이기도 하였다. 전근대에 대중은 지식인의 교화와 통솔을 받아야 할

5 '역사의 대중화'는 꾸준히 지속되고 있다. 예컨대 KBS에서 주최한 2005년 11월 17일 역사스페셜 출판기념 세미나의 대회주제는 'TV와 역사대중화'였고, 〈역사저널 그날〉이 현재 방영 중이다.

대상이었을 뿐이었고, 대중의 대변자가 필요하지 않았다. 근대는 대중이 스스로를 대변할 누군가를 필요로 했다는 점에서 전근대와 시대의 성격이 달랐다. 전근대사회에서 지식인의 권력 행사는 외형적으로 분명했으나, 대중이 전문화된 지식을 소유하고 있는 지식인을 필요로 했다는 점에서, 근대사회에서 지식인은 대중의 대변자로서 지식의 생산을 독점하는 것이 정당화되었다.[6]

둘째로 보편적 가치를 추구하며 인간의 본질과 사회의 문제를 고민했던 지식인은 그 설 자리를 잃고 빠른 속도로 사라지고 있다. 대중의 대변자로서의 지식인은 특정한 분야에 밝은 전문가일 뿐 아니라 사회와 인간의 존재에 대한 통찰력을 희구하여 그 통찰력으로 죽어 있는 의식을 깨우고 미래의 전망을 제시하는 교양인이기도 했다. 그러나 그러한 지식인의 시대는 막을 내리고 있다는 진단이 많다. 그들의 시대는 마감했음에도 여전히 지식을 매개로 권력을 행사하고 싶은 욕망은 지식인들 사이에 강하게 남아 있다. 그렇기 때문에 '진리를 탐구하는 학문'이나 '과학적 역사의 법칙'은 생산되거나 소비될 것이 아닌 그 무엇이었다.

그런데 오늘날 꿈꾸는 때를 제외한다면 인간 생활에서 자본주의의 바깥은 존재하지 않는다. 모든 재화와 서비스의 생산은 교환하기 위하여 생산되고 타자에 의하여 소비된다. 역사학이란 지식도 당연하게도 예외일 리가 없다. 역사학이란 역사학자가 개

---

6 새로운 지적 대중의 등장에 대하여는 노명우, 「지식의 대중화와 '지적 대중': 지식과 지식인의 미래」, 『문화과학』 34, 2003 참조.

인적으로 만족하기 위하여 연구된 결과는 아니다. 그것은 제도와 시장에서 소비되기 위하여 생산된다. 역사적 지식의 생산도 예외 없이 자본주의적 메커니즘을 벗어날 수 없다. 학문의 연구가 재화나 서비스 생산의 일종으로 간주되는 것이 하등 이상할 것이 없다는 점은 이미 강준만이 지적한 바가 있다. "나는 지식인이 시장에 글을 파는 행위가 다른 상품을 파는 행위와 무엇이 다른지 알지 못한다. 지식인들은 스스로에게 좀 더 엄격한 '상도덕'을 요구하지 못할망정 왜 자신들의 행위는 초월적 지위를 누려야 한다고 생각하는 걸까?" 그는 지식인을 '지식상인'이라고 부를 때 격렬히 저항하는 지식인들은 최소한의 '상도덕'조차 지키지 않는 지식인들인 경우가 많다고 꼬집는 것이다.[7]

그동안 역사가 소비되는 현상에 대하여 역사학자들의 불만이 많았다. '역사의 대중화' 쪽에서 대중적인 역사서는 "진보적인 역사인식과 실천적 학문관을 바탕으로 한 역사서적"이 해당될 뿐이었고, 따라서 이야기류의 역사서는 "역사와 문화의 본질과는 거리가 있는 흥밋거리로 호기심을 자극하는 역사서"이기 때문에 "대중이 말초적인 자극에 도취되는 것은 매우 위험한 일"로 간주했다.[8] 역사가 소비당하는 데 대한 분노는 대중역사서의 오류와 표절을 찾아나서는 형태로 분출되기도 했다.[9] 또한 '시민을

---

7 강준만, 「대학은 지식인의 무덤인가」, 『인물과 사상』 22, 2002, p.128.

8 오종록, 앞의 글, p.329.

9 장병인, 「대중역사서에 나타난 표절과 왜곡」, 『역사비평』 47, 1999.

위한 역사학' 쪽에서도 "시청자들에게 하나의 픽션이 아니라, 역사적 사실인양 받아들여진다면 그것은 실로 중대한 문제", "사료의 뒷받침을 얻지 못한 한낱의 허구", "한낱 작가의 근거 없는 추측"[10]으로, 역사의 소비는 역사를 오도하고 오용하는 일로서 묵과할 수 없었다.

그러나 역사에 대한 시장의 수요는 이제 크게 변해버렸다. 한때 역사학을 공부하는 것이 자랑스러운 때가 있었다. 80~90년대에는 사회의 발전법칙을 믿고 사회정의 실현을 위한 하나의 답이 역사 속에 있다는 관념을 공유하고 있었다. 그러나 21세기에 들어서서 역사가 교훈을 줄 것이라는 기대조차도 많이 줄어들어버렸다. 역사학에 대한 기대뿐 아니라 TV의 사극에서 조차도 교훈이 기대되지 않는다. 어느 사극 평에 따르면 〈대장금〉은 이전의 사극과는 기본적으로 성격이 다르다고 한다. 〈대장금〉 속 역사는 지금, 여기의 재미없고 팍팍한 현실에서 벗어나고 싶은 꿈이 가공해낸 세계로서, 전형적인 '콩쥐 팥쥐' 공식에 시청자들은 카타르시스를 느낀다는 것이다. 이것은 시청자에게 역사를 다시 보는 즐거움, 역사를 통해 현재를 새로 보는 것을 꾀했던, 이전의 〈용의 눈물〉, 〈왕건〉 등의 사극과는 다르다는 것이다.[11] 교훈이나 진실, 지혜나 혹은 법칙으로서의 역사는 그 활력이 크

10 이기동, 「역사소설 · 史劇의 功과 過」, 『한국사시민강좌』 20, 1997, p.116, pp.120-121.

11 http://www.imbc.com/broad/tv/drama/daejanggum/news/1367295_4976.html (2005년 11월 20일 접속)

게 위축된 것은 분명해졌다.

그런데 80년대 후반, 90년대의 역사의 대중화란 동양사 쪽과는 별로 관계가 없었다. 동양사 분야에서는 역사의 대중화를 외친 적도 없었다. 역사의 대중화가 고취되고 있을 무렵, 동양사학계 일부 젊은 연구자들이 거기에 부응하는 방식은 번역서의 출간이었고, 근현대의 혁명사에 관심을 갖는 일이었다. 다만 그것은 부응이었고 역사의 대중화를 위해 동양사 분야는 무엇을 어떻게 추진해야하고 할 수 있을지 내놓고 논의하지는 못했다. 동양사의 대중화는 최근에야 추진되고 있는 듯하다. 그것은 연구자들의 주도가 아니라 출판사 마케팅 전략의 일환이다. 역사학의 어느 학문분야 보다도 진리와 실증을 탐구한다는 의식이 강한 동양사학자들이 출판사의 마케팅 전략을 곱게 보아줄 리가 있을 리 만무하고, 눈길조차 갈 리가 없다. 역사학의 위기 앞에 위축되면서도 폭증하는 역사의 소비에는 무관심한 동양사학계는 생각할수록 기이하다.

제도적 유통과 소비

"진리를 탐구하는 학문"이라는 가치관은 근대의 소산으로 보인다. 그러한 학문은 시장보다도 제도 속에서 먼저 유통되고 소비되기 시작하였다. 대학이라는 제도 속에 신학문이 자리 잡으면서 "진리를 탐구하는 학문"은 생존 기반을 가지게 되었다. 민중을 계몽시키는 지식인은 전문적 지식을 가진 학자로서 대학에서 자리를 부여받게 된 것이다. 교수로서의 지식인이 자신의 연구를 구체적인 결과로 내놓은 것이 논문이나 저서이다.

역사학자가 논문이라는 글을 쓰는 이유는 내 생각을 다른 사람에게 전달하고자 함이다. 논문은 독백이 아니라 대화이다. 대화란 듣는 상대방을 전제로 하는 것이다. 최근 한 해 평균 약 260여 편이 생산되는 동양사학계의 논문이나 20~30종 출간되는 저서는 어떻게 누구에게 얼마나 읽히는가. 논문이 유통되는 제도적 장치는 논문의 심사이다. 한국연구재단이라는 국가의 요구에 밀려, 이제 어느 논문이든 예외 없이 심사를 거친 후 게재되고 있다. 심사위원 2~3명의 심사를 통해 논문이 게재됨으로써 그 논문은 유통될 수 있는 매체를 갖게 된다. 동양사 학술논문은 같은 분야의 전문가들이 아니면 관심 갖기 어렵다. 이 전문가로서의 독자층은 두 가지 부류로 구분될 수 있다. 첫째로는 동양사학계의 연구자들이며, 둘째로는 인접한 한국사학계의 연구자들이다. 최근 비교사 · 관계사적 관점의 연구가 늘어나면서 인접학문 연구자들의 소비가 이전에 비해 다소 늘고 있을 것으로 예상된다.

그런데 논문이 어떻게, 누구에게 읽히는가를 조사하기는 어렵다. 논문을 읽는 것은 매우 개인적인 행위여서 이를 측정할 방도가 없었다. 근래에 한국연구재단이 개발한 KCI인용지수나 다운로드 횟수 등으로 일정 부분 유통정도가 드러나고 있다. 그러나 인문학에서 얼마나 정확하게 논문의 유통을 측정할 수 있을지는 의문이다. KCI인용지수가 학술지 평가의 중요항목이 되면서 논문원고를 투고할 때, 해당 학술지의 논문을 가급적 다수 인용하기를 촉구하는 사례도 있었다. 한편으로 한국의 동양사 논문은 지나치게 외국학계의 연구에만 의지하고, 국내연구의 축적이나 인용에 게으르고 인색하다고 지적되기도 한다.[12] 논문 작성자는 인용하는 외국의 연구가 자신의 연구의 수준을 담보해준다고 여기고, 심사 혹은 평가하는 학자도 논문의 논리나 논거보다는 인용이 발휘하는 권위에 예속되기 때문이다.

논문의 유통정도를 살피는 데 하나의 척도는 서평이다. 국내연구서에 대한 서평을 가장 활발하게 싣고 있는 학술지는 『중국근현대사연구』이다. 동양사 전체 가운데 중국사의 연구가 약 2/3를 차지하고 중국사 가운데서 근세를 포함한 근현대사 분야의 연구 성과가 대체로 절반가량을 차지할 듯한데, 이 분야에서의 연구 성과가 가장 많다. 그에 부응하여 『중국근현대사연구』에서는 거의 매호 국내 연구서에 관한 2~3편의 서평을 싣고 있다. 또한 『중국사연구』는 연구동향, 학회참관기, 서평 등 논문 이외에도 다양한 기획이 돋보이는 학술지이다. 그런데 『중국사연구』에서의 서평은 대개 외국의 연구서에 대한 서평이고, 국내의 연구서에 대한 서평은 2005년 34집까지 8편에 지나지 않는 점은 의외이다.

이 글을 준비하면서 동양사학계를 대표하는 학회지 『동양사학연구』는 서평을 전혀 다루지 않는다는 놀라운 사실을 발견하

12 조병한, 「총설」, 『역사학보』 183, 2004, p.208.

게 되었다. 그런데 놀라는 내 자신의 사고방식이 수정되어야 할 듯하다. 원로 학자 이성규는 "출간된 학술서가 모두 서평의 대상이 되는 것은 아니다. 비평할 만한 가치가 있다고 여겨지고 또 적절한 평자가 있어야만 서평이 이루어질 것이다"라고 하며 서평이란 것이 반드시 필요한 일은 아니라는 입장을 피력했다. 또한 "우리 학계에서 비평 자제와 기피는 오랜 관행이었다"며 현실을 확인한 뒤, 다음과 같이 언급한다. "스스로 전문적인 연구자가 아니면 타인의 연구성과를 비평할 능력이 없기 때문이다. 그러므로 비평할 대상도 비평할 능력도 없는 상황에서 비판문화의 부재는 오히려 당연한 일이었다…… 자격 없는 비평자가 비평을 위한 비평을 하면 일방적인 찬사나 비방이 될 우려가 있어서 단순한 언급과 소개가 오히려 미덕이 된다. 이것이 우리 학계에 비평문화가 부재한 근본적인 이유였던 것 같다."[13] 또 다른 원로학자 박한제도 "때로는 격려도 없지 않았지만 때로는 납득하기 힘든 비평도 받아왔다. 특히 필자를 자극한 것은 전론(專論)적인 글이 아니라 거두절미(去頭截尾)식의 논평이었다."며 신중한 논평을 요구했다. "우리의 비평풍조…… 먼저 정확한 지식과 확실한 사료와 다양한 연구성과에 기초하여 비평하는 자세가 필요하다. 역사적 진실이란 논증의 문제이지 여론으로 결정되는 것이 결코 아니다…… 해당 주제에 대한 딱 맞는 전공자가 없는 국내학계의 실정에서는 더욱더 진지하고 신중한 논평이 이뤄져야 할 것이

---

13 이성규, 「총론」, 『역사학보』 175, 2002, p.286.

다. …… 애정과 관심을 갖고 논평하는 자세가 필요하다."[14]

자신의 논리를 구축하고 성실하게 학자다운 학자로서의 모범을 보이는 한국학계의 간판학자인 중진 원로학자 몇 분이 서평에 대하여 유사한 견해를 피력하는 것은 우연이 아닐 듯하다. 지금으로부터 거의 20년 전에 당시 소장 학자가 중진학자의 연구서에 대하여 서평을 적었는데, 그 서평에 대한 반론은 반론을 읽는 전공자들을 더할 나위 없이 움츠리게 만들었다. "「악평(惡評)」도 못 되는 「열평(劣評)」", "지리멸렬한 서평", "제대로 읽지도 않은 채 비평의 논지 전개가 뒤죽박죽", "그러나 사실은 전혀 그렇지 않다", "논단은 정말 어이가 없는 일", "내용을 왜곡시켜 놓고 비판" 등으로 이어지다가, "학술적 무고를 당하는 느낌"에서 극에 달했다.[15]

반론의 필자인 박원호 교수는 나도 개인적으로 알고 학문적으로 존경하는 학자이다. 서평의 필자 원정식 교수도 학회에서 가끔 만나는 성실한 연구자인데, 서평의 지적이 타당한지, 반론의 평가가 타당한지를 따질 필요도 없고, 내게 그럴 자격도 없다. 앞의 인용문에 따르자면, 명청대 종족에 대하여 국내 최고 전문가 간의 서평과 반론인데, 거기서 벗어난 시기를 연구하는 학자

14 박한제, 「호한체제론을 위한 변명-김유철, 周偉洲, 川本芳昭 교수의 논평에 답함」, 『역사학보』 177, 2002, p.223.

15 박원호, 「학술서평의 논리와 윤리: 원정식 교수의 「서평: 박원호 저, 『명청휘주종족사연구』, 지식산업사, 2002」를 읽고」, 『역사학보』 184, 2004, pp.301-325.

가 논평에 대하여 논평하겠다는 자체는 언감생심이 우리 학계의 풍토이기 때문이다. 우려되는 것은 그렇지 않아도 논평을 꺼리는 풍토에 이와 같은 반론은 다시는 누구도 '함부로' 논평하지 못하게 찬물을 끼얹는 결과를 빚었다는 점이다. 이제 누구도 '감히' 서평을 쓰려고 나서지 않을 것이다. 더욱이 그 대상이 선학의 연구라면.

상당한 수의 교수가 논문쓰기와 무관하게 지내는 50대에 미국에까지 가서 사료를 발굴하고 연구실에 갇혀 책과 씨름하며 연구에만 몰두하여 이룬 성과가 후학의 서평에서 손쉽게 재단되어버릴 때, 그 허탈함은 상상이 된다. 그러나 비평에 대하여 지나치게 엄격한 입장은 연구 성과의 유통을 더 제한시켜버린다. 내 전공영역은커녕 내 논문 쓰는 데 필요한 논문이나 연구서가 아니라면, 아예 읽을 생각도 들지 않게 만들어, 동양사학자를 결국은 '무식한 전문가'로 만드는 데 일조하게 되는 것은 아닐까. 주변에서 이런 역사연구자를 만나기는 어렵지 않고 나 역시 이런 범주에서 먼 것은 아니다.

중진 원로학자들은 서평에서 치밀하고 성실한 동시에 겸손함을 요구하고 있다. 후자의 요구에 걸맞은 서평은 다음과 같은 것이 될 것이다. "국내 명대 사학계의 큰 성과일 뿐만 아니라 명대사연구에서 하나의 초석이 되리라 의심치 않는다", "능력이 부족한 본인으로서 이를 제대로 평할 수 있을지, 혹 저자의 의도에 누를 끼치지 않을지 심히 걱정이 앞선다", "평자의 주제넘은 지적", "평자의 무지로 인해 곡해한 부분이 없지 않아 많았으리라 생각된다. 그리고 나름대로 의문과 소견을 덧붙여보았지만 이 역시도 저자의 본래 의도를 상하게 하지 않았나 염려스럽기도 하다". 각고의 노력에 대하여 일말의 예의 갖춤도 없는 서평은 같은 길을 가는 선·후학에 대한 예의가 아니다. 그러나 과례(過禮) 또한 비례(非禮)에 가까울 것이다.

학회의 발표장도 생산된 논문이 유통되는 하나의 중요한 공간이다. 학회의 발표장이 발표보다는 서로 이야기를 나누는 자리가 되고, 권위주의적인 발표자와 청중의 대면 배치가 아니라 T나 원탁형의 공간배치로 바꾸어, 보다 상호 소통의 공간이 될 필요가 종종 언급된다. 그러나 문장으로 완성된 초고를 배포하고 그것을 읽는 풍조는 여전하고, 공간배치도 건축물 자체의 구조 문제 등으로 인해 쉽게 변하지 않고 있다. 이 때문에 서로 얼굴을 마주보고 있으면서도 발표장은 강의실이 되어있다. 강의실이란 가르치는 일방적인 공간이지 서로 주고받으며 소비하는 민주적 소통의 공간은 아니다.

시장 속의 유통과 소비

시장에서 소비되는 동양사로서 우선 꼽을 수 있는 것은 물론 서적이다. 2005년 11월 18일에 인터넷 서점에서 동양사 관련 서적의 판매순위를 살펴보았다. 인터넷 서점 알라딘의 주간 베스트셀러 '역사' 항목에서 50위까지를 살펴보았는데, 동양사와 관련된 책으로는 1위가 『살아있는 세계사 교과서 1-문명과 문명의 대화』, 25위에 『미래를 여는 역사-한중일이 함께 만든 동아시아 3국의 근현대사』, 36위에 『결코 피할 수 없는 야스쿠니 문제』, 44위에 『조선통신사-한일공통역사교재』가 올라 있었다.

이 순위는 조사시점 최근 1주일의 판매량을 기준으로 한 것이어서 우연성이 개재할 가능성이 높다. 알라딘 내에는 '누적 베스트셀러' 리스트를 올려두고 있는데, 이를 보면 1위에 『살아있는 세계사 교과서 1』, 13위에 『칭기스칸, 잠든 유럽을 깨우다』가 랭크되어 있다.[16] 교보문고에서는 '역사풍속신화'를 하나의 장르로 설정하고 있었는데, 이 분류 내에서 1위는 『살아있는 세계사 교과서 1』, 15위는 『칭기스칸 잠든 유럽을 깨우다』, 28위는 『칸의 후예들』, 32위는 『칭기스칸(밀레니엄맨)』이다. 이 가운데 15, 28위의 책은 번역서이고, 1위는 교과서 형식의 세계사이다. 소위 대중역사서로는 『칭기스칸(밀레니엄맨)』(김종래, 꿈엔들, 2005)가 50위 안에 들어 있을 정도이다.

한 중진 동양사학자가, 일반 독자와 동양사 사이에 거리가 있다면 그것은 책 읽지 않은 한국 지식인, 교양인의 병폐를 탓할지언정 동양사 전문가의 게으름을 탓할 문제는 아니라는 생각이 들 정도로 출판물이 많다며, 연구자가 아니라 동양사에 대한 독자의 무관심을 지적한 바가 있다. 동양사 관련 서적은 역사학 관

---

16 25위까지만 가능했고 이후는 에러가 났다. 누적 기간이 얼마인지 알라딘 측에서는 공시하고 있지 않았다.

련 도서 가운데서도 극히 낮은 소비를 보이고 있다. 칭기즈칸과 관련된 책은 2005년 11월 현재 방영 중인 〈칭기즈칸〉에 의한 수요의 증가와 여기에 대응한 출판사의 마케팅 전략의 결과이기도 할 것이다. TV드라마의 방영에도 불구하고 순위가 이렇게나 아래인 사실은 책 읽지 않는 병폐를 탓해야 할지도 모르겠다.

베스트셀러 전체에서 역사학 관련 도서가 차지하는 위치는 상당히 낮다. 교보문고의 종합 베스트셀러 리스트에서 역사 분야의 1위인 『조선 왕 독살사건』은 33위, 역사 분야에서 2위인 『살아있는 세계사교과서 1』은 종합순위가 40위에 그치고 있다. YES24에서도 역사분야 1위인 『살아있는 세계사 교과서 1』은 종합순위 38위, 역사분야 2위인 『즐거운 역사체험 어린이 박물관』은 종합순위 54위, 3위인 『이순신과 임진왜란1-신에게는 아직도 열두 척의 배가 남아 있나이다』가 62위, 4위인 『조선 왕 독살사건』은 64위에 불과하다.[17] 그러니 동양사 관련 대중 역사서는 출판시장에서 제대로 유통되지 않는다고 보아도 좋을 듯하다. 교양역사서가 이런 정도라면, 학술적인 전문서는 예상대로 전혀 출판시장에서 소비되지 않는다고 하겠다.

앞서 학계 내부의 서평에 대하여 잠깐 살펴본 바가 있는데, 출판시장에서는 학계 외부 인사들의 서평이 곧잘 이루어지고 있다. 전문학자들은 학계 내부 전문가의 비평은 듣고 싶지 않아도, 신문 방송에서 자신의 저서가 취급되는 것을 싫어할 사람은

17 인터파크의 종합베스트셀러(최근 1주일)도 대체적으로 유사한 경향이다.

없다. 언론사의 신간서적란은 출판사의 책 소개문을 약간 가공하거나 장절을 문장화한 경우도 자주 보게 된다. 출판사를 앞세워 저자는 매스컴 홍보에 적극적인 경우가 없지 않다. 매스컴에서 다루어져야 그 성과가 학문적 명성으로 축적될 수 있기 때문이다.

한국의 신문에서 서평이 상당한 비중으로 지면에서 다루어지기 시작한 때는 1996년 문화일보가 북리뷰 코너를 만들고 나서부터인데, 이후 여러 신문들이 북스 책마을(조선일보), 행복한 책읽기(중앙일보), 책과 사람(한겨레) 등 서평을 전문적으로 다루는 지면을 할당하여 책의 유통에 신문 서평이 크게 영향력을 끼치게 되었다. 그런데 이런 신문의 서평기사는 절반가량이 기자에 의해서 작성되었고, 전문성이 떨어진다고 평가되고 있다.[18] 2001년도 출판서적에 대한 동아, 한국, 매일신문의 3개 신문에 실린 서평 분석에 의하면, 동양사와 관련된 책으로 3개 신문에 모두 서평이 취급된 책은 『중국유맹사』가 유일하다.[19] 뿐만 아니라 신문 서평보다 훨씬 위력을 발휘하는 TV 서평에서도 동양사 관련 도서는 거의 다루어지지 않았다.

도서시장에서 기자의 눈은 곧 소비자의 눈이라고 할 수 있다. 서지학자들은 기자들이 작성하는 서평은 전문성이 떨어진다

18 김선남, 「한국 신문서평에 관한 계량적 연구」, 『서지학연구』 25, 2003, p.249, 253.

19 김상호, 「신문서평의 성격과 경향분석」, 『한국도서관정보학회지』 33-3, 2002, p.12.

고 평가하지만, 기자들은 독자들의 지적 수요를 감안하여, 독자들이 흥미를 가질 만한 책을 서평으로 취급하려고 할 것이다.[20] 동양사 관련 도서를 매스컴에서 다루는 비중이 적은 것은 기자의 눈으로 대변되는 시장의 수요를 동양사학자들이 제대로 채워주지 못함을 의미한다. 그런데 전문가도 함부로 하지 못하는 서평이니, 문외한인 언론사의 기자들이 제대로 책 내용을 다룰 수 있을까 하는 의문을 가지게 되는 것은 당연하다. 그런데 신문 서평이 아닌 인터넷상의 서평에 대하여, 대중역사서의 저자는 "인터넷 서점의 역사책에 달리는 독자 리뷰를 보면 웬만한 신문 서평은 저리 가라다"라며 인터넷상의 비평은 그렇게 만만한 것이 아니라고 한다. 여기서 확인하고 싶은 점은 학계 전문가의 평가척도가 반드시 시장의 평가척도보다도 낫다는 보장은 없다는 견해이다. 소비자들의 평가항목에서 "탄탄한 문장, 새롭고 특이한 소재와 관점, 남다른 통찰력이 특히 중요한 항목으로 등장한다."[21]는 것이 사실이라면, 시장의 논리가 반드시 쉽고 흥미와 쾌락만 뒤쫓는 '천박한 상업주의'와 등치되는 것은 아니다. "훌륭한 대중적 역사서란 쉽게 풀어쓴다고 되는 것이 아니라, 가장 고급한 내용을 독자의 눈높이에 적합한 수준에서 설명해내는 책이다." 출판시장에 대하여 "역사책을 사 보는 독자는 소수이다. 그

20 기자들의 서평도서 선택에는 유통시장, 문화권력 등 여러 가지 측면에서 면밀하게 검토할 여지가 있다.

21 백승종, 「현대한국에서 대중적 역사서의 생산 및 소비담론」, 『역사와 문화』 11, 2006, p.57.

들은 매우 열정적이고 또한 엄격한 소수이다. 좋은 역사책을 내면 귀신같이 알아보고, 반대로 허접한 책을 내면 냉정하게 외면한다"[22]는 진술은 베스트셀러라고 하여 통속물로 싸잡아 간주할 일이 아님을 의미한다.

역사의 소비를 위하여

학자가 사회적으로 관심이 적은 소재임에도 불구하고 소명감을 가지고 정진하는 자세는 인문학의 가치가 의심받는 오늘날 특히 요구된다. 다만 학자가 자신의 연구행위에 대한 대가를 사회로부터 받을 때는 이야기가 다소 달라질 수 있다. 학생들의 등록금이나 국가의 세금으로 연구에 적지 않은 대가를 지불받는다면, 연구의 사회적 기여도를 생각하지 않을 수 없다. 보다 깊고 완성도 높은 연구 성과로서 사회적 기여에 답하는 것은 커다란 의미가 있다. 다만 자기 혼자의 만족을 위한 연구라면 사회가 고액의 대가를 지불해야 할 이유는 적다. 완성도 높은 연구도 그것으로 충분한가에 의문을 가질 수 있다. 전국의 사학과와 역사교육과에서 학생에게 역사를 가르쳐놓고는 실업자의 반열로 밀어내는 현실 때문이다. 동양사연구자로서 대학 이외에서 먹고 살 수 있는 공간은 극히 적다. 강사건 교수건 연구자이자 교육자를

22 박은봉, 앞의 글, pp.122-123.

겸하고 있다. 역사가 진정 생을 다해 연구할 가치가 있다고 여긴다면, 역사의 소비와 그 확장에 대한 관심이 하등 폄하할 일은 못된다. 대학에 학문귀족 같은 학자만이 고고하게 유아독존하던 시대는 지나가고 있다.

최근 세계화의 바람과 더불어 외국의 역사와 문화에 대한 지적 수요는 많다. 특히 중국과 일본이 그러하다. 2004년 1년 동안 일본으로 출국한 한국인은 174만여 명, 중국으로는 약 236만 명, 타이완으로는 14만 명, 홍콩으로는 31만 명이 출국했다.[23] 부산만 하더라도 160만 명이 출국하였다. 연인원이므로 실제 인원수는 줄어들겠지만, 전국에서 1년에 6백여만 명이 인접한 동아시아에 발길을 옮기고 있다. 여행이든 업무이든 외국에 가면서 그 나라의 역사나 문화에 관심을 가지게 되는 것은 자연스러운 일이다. 특히 관광으로 가는 경우, 역사유물은 관광코스에 필수적이고, 업무로 왕복이 잦은 기업인들일수록 그 나라의 역사나 문화에 대한 지식의 갈증을 갖지 않을 수 없다. 수백만 명에 이르는 지적 수요가 있다는 것이 얼마나 놀랄 일인가. 그런데 이런 지적 수요에 부응하는 지식의 공급이 따르지 못했다.

2000년대 초반에 『중국역사박물관』, 『온가족이 함께 읽는 중국역사 이야기』 등이 시리즈물로 연속 발간되고 대대적으로 광고 공세도 폈다. 출판사의 마케팅 전략이 얼마나 주효한지는 알 수 없지만, 출판사 측에서 다대한 경비를 들여 출판과 광고에 나

23 법무부출입국관리국, 『2004년 출입국관리통계연보』, 2005.

서는 것을 보면 시장의 수요에 대하여 높은 기대를 걸었음이 틀림없다. 광대한 잠재수요를 어떻게 실질적인 소비로 끌어낼 것인가. 이 질문은 제도가 생활의 안정을 보장해주는 전임교수에게는 의미가 적을지라도 시장 속에서 역사로써 밥먹고 살아야 하는 이들에게는 공론이 아니라 생존의 문제이기도 하다. 그들은 현재의 사학과 그리고 역사교육과 학생들일 수도 있다.

역사 소비의 측면에서 비전문가가 역사를 소비상품으로 가공하는 대표적인 예로 역사다큐는 주목할 가치가 있다. 강의시간에 역사다큐를 보여주는 역할이 아니라, 역사다큐의 제작과 제작과정 자체가 역사교육의 유용한 시사를 제공하고 있기 때문이다. 현대사회에서 영상매체는 대중적인 역사지식을 생산하는 특권적 지위를 누리고 있다. 도서와는 비교하기 어려울 정도로 매스미디어는 대중을 대상으로 역사에 관한 정보를 대량으로 생산하고 유통시키고 있다. 그런데 역사다큐를 제작하는 PD나 작가는 전문역사가가 아니다. 그럼에도 불구하고 역사학자도 저절로 찬탄을 자아내게 하는 역사 다큐는 많다. 그만큼 소비될 만한 가치가 있을 정도로 제작된 다큐가 많다는 말이다.

KBS의 모PD에 의하면, 역사다큐를 만드는 데 가장 중요한 요소는 '역사적 상상력'이라고 한다. 역사적 상상력을 구현하는 장치로서 무엇보다도 의문의 제기가 첫째이다. 어떤 질문을 던지는가 하는 것은 프로그램의 성패와 직결된다고 하는데,[24] 대학에

---

24 서재석, 「디지털시대의 역사읽기, TV의 역사대중화」, 『역사비평』 55, 2001,

서 역사교육이 목표로 해야 할 첫째가 역사적 상상력이고, 질문을 던지는 능력이다. 질문할 수 있는 능력은 곧 문제 해결의 능력으로 이어진다. 학생들에게 문제를 제기하고 상상력을 동원하여 전달 가능한 하나의 완결된 이야기 구조를 만들 수 있도록 적절한 소재를 제공하고 유도하는 교육은 사학과 학생들이 역사의 소비자에서 나아가 생산자의 능력을 구비하게 하는 통로가 될 수 있다. 또한 역사적 상상력을 구현하는 장치의 하나가 시각화의 기법인데, 영상 리터러시와 영상에 대한 비판력은 영상적 자료를 제작해보고 실연할 때 가능해진다. 역사 다큐 제작에서 아이템의 선정은 학생들의 문제의식 제고로 연결되고, 아이템 선정 다음 작업인 관련 자료의 수집과 이해는 리포트 부과와 마찬가지이다. 입수한 자료와 이해한 사실을 분류 · 배열 · 가공하며 이야기 구조를 만드는 작업은 글쓰기 능력의 함양과 직결된다. 촬영과 편집도 최근에는 다양한 영상제작 툴이 나와서 어렵지 않다. 다큐 제작은 역사적 상상력과 비판력, 내러티브 구성력, 제대로 된 글쓰기 훈련에 더할 나위 없이 좋은 방안의 하나이다. 이러한 능력은 역사 관련 작업이 아니라도 충분히 응용될 수 있는 기초능력이 될 것임에 틀림없다.

역사연구가 미디어의 변화에 따라 빠른 속도로 민주화되어 온 과정을 밟아왔음은 역사연구자인 우리가 직접 체험해왔다. 1970년대 초반만 해도, 한국 근세 이후를 연구하는 지방의 역사

---

p.313.

학자가 전국적인 문제를 다루는 것은 쉬운 일이 아니었다. 사료를 종이나 카드에 필기구로 베껴 적었던 시절에는 서울에서 장기간 체류하지 않으면 연구논문을 생산하기 어려웠기 때문이다. 그런데 영인기술의 발달로 사료가 대량 보급되어 지방학자도 웬만한 1차자료를 보유하게 되었고, 이어서 복사기가 등장하면서 단기간의 서울 나들이로 필요한 자료를 입수하게 되었다. 그리고 현재, 웬만한 사료는 한글로 번역되고 디지털화되어 검색하고 다운받아 이용할 수 있다. 이와 같이 급격한 변화에 소요된 세월은 불과 20년가량이었다. 이러한 미디어의 변화는 역사사료에 대한 지식과 독해력을 무기로 역사를 독점했던 역사연구자의 장벽이 무너지고 있다는 것을 말한다. 그것은 역사의 소비자가 생산자로 전환될 수 있는 가능성이 높아지고 그 조건이 구비됨을 뜻한다. 역사다큐를 제작하는 PD가 역사학자보다 대중들의 역사적 지식을 지배하게 된 현실이 이를 단적으로 증명한다. 대학에서 역사학은 위기이나, 사회에서 역사의 소비는 이전보다 훨씬 풍부하고 다양해지고 있다. 게임, 만화, 드라마, 영화 등에서 이전과 비교되지 않을 정도로 역사적 소재가 많이 활용되고 있다.

시장의 유혹

한때 인문학의 위기가 학계 화두의 하나였는데, 지금은 위기라는 말을 입에 올리는 경우는 적다. 한국연구재단의 연구비 지원으로 인하여 인문학의 위기상황이 해소되었기 때문인가. 한국연구재단의 연구비는 역사학 논문의 유통을 더욱 확연하게 제도 속의 유통과 시장의 유통으로 양극화시키고 있다. 시장에서 유통하며 소비되는 대중역사서가 연구비를 받는 걸 상상하기 어렵고, 연구비를 지원받은 글은 시장에서 유통되기 어렵다. 그 결과 양자를 가르는 벽은 이전보다 더욱 높아지는 것으로 보인다. 이전에는 『창작과 비평』이나 『당대비평』 등이 학계와 사회에 어젠다를 던져 공동의 관심사와 고민을 모으며 하나의 지적 광장으로서 중요하게 역할했다. 그러나 학진등재지 여부가 논문의 가치를 좌우하는 오늘날에 시판 잡지는 광장으로서의 역할이 상당히 퇴색되었다. 21세기에 들어와서 역사논문의 생산은 80~90년대보다 더욱 많아졌지만, 그 글들이 80, 90년대와 같이 시대의 문제를 공동으로 고민하는 매체로서의 유통은 오히려 줄어들고 있다.

그렇다고 하여 역사학자가 역사의 소비를 직접 겨냥한 생산자가 되어야 한다고 강조하는 것은 아니다. 역사학자와 대중역사물의 제작자는 서로 적절한 분업관계를 유지하는 것이 바람직할 수 있다. 한국사의 경우, 대중역사물의 제작자는 한국사학자들의 연구논문이나 저서를 읽고 소재와 시각을 구하는 경우가 많아 어느 정도 적절한 분업이 이루어지고 있다고 할 수 있겠다. 서양사의 경우는 전문연구자들이 새로운 이론이나 소재의 소개 혹은 연구를 통하여 역사물 제작자의 인식의 시야를 넓혀주는 역할분담을 하고 있기도 하다. 디지털 시대에 다양한 매체로서 역사가 상품화되는 오늘날, 역사학자가 시장에서 즉시 소비되는 역사상품을 만들 능력도 적다. 전통적 문자 미디어인 책을 제외한 애니메이션, 만화, 다큐 등의 형태로 혹은 지방축제 등에서 소비되는 역사상품은 만화 그리기와 같이 별도의 능력이 요구되기 때문이다. 그러나 동양사학자들이 사회로부터 보수를 받는 것은 연구논문을 생산하기 때문만은 아니다. 그 보수에는 사학과 및 역사교육과의 학생들의 존재가 전제로 놓여 있다. 역사를 전공하는 학생들이 교양으로서의 역사만이 아니라, 직업으로서의 역사의 가능성을 갖지 못한다면, 사학과가 있어야 하는 이유가 적다. 사학과나 역사교육과가 존재해야 한다면, 졸업 후 학생들이 역사로서 생존할 수 있는 가능성을 역사학자들도 모색할 필요가 있고 그럴 때 낡은 교과과정이 크게 바뀔 수 있다. 역사의 소비에 대하여 역사학자가 관심을 가져야 하는 이유는 여기에 있다.

그렇다고 시장의 수요를 겨냥한 역사물의 생산을 무조건 상찬할 수는 없다. 시장에서 유통되기 위하여 지식문화의 상품도 상품 일반의 유통법칙을 벗어나기 어렵다. 대중의 관심을 끌기 위한 길 가운데 가장 큰 유혹은 대중의 집단주의적 성향에의 호소만 한 것이 없다. 대중의 원초적인 집단감정을 격발시켜서 그것을 소비촉진의 수단으로 삼는 것이다. 우리는 과거 일본에서 '새 역사교과서'가 교육제도 바깥인 독서시장에서 얼마나 선풍적인 인기를 누렸는지 알고 있다. '새 역사교과서'가 일본의 침략을 자성하는 역사관을 자학사관이라 비판하며, 일본학생들이 자부심을 키울 수 있는 역사를 가르치겠다고 나서는데, 이를 마다할 '일본국민'들은 많지 않았다. 이 책은 바로 대중의 집단주의적

심성을 타격하여 초베스트셀러가 된 것이다. 또한 동북공정, 독도, 역사교과서 문제 등이 한국에서 대중의 역사에 대한 관심을 고조시키는 데 얼마나 커다란 촉진제가 되었는지 잘 알고 있다. 역사학자들은 실로 이웃 나라 민족주의 팽창의 수혜자이기도 하다. 그러나 민족주의의 고조는 역사의 소비를 촉진시키지만, 그 소비는 집단주의적 성향을 증폭시키며 소수자를 내몰고 사회의 우경화로 흐르게 할 가능성이 높다. 시장에서 역사의 수요는 민족주의적 열망을 채워주는 내용을 요구하고, 시장의 수요를 겨냥한 역사물은 민족주의를 더욱 부채질하는 내용으로 되기 쉽다. 근대 이래 제도권 밖 학자들의 생존방식도 이런 경우가 많았다. 제도권에 진입하지 못하고 사회나 시장과 대면하여 글을 팔아서 명성과 생존을 도모해야 할 때, 사회정의나 인류애 같이 원론적이고 근본적인 가치의 탐색으로는 시장의 반응을 유발하기 어렵다. 대신 민족적 감정을 고무하는 글들이, 현학적이어서 대중들이 쉽게 이해하기 어려움에도 불구하고, 현학적이라는 지적 사치에 만족감을 주고 동시에 민족적 감정을 격발하는 동인이 시장에서의 유통 가치를 높인 경우가 많았다. 인터넷으로 정보의 유통상 지리적 거리가 의미를 상실한 오늘날에도 인터넷 상에서 격심한 민족주의적 충돌이 잦은데, 디지털로 가공되는 역사상품이 그런 충돌을 격발시키는 지식과 기억이 되고 있음을 우리는 눈앞에서 보고 있다.

2장
우리들의 자화상

최근 한국의 중국 근현대사 연구

지적 지형의 스케치

한국사회가 혁명과 전쟁의 중국 근현대사에 대하여 본격적인 관심을 가지게 된 시기는 1980년대였다. 중국혁명의 역사는 반공 이데올로기가 지배하던 당시 한국사회에 변혁운동을 위한 풍부한 시사를 던지는 것으로 간주되었다. 그런데 당황스럽게도 얼마 지나지 않아 중국에서는 자본주의 요소를 도입하는 개방·개혁정책이 개시되었고, 이후 중국은 빠른 경제성장으로 사회주의 빈국(貧國)에서 오늘날 '세계의 공장'이 되었다. 그 사이에 동유럽 사회주의권이 붕괴했으며 1989년에는 중국에서 톈안먼(天安門) 사태가 일어났고, 1992년에는 한중 간에 공식적인 외교관계가 맺어졌다. 최근 20년 동안 한국과 중국 사회는 매우 빠른 속도로 변했다. 역사연구가 사회의 변화와 무관할 수가 없다면, 양국 사회 그리고 양국 관계의 급격한 변화는 한국학계의 중국 근현대사연구에 어떻게든 반영되지 않을 수 없다. 역사학 연구의 두 가지 기본요소는 연구의 주체와 대상이다. 역사학적 연구의 내용은 일차적으로 연구의 주체인 연구자가 놓인 현실에 규정된다. 이 글에서는 주로 1980년대 이후 한국의 현실에 유의하면서 한국학계에서 중국 근현대사 연구가 어떻게 이루어져왔는지를 검토하고자 한다. 이 작업은 나를 포함한 한국 학자들의 중국 근현대사 연구에 관한 자화상의 비판적인 스케치이다.[1] 오늘날 한국의 중국 근현대사 연구의 지적 지형을 제대로 스케치할 수 있다면 한국학계의 미래를 모색하는 길이 보일지도 모른다.

이 작업은 다음의 몇 가지 사항에 유의할 것이다. 첫째로는 한국사회의 정치적 민주화이다. 1945년 일본의 패전으로 독립한 한국은 세계 최빈국의 하나에서 오늘날 OECD 회원국이자 세계 교역규모 11위의 국가가 되었다. 경제적 발전과 동시에 민주화도 진전되었다. 시민저항운동으로 폭발했던 1987년 6월항쟁으로 선거에 의한 권력의 교체가 가능한 헌법이 제정되어 민주주의를 향한 토대가 구축되었다. 그 뒤 1997년 외환위기를 겪으며 한국은 신자유주의적 질서로 재편되었고, 2007년 12월과 2008년 4월에 실시된 대통령 선거와 국회의원 선거로 한국의 정치에서 민주화세력이 물러나고 소위 산업화세력이 집권하는 권력의 교체가 진행되었다. 1987년이 한국의 민주화 과정에서, 전환 시기로서 갖는 점에 의미를 부여하여 1987년 이후를 '87년 체제'라고 명명하기도 한다. 1987년을 전환점으로 정치적으로 권위주의 정

1 그동안 한국의 동양(중국)사학계 내부에 관한 비판적 논평으로는 백영서, 김희교, 임상범, 하세봉 등의 글이 있는데, 이와 관련된 글에서 자주 언급되었고, 본고가 다루는 이전 시기의 연구를 다루고 있으므로 논점의 제시는 생략한다. 이후 백영서는 한국의 중국근현대사 연구에 대하여 개괄하면서 지구지정학(Glocalogy)으로서 중국현대사를 재구성할 것을 제안했다. 글로벌하게 사고하면서 지역에 뿌리 내린 학문, 혹은 로컬한 것과 글로벌한 것을 하나의 차원에서 결합하여 분석하는 학문을 지구지정학이라고 명명했다.(白永瑞, 「韓國の中國認識と中國硏究」, 『20世紀中國史4: 現代中國と歷史學』, 東京大學出版會, 2009.)

치체제가 무너지고 민주주의가 형식적으로 제도화되었고, 경제적으로 국가가 주도하는 박정희식 발전국가체제에서 벗어나 시장의 논리를 반영하는 경제적 자유화가 추진되었다. 또한 실질소득의 증가로 대중소비사회로 진입했으며, 또한 남한과 북한의 교류도 신축을 되풀이하고 있다.[2] 본고에서 다루는 한국의 중국근현대사연구는 대부분이 1987년을 전후한 시기에서 2010년에 이르는 시기의 연구성과이기 때문에 소위 '87년 체제'라는 시대적 배경과 어떻게 관련되고 투영되었는가 하는 점을 따져볼 필요가 있다.

둘째는 세대의 문제이다. 동시대를 살아도 시대와 정치에 대한 연구자들의 의식이 동일할 수는 없다. 그러한 의식은 일차적으로 연구자 개개인의 세계관에서 유래하겠지만, 세대로 범주화할 때 하나의 경향성을 찾아볼 수 있다. 연구자 개인들은 서로 뚜렷하게 대립하는 계급적 토대를 갖기보다는 대학과 학계라는 공통된 물적 조건에서 생존하고 있다. 학계라는 제도권에서 연구자가 시민권을 갖게 되면 한국사회에서 신중산층으로서 살아가게 된다. 그러면 연구자는 신중산층으로서 자신의 계급적 이익을 대변할까? 그보다도 연구자는 사회 내부의 다양한 세력이나 계층의 세계관을 의식적으로든 무의식으로든 자신의 연구에 반영하는 일종의 이데올로그이다. 동일한 학문분야에서 유사한 시기와 유사한 연령대의 연구자들 사이에서 교환되

2 김종엽, 「87년체제의 궤적과 진보논쟁」, 『창작과비평』 136, 2007.

는 정보와 지식은 세계관의 형성에 커다란 영향력을 미치고, 그것은 이론적이거나 논리적인 차원에 그치는 것이 아니라 정서적이고 감정적인 유대감을 깔고 있기 때문에 유형적으로 등장한다. 특히 학술적 연구에서 정보와 지식의 교환은 세계관에 영향을 줄 뿐 아니라 연구의 형태나 수준 그리고 질에도 간과할 수 없는 요소이다. 한국이나 외국의 연구성과에 얼마나 접촉할 수 있는가. 1차사료를 어떻게 얼마나 입수할 수 있는가는 개인의 역량 이상으로 시대적 조건에 규정되고, 시대적 조건 속에는 유사한 세대 간의 정보 및 지식의 교환과 그로 인한 공감대의 형성이 큰 비중을 차지한다. 특히 한국사회에서 정치적 지향의 변화는 세대로 곧잘 표현된다. 4 · 19세대, 6 · 3세대, 386세대 등이 그것이다. 물론 학문적 세대가 예외 없이 확연하게 구분되는 것은 아니다. 이 글에서는 주로 저서의 출간연도를 기준으로 삼아 보았는데, 저서출간 시기가 생물학적 나이와 비례하지 않는 경우도 많고 동일한 세대라도 개인에 따라 편차가 큰 점은 감안하여야 할 것이니, 세대 구분은 엄밀하기보다는 대략적인 경향성을 드러내기 위한 척도에 그친다.

셋째로는 연구환경의 문제이다. 한국뿐 아니라 세계의 대학은 사회 속에 차지하고 있는 위상이 변하고 구조조정의 회오리 속에 놓여 있다. 중국 근현대사를 연구하는 학자는 한국사회에서 대학이라는 제도권 밖에서는 생존이 거의 불가능하다. 대학이라는 제도와 대학을 둘러싼 각종 환경의 변화는 연구자의 연구내용에 어떠한 형태로든 영향을 미치지 않을 수 없다. 학문 후속세대는 대학교수의 자리를 차지하기 위해 치열하게 경쟁해야 하고, 교수의 자리를 차지한 학자도 이제는 보수가 차등 지급되며 정년이 반드시 보장되지 않는 시대에 돌입했다. 이러한 경쟁이 벌어지는 무대의 하나는 연구비 수주이다. 연구비의 수주는 연구에 소요되는 경비를 마련할 수 있고 연구비 획득 자체가 하나의 실적이 되기도 하며, 비정규직 학자들에게 연구비는 연구비 이상으로 생존비로서의 의미를 지닌다. 연구비의 수주는 학자 개개인이 아니라 학자 집단이 어떠한 주제가 연구할 가치가 있다고 여기는지를 잘 보여주는 바로미터의 하나이다. 한국에서 학술연구비를 지원하는 대표적인 기관은 한국연구재단이고 이 재단의 연구비는 1990년대 이후 급격히 증액되어 학자들의 연구행위에 다대한 영향을 미치고 있다.

반독재와 2세대 학자

한국의 동양사학이 제자리를 잡기 시작한 시기는 1970년대 후반 이후 80년대 초라고 할 수 있다. 중국근대사 논문은 1970~71년에 3편, 1974~75년에 22편, 1980년에 18편, 1985년에 39편이 공간되었다. 이 수치가 연도별로 정확한 것은 아니고, 여기에는 사회과학 분야의 논문이 다수 포함되었는데, 역사학 분야의 논문은 대략 각 연도의 절반가량을 차지했으므로, 1980년을 전후한 시기에 역사학계의 중국 근현대사 연구논문은 한 해

평균 10편가량으로 추산된다. 고병익, 전해종 등과 같이 식민지 시대에 학문적 훈련을 받은 세대와 해방 이후 1970년 전후까지 국내 대학에서 수학한 학자가—이 세대를 1세대 학자라 이름할 수 있다—연구결과를 활발하게 발표한 1970년대에서 80년대 초중반은 '근대주의'에 관한 연구가 큰 줄기를 이루었다. 황원구의 실학 연구, 민두기의 근대개혁운동 연구, 고병익의 전통과 근대에 관한 연구 등이 그러하다. 동시에 전해종 등에 의하여 근대 한중관계사 연구가 산출되었다.

70년대 후반에서 80년대 초중반에 걸쳐 학자로서의 길을 시작하여 80년대 중반부터 논문을 발표하기 시작한 연구자들을 2세대 학자라고 명명해 두자. 앞의 1부 1장의 글에서 '70년대 학번(40대)론'으로 명명한 세대들이다. 2세대 학자들은 90년대 중반에 학위논문을 토대로 한 연구를 묶어 단행본으로 출판했고, 다소 늦게는 2000년대 초에 나왔는데 이러한 연구서는 대략 10여 권에 이른다.[3] 이러한 연구서 출간은 80년대 후반 이후 활발하게 생산된 연구논문을 바탕으로 하고 있었다. 중국 근현대사에 관한 논문이 1991년에 41편, 1995년에는 49편, 2000년에는 63편, 2005년에는 73편이 발표되었고 1995년 이후의 논문은 대부분 역사학계의 논문으로, 90년대 후반 이후 한국의 중국 근현대사 연구는 황금기를 맞이하게 되었다.[4]

---

3 연구를 진행한 시기가 80년대 후반에서 90년대 초이고, 그것이 2000년대 초에 출간된 연구서들도 여기에 포함했다.

4 논문의 편수는 『동양사학연구』의 연도별 목록 참조

80년대 후반 90년대 초에 걸친 연구성과는 크게 세 갈래이다. 하나는 변혁세력의 연구이고 하나는 그 대척점에 위치한 정치세력의 연구 그리고 제국주의에 관한 것이다. 변혁주체에 관한 연구들은 대학생과 대학문화, 초기 공산주의 세력, 농민혁명과 지식청년 그리고 중국민중의 항일투쟁과 일제의 치안숙정공작를 다루었고, 시대를 거슬러 올라가 비밀결사와 태평천국의 종교사상에 관한 연구도 유사한 맥락에 둘 수 있다. 1854년 광둥(廣東)에서 일어난 천지회(天地會) 반란에 주목한 유장근의 저서는 천지회라는 비밀결사의 실체를 밝히고, 천지회를 통하여 19세기 전반기 광둥사회의 민중문화와 사회구조를 이해하려고 했다. 태평천국(太平天國)에 관한 최진규의 저서는 태평천국의 종교사상을 중심으로 검토했다. 1920년대 중국의 국민혁명 시기에 전개된 학생운동의 의의를 추출한 백영서의 저서는 학생들의 일상생활과 정치운동의 세계를 연결시켜 '정체성의 위기'라는 개인심리와 '국민혁명'이라는 정치운동 사이의 관련성을 검토했다. 1920년대 농민운동을 검토한 유용태의 저서는 공공재산(公産)과 공공의 장소(公堂) 등 '公'의 문제에 초점을 맞추었다. 만주(滿洲)의 항일무장투쟁을 분석한 윤휘탁의 저서는 항일무장투쟁을 '항일유격대, 농민, 일제 세력'이라는 세 가지 역학 집단들의 상호작용에 의하여 표출된 민족해방운동이라고 새롭게 정의했다. 중국공산당에 관한 임상범의 저서는 국민혁명시기 베이징(北京)에서 활동한 중국공산당에 초점을 맞추어 공산당의 조직과 활동을 분석했다.[5] 후난성의 지주-전호 관계와 후난·후베이의 농업생산력 및 상품유통을 살펴본 전형권은 아편전쟁 이후 중국 농업생산력의 정체, 농민생활의 파탄이라는 통설을 부정하고 전호와 서민지주의 성장, 경영형 부전농의 발달, 농업생산력의 발달을 실증했다. 그의 연구는 변혁주체라는 관점보다는 농업생산을 담당한 농민의 경제활동에 초점이 맞추어져 있었다.[6]

둘째로는 청말(淸末)의 신정(新政)과 베이징(北京)정부 그리고 군벌 혹은 장제스(蔣介石)에 관한 연구 등과 같이 집권세력에 관한 연구이다. 청말과 민국(民國) 시기를 연속선상에서 파악하고자 한 청말 신정에 관한 김형종의 저서는 강남(江南)의 신사층을 위주로 신정을 분석했다. 베이징 정부에 관한 윤혜영의 저서는 내정·외교·재정 면에서 베이징 정부의 실책이 반군벌 투쟁에 정당성을 부여하고 국민혁명 노선이 새로운 전망으로 자리잡는 과정을 살피면서 사회 각 계층의 대응에 유의하여 분석했다. 옌시산(閻錫山)정권과 난징(南京)국민정부의 정책을 다룬 강명희

5 유장근, 『근대중국의 비밀결사』, 고려원, 1996; 최진규, 『太平天國의 宗教思想』, 조선대학교출판부, 2002; 백영서, 『중국현대 대학문화연구-1920년대 대학성의 정체성 위기와 사회변혁』, 일조각, 1994; 임상범,『현대중국의 출발-국민혁명기(1920-27) 북경지역 중국공산당의 조직과 활동』, 일조각, 2000; 유용태, 『지식청년과 농민사회의 혁명: 1920년대 중국 중남부 3성의 비교연구』, 문학과 지성사, 2004; 윤휘탁, 『일제하 만주국연구-항일무장투쟁과 치안숙정공작』, 일조각, 1996.

6 그의 학위 논문은 당시로는 드물게 중국에서 출간되었다. 『中國近代社會經濟史硏究 : 義田地主和生産關系』, 중국사회과학출판사, 1997; 『중국근현대의 호남사회』, 혜안, 2009.

의 저서는 중국에서 근대적 국민국가 건설을 염두에 두고 그것의 비(非)자본주의적 발전의 탐색을 검토했다. 장제스의 권력 장악과 그의 정치적 대두 과정을 분석하며 권력의 정통성을 분석한 배경한의 저서는 장제스의 정치적 이념은 정치적 정통성을 확립하는 과정에서 굴절되어간 것으로 파악했다.[7]

셋째로는 제국주의와 관련된 연구이다. 의화단(義和團)운동을 다룬 차경애의 저서는 8개국 연합국이 중국에 들어오게 된 동기를 각국별로 살피고, 연합국 각국의 국내사정, 진압과정을 검토하여, 열강 내부의 각축을 검토했다. 아편을 분석한 박강의 저서는 일본이 중국을 침략하는 가운데 내몽골을 아편 재배의 기지로 삼아 재정문제를 해결하고자 한 점을 구체적으로 밝혀서, 일본의 식민지 지배의 일면을 드러내었다.[8] 타이완에서 박사학위를 취득하고 저서를 출간한 손준식의 불법무역에 관한 연구도 유사한 흐름에 서 있다. 그는 중일전쟁 전야에 화북 지방을 무대로 자행된 일본의 불법무역에 대하여 창궐의 원인, 수단과 규모, 중국에 미친 경제적 영향과 중국의 대책 등을 분석했다.[9]

7 김형종, 『청말 신정기의 연구-강소성의 신정과 신사층』, 서울대학교 출판부, 2002; 윤혜영, 『중국현대사연구-북벌전야 북경정부의 내부적 붕괴과정(1923-1925)』, 일조각, 1992; 강명희, 『近現代 中國의 국가건설과 제3의 길: 非資本主義의 이론과 실천』, 서울대학교출판부, 2003; 배경한, 『장개석연구-국민혁명시기 군사정치적 대두과정』, 일조각, 1995.

8 차경애, 『의화단운동과 제국주의 열강』, 유영사, 1997; 박강, 『중일전쟁과 아편』, 지식산업사, 1995.

9 孫準植, 『戰前日本在華北的走私活動 1933-1937』, 國史館, 1997.

이러한 연구에는 80년대 한국의 지적 분위기가 짙게 반영되었다. 대부분의 저자는 연구주제의 선택이 80년대 당시 한국사회의 정치적 상황과 무관하지 않음을 언급하고 있다. 정치적 격동기에 "혹시 용기가 없는 비겁자라도 공부를 통해 현실 사회를 타개할 수 있는 것이 있지 않을까?" 하면서, "중국 농민들이 혁명운동에 투신하게 된 내적 동인을 해명"하는 데 관심을 기울였다.(윤휘탁) 또한 "당시 '막힌 사회'에 대한 하나의 대안으로서 사회주의 중국은 적당히 과장되어 전해지고 있었고 이에 대한 학문적 관심은 유예의 한 방편으로 학문을 택한 필자 같은 사람에게는 제법 그럴듯한 구실이 되어줄 것" 같아서 중국현대사를 연구의 대상으로 삼았다.(배경한) 굳이 연구주제를 잡은 계기에 관하여 언급하지 않은 저자라도 당시 80년대 한국의 정치적 격동에 무관심한 경우는 없었다고 해도 무방하다.

한국사상계를 정리한 글에 의하면, 박정희 정부가 지배하던 1960~70년대는 자유민주주의에 충실한 지식인들의 소시민적 학문관이 주류를 이루었고, 근대화론이 위력을 떨치고 있었다. 민주화운동이 고조된 80년대에는 지식인들 사이에 진보적인 연구방법론이 확산되었고 소시민적 세계관이 민중적 세계관으로 바뀌는 질적 변화가 일어났다. 민족, 계급, 국가, 민중의 문제를 제기한 이러한 학문연구는 재야의 학술운동 형태로 전개되었고, 이는 기성 학문질서에 대한 3세대 학자군의 본격적인 도전으로 평가되기도 했다.[10] 80년대 한국사상계의 변화는 중국근대사 연구에서 태평천국이나 천지회 그리고 대학문화에 관한 연구와 같이 '민중'에의 착목으로 나타났고, 의화단 운동과 아편에 관한 연구에는 '민족'의 문제가 투영되어 있다. 또한 '국가'는 집권세력의 연구에 삼투되어 있다.

80년대 한국의 사상계가 중국근대사연구에 반영되기는 했으나, 그 반영은 다양한 스펙트럼으로 나타났다. 2세대 학자들은 '반독재 민주화'라는 정치적 이념은 예외 없이 공유했다고 보아도 좋다. "장제스라면 어딘지 모르게 박정희 전(前)대통령과 비슷한 사람이라는 선입견을 갖고 있었다. 두 사람에게 먼저 떠오르는 이미지는 독재와 비민주성, 반동과 반민중성, 폭력 등이었다." 그렇기 때문에 "가장 싫어했던 중국인 중 하나가 장제스였다"는 언급(천성림)은 80년대 당시의 중국현대사를 공부하기 시작한 이는 누구나 가지고 있던 보편적 정서이기도 했다. 당시의 2세대 학자들은 '반독재 민주화'라는 정치적 이념은 공유했으나, 어떠한 연구주제를 선택하는지는 달랐다. 저자가 의도적이었는지 아닌지는 불문하고 저서의 저변에 깔린 논리만으로 보자면, 의화단 운동에 관한 연구가 레닌의 제국주의론을 기초로 하여 당시 열강의 국내사정을 이해한 점에서 가장 급진적이었다고 할 수 있다. 1990년을 전후한 당시 '국민혁명' 연구가 주류를 이루던

---

10 윤건차, 『현대한국의 사상흐름: 지식인과 그 사상 1980~90년대』, 당대, 2000, pp.30-33.

한국의 중국 현대사학계에서 중국공산당을 정면에서 접근한 연구와 항일무장운동을 농민 간의 '내적 관계' 그리고 일제의 치안숙정공작이라는 외적 요소와 관련시킨 연구는 보다 뚜렷한 이념적 지향을 깔고 있었다. 한편 변혁주체와 관련된 연구들의 일부는 당시 사상계의 흐름을 투영하면서도, 그것은 독자적인 회로를 통과하면서 이루어졌다. 대학문화에 관한 연구는 학생층 내부의 일상적인 경험에 초점을 맞추는 사회사적 연구방법이라는 우회로를 거쳤고, 농민운동에 관한 연구는 '공'의 문제를 둘러싼 기존의 향촌권력과 근대지식청년 사이에 공정성 경쟁을 벌이는 과정과 그 지역적 차이를 추적했다.

집권세력에 관한 저서는 80년대 당시 한국의 진보적 지적조류와 거리를 두는 선을 그었다. 장제스에 관한 연구는 혁명사 위주로 서술된 출판계의 '편향적 시각'을 재검토하되, "장제스라는 인물 자체에 대한 호불호는 가능한 한 별개의 문제"로 삼고, 사회주의혁명에의 경도를 거부하면서 동시에 장제스에 대한 호의적 시각 역시 경계하였다. 혁명과 거리를 두고 또한 독재도 거부하는 세계관이 연구대상으로 삼을만한 제3의 지점이 집권세력이었다. 장제스에게 이념은 단지 하나의 수단이자 권력추구의 도구였다는 저자의 지적은 공산당의 이념에도 적용될 수 있는, 따라서 당시 한국사상계의 급진적인 사조에 대한 비판도 염두에 두었던 것이다.

급진주의 시대와 3세대 학자

1980년대 한국 지식인 사이에 진보적인 연구방법론은 결코 학계 전반에 파급된 것이 아니라 당시의 일부 젊은 연구자들에 국한된 현상이었다. 출판계에서는 중국근대사에 관하여 사회주의 혁명에 초점을 맞춘 도서가 유행이다시피 다수 출간된 것과 달리 아카데미즘의 중국근대사 서술에서는 사회주의 혁명이 누락되었다. 국내외 학계의 연구를 종합하여 1989년 서울대학교 동양사학과가 출간했던 『강좌 중국사』는 '개혁과 혁명', '신질서의 모색'이라는 타이틀로 근현대를 기술했지만, 중국공산당에 관하여 다루지 않았다. 또한 중진 교수 신승하의 저서[11]에서는 국민당에 서술의 무게가 두어져 있었다. 진보적인 연구 조류와 공명하며 1980년대 후반에 '동아시아역사연구회'가 태동하여 매년 회보를 발간하고 모임을 가졌다. 이후 거의 10년이 지나서는 진보적 색채를 탈색시키고 "일반성, 대중성이 있는 문제설정과 기술형식을 모색하면서도 전문성을 잃지 않는 역사학술지"[12]를 표방하며 잡지를 간행했지만, 그마저도 중도에 좌절하고 말았다. 이는 한국의 중국사학계에 유달리 진보적 학문과 대학 아카데미즘 사이의 장벽이 높았음을 증명하는 실례였다. 당시 한국사상계에서 대중적인 영향력은 사회주의 혁명을 위주로 한 중국 근

---

11 신승하, 『중국당대 40년사』, 고려원, 1993.

12 조병한, 「발간사」, 『동아시아역사연구』 1집, 1996.

현대사가 훨씬 강했으나, 학계 내부에서는 사정이 달랐던 것이다. 유사한 시기에 진보적 한국사를 표방하고 출범한 한국역사연구회는 현재까지도 『역사와 현실』을 발간하면서 한국사 학계에서 주축의 하나로 정립하고 있는 것과 '동아시아역사연구회'의 좌초는 대비된다.

80년대 후반부터 90년대에 걸쳐 1세대나 일부 2세대의 지도하에 학문적 수련을 받고 그 연구성과가 단행본으로 산출된 시기는 21세기에 들어와서의 일이다. 이들은 3세대 학자라 이름할 수 있다. 여기서 3세대란 2세대와 연령적 차이가 많다거나 지적 배경의 차이 때문이 아니라, 이른바 한국사회에서 지칭하는 386세대이기 때문에 붙인 지칭이다. 백과사전에서는 386세대를 다음과 같이 규정했다. 1960년대에 태어나 1980년대에 대학생활을 하고 1990년대에 30대였던 세대이다. 좁게는 1980년대에 대학에 다니면서 학생운동과 민주화 투쟁을 이끈 학생운동 세대로 한정하기도 한다. 2세대 학자들이 대학원에서 학문적으로 수련하고 있을 기간인 80년대에 3세대들은 학생운동과 민주화 투쟁의 당사자들이었고, 역사, 특히 중국근현대사에 뜻을 둔 연구자들은 학생운동과 민주화 투쟁에 직접 관여하지 않아도 학술운동의 일환으로서 자신의 연구를 위치시키는 경우가 적지 않았다. 그런 점에서 80년대라는 한국의 시대적 조건은 2세대 학자 이상으로 3세대 학자들에게 더욱 뚜렷하게 각인될 가능성이 높았다. 3세대 연구자들의 저서는 2000년대에 들어서서 다수 출간되었고, 이 무렵에 2세대 학자들이 출간한 단행본도 다수 있어서 21세기

초 한국의 중국근현대사연구는 괄목할 질적 수준의 제고와 양적 성장을 이루었다. 각 책의 서문에 저자들은 대부분 왜 이런 주제에 매달려 씨름하게 되었는지를 적고 있는데, 이를 참고로 하여 몇 가지 범주로 구분해볼 수 있다. 첫째로는 사상에 관한 연구이다. 청말 지식인들의 근대상에 중국의 전통과 서구가 어떻게 반영이 되었는가 하는 관심에서 출발한 이원석의 『근대중국의 국학과 혁명사상』, 중국혁명에서 이데올로기가 갖는 의미를 천착한 전동현의 『두 중국의 기원』, 그리고 정치사상을 다룬 김창규의 『20세기 초 중국의 민주정치론 연구』 등은 혁명사상에 관한 연구이다. 혁명사상에 관한 연구에서 출발한 뒤, 중국의 국수주의로 관심을 전환하여 문화적 보수주의의 흐름을 짚은 천성림의 『근대중국 사상세계의 한 흐름』은 마르크스주의를 비롯한 진보적 사상에 편향된 기존연구에 균형을 잡고자 했다.[13]

둘째로는 민중 내지는 인민에 관한 연구이다. 전통과 근대라는 대립항을 통하여 욕망과 억압의 굴레에서 다각적으로 생존방식을 모색한 상해 노동자들의 몸부림에 접근한 전인갑의 『20세기 전반기 상하이(上海)사회의 지역주의와 노동자』, 특정지역(山東)이 반란과 반(反)기독교운동의 온상이 된 이유와 비밀결사가

13 이원석, 『근대중국의 국학과 혁명사상』, 국학자료원, 2002; 전동현, 『두 중국의 기원: 현대중국의 토대가 된 삼민주의와 국민혁명』, 서해문집, 2005; 김창규, 『20세기 초 중국의 민주정치론 연구』, 경인문화사, 2004; 천성림,『근대중국 사상세계의 한 흐름』, 신서원, 2002. 여기서 '기존연구'란 국내연구보다는 번역 소개된 해외연구를 의미하는 것이라고 할 수 있다.

지닌 생명력의 비밀을 풀고자 한 이은자의 『의화단(義和團)운동 전후의 산동(山東)』, 비주류인간들을 혁명에 동원하려는 중앙엘리트의 노력과 그에 대한 지역의 반응에 주목한 손승회의 『근대중국의 토비(土匪)세계』 등이 있다. 여기서의 민중연구는 변혁의 주체를 찾아내려는 문제의식에 서면서도 다소 달라져 있다. 지역인민의 자율적 지향이나 비밀결사의 생명력에 주목한 연구가 변혁주체라는 문제의식에 근접한다면 상하이 노동자를 생존의 문제와 전통적 요소에 비중을 둔 연구는 변혁주체의 문제에서는 다소 멀어져 있다.[14]

셋째로는 정치조직에 관한 연구로 여기에는 국가, 사회, 지식인을 매개항목으로 접근했다. 중국 민간사회의 정치동원에 작동했던 힘과 국가와 사회 관계의 중국적 특징을 분석한 이병인의 『근대 상하이(上海)의 민간단체와 국가』, 중국공산당과 중국혁명과정을 이해하고자 한 박상수의 『중국혁명과 비밀결사』, 중국현대사를 분석하기 위하여 경제정책에 초점을 맞춘 김지환의 『중국국민정부의 공업정책』, 상하이라는 지역사의 관점에서 사회변혁과 청년학생의 문제를 다룬 정문상의 『중국의 국민혁명과 상하이(上海)학생운동』, 국가권력과 국민 사이의 매개자로서 지식인의 동태를 살핀 이재령의 『현대중국과 지식인』 등이 있다. 강진아의 『1930년대 중국의 중앙 · 지방 · 상인』은 지방정부의 주도

14 전인갑, 『20세기 전반기 상해사회의 지역주의와 노동자』, 서울대학교출판부, 2002; 이은자, 『의화단운동 전후의 산동』, 고려대학교출판부, 2002; 손승회, 『근대중국의 토비세계』, 창비, 2008.

에 의한 근대적 경제건설을 탐구한 것이다.[15]

주제로만 일별하면 국민혁명의 자장에 들어 있는 연구가 절반가량을 차지하고 있다. 그리고 지역사연구와 민간결사 혹은 사상사연구 등이 나머지 절반을 차지하고 있다. 이 점에서 2세대 학자와 문제의식을 공유하고 있다. 이러한 연구서에 깔려 있는 기본적 개념은 민중, 혁명, 지방, 이데올로기, 근대화 등이다. 2세대 학자의 연구대상에 변혁세력뿐 아니라 그 대척점에 위치한 정치세력의 연구가 상당수 포함되어 있으나, 3세대 학자의 연구에서는 줄어든 차이를 발견할 수 있다. 공업정책을 다룬 연구서는 한국의 경제성장이 갖는 가치를 확인하면서 그것을 국민정부의 공업정책에 투사하여, 국민정부의 공업정책이 면업의 발전에 이바지했고, 자본의 국적에 상관없이 근대적 방적업의 발전은 중국경제를 지탱하는 중추였다고 보았다. 이는 3세대 학자들의 일반적인 시각과는 결이 다르다. 2세대 학자들의 인물 사상 혹은 변혁운동의 연구에서는 사상이나 인물 자체 혹은 그것의 근대적 측면에 치우친 경향이 있었다. 3세대 학자들의 연구에서는 사상이나 인물이 살아 움직인 도시공간이나 하루아침에 사라질 리 없는 전통적 인간관계와 관습에 눈을 돌려 2세대 학자들보다

15 이병인, 『근대상해의 민간단체와 국가』, 창비, 2006; 박상수, 『중국혁명과 비밀결사』, 심산, 2006; 김지환, 『중국국민정부의 공업정책』, 신서원, 2005; 정문상, 『중국의 국민혁명과 상해학생운동』, 혜안, 2004; 이재령, 『현대중국과 지식인』, 신서원, 2003; 강진아, 『1930년대 중국의 중앙 지방 상인』, 서울대학교 출판부, 2005.

도 한층 시야를 확장했다. 또한 지방의 관점이 두드러진 것도 하나의 특징이다. 구체적인 연구대상에 접근할 때 불가피하게 하나의 특정한 지역에 국한할 수밖에 없지만, 특정한 지방이 갖는 의미와 가치를 의식적으로 부여했다.

3세대 학자들과 무관하지 않았던 이론은 진보적인 연구방법론이었다. 그것은 당시 소위 '사회과학' 혹은 '운동권 이론'이라 불렀던 마르크스주의였다. 당시 한국사회의 변혁운동의 고조와 상응하여 한국사학계에서는 민중사관과 유물론적 역사 이해의 필요성이 제기되었다. 1980년대 민주화 운동의 진영에서는 민족해방(NL, National Liberation)과 민중민주(PD, People's Democracy)의 양대 이론이 각축하며 이론투쟁이 전개되고 있었다. 80년대에 중국혁명사를 위주로 한 중국근대사 연구서가 대량으로 번역 출판된 것은 마르크스주의가 중국에서 어떻게 구체적으로 실천되었는지를 소개하는 '사회과학' 이론의 일환이었다. 이러한 진보적 이론은 한국사회와 역사가 안고 있던 구조적 문제를 제시했다는 점에서 의미가 있었다. 동시에 정치체제뿐 아니라 기존질서 자체를 전복시키고자 한 과격한 슬로건 내지 레토릭으로 후일 평가되었다. 혁명적 슬로건이 아니고서는 강성 권위주의 체제의 기성질서를 변화시킬 수 없었기 때문에 급진성을 갖게 되었다는 것이다.[16] '과격한 레토릭'이라는 평가는 당대 한국사회의 현실을 제대로 이해하기 보다는 이념에 매몰되었다

16 최장집, 『민주주의의 민주화』, 휴마니타스, 2006, p.51.

는 지적이다. 제3세대 학자들의 중국근현대사 연구가 유물사관의 논리틀을 그대로 대입하여 접근한 것은 물론 아니었다. 그러나 진보적 이론은 주제의 선택이나 시각의 설정에 적지 않은 영향을 미쳤다.

그런데 진보적 연구방법론에 충격을 가한 사태는 동유럽 사회주의의 붕괴였다. 한국의 연구자들이 중국근대사에서 민중을 찾고 사회주의혁명에 관심을 갖자마자 곧 중화인민공화국에서는 민주화의 요구를 무력으로 진압하는 톈안먼(天安門) 사태가 일어났고, 동유럽 사회주의국가가 붕괴했다. 이러한 세계사적 정치국면의 변화는 음으로 양으로 연구주제에 영향을 미치게 되었다. 1995년에 공산당의 조직에 관한 박사학위 논문을 제출했을 때, "당시 세상은 너무나도 멀리 가버렸지만, 필자는 아직도 완전히 80년대를 벗어날 수 없었다"는 솔직한 토로는 저간의 세계사적 그리고 한중의 변화가 얼마나 극심했는지를 보여준다. 따라서 동일한 연구대상이라고 해도, 그 연구의 목적은 "(공산당이-인용자)이 권력을 갖게 되는 기원을 적나라하게 드러내어", "권력의 신화화를 방지"하고자 하는 것으로 궤도 수정이 되지 않을 수 없었다.[17]

17 임상범, 앞의 책, p.276.

'진보'의 위상

일반적으로 대학이 기존 질서와 밀착해 있고 체제를 유지시키는 기능을 한다면, 한국의 대학도 예외일 리가 없다. 이상에서 언급한 저서들이 대부분 박사학위 논문을 수정 보완하여 출간한 것이고, 박사학위란 기성학자들의 심사를 통과해야만 주어지는 자격증이다. 재야 학술 운동과 대학의 아카데미즘 사이에는 메우기 쉽지 않은 장벽이 있었고, 학위논문은 대학의 아카데미즘 속에서 산출되는 것이다. 2, 3 세대들의 학위논문을 지도하고 심사했던 기성학자란 앞서 한국사상계의 동향을 소개한 글의 용어를 빌려 "자유민주주의에 충실한 소시민적 학문관을 가진 지식인들"이라고 해도 무방하다면, 2, 3 세대 연구자들이 민중, 혁명, 지방, 이데올로기 등을 연구의 주제로 삼아서 박사학위를 받았다는 사실은 대학이라는 제도의 보수성과 타협하지 않았던 이념적 가치의 실천이라고 할 수 있다. '자유민주주의'적 학자의 지도와 심사를 거치면서도 당초의 주제를 버리지 않고 고수했다는 점에서 그러하다. 또 달리 보자면 3세대 학자들의 그러한 주제의 선택은 이미 거스를 수 없는 흐름이어서 '자유민주주의'적 가치관을 지닌 학자들도 이를 수용하지 않을 수 없었다는 측면도 동시에 존재했다.

중국에 관한 21세기 한국사회의 주류담론을 '사회주의 중국 부정론'과 '시장으로서의 중국론' 그리고 '중국패권(위협)론'으로 보고, 70년대부터 리영희 선생에 의하여 시작된 비판적 중국

담론은 오늘날 실종되고 말았다는 진단이 있었다.[18] 비판적 중국담론 혹은 변혁적 시각으로 대표되는 '진보'란 무엇을 지칭할까. 80~90년대의 정의에 따른다면, 자본주의를 비판하고 그것을 넘어서고자 하는 것 혹은 자본주의사회에서 계급적으로 노동자와 민중의 입장에 서서 사회의 기본모순 내지 주요모순을 해결하고자 하는 입장이 '진보'이다.[19] 그동안의 연구서가 변혁사상이나 민중과 민중운동과 관련된 지식인의 문제를 다룬 저서가 많았다는 점에서 근래 20년 동안 한국의 중국근현대사연구는 진보적인 연구가 주류를 이룬다고 할 수 있다. 그렇다면 비판적 중국담론이 실종되었다는 진단은 사회과학 분야에 해당될지언정 중국근현대사 연구에는 해당되지 않았다. 출간된 저서의 주제만을 본다면 오히려 중국근현대사 연구에서는 진보적 담론에 근접한 연구에 지나치게 기울어져 다양성이 결핍되었다.

내가 볼 때 문제는 진보적인 입장의 연구가 연구대상의 '진보'에 그치고 그 '진보'가 연구가 딛고 선 한국 학계나 사상계의 현실과는 거리가 있다는 점이다. 진보란 자본주의체제를 문제 삼는 동시에 변화하는 현실의 문제에 지적 촉각을 세우고 거기에 개입하고 발언할 때 의미를 지닐 수 있다. 이런 점에서 보자면 근래의 중국근현대사 연구는 박제된 '진보'라고 할 수 있다. 2006년 리영희 논쟁에서 중국근현대사 연구자들의 침묵은

---

18 김희교, 「한국의 비판적 중국담론, 그 실종의 역사」, 『역사비평』 57, 2001

19 윤건차, 앞의 책, p.122.

이 점을 단적으로 보여준다. 2, 3세대 학자들에게 지울 수 없는 지적 영향을 끼쳤던 리영희의 논의에 대하여, 이른바 '뉴라이트'는 1970년대 리영희 선생의 글이 '좌편향적'이며 중국사회주의를 '우상'화했다고 따졌다. 리영희 논쟁에 관한 담론적 분석은 역사 쪽이 아니라 중국문학의 연구자에 의해 정면으로 다루어졌다. 사회주의 중국을 중심으로 서술된 리영희의 언어와 실천이 한국 내에서 유포되던 냉전체제의 언어 및 문화, 사고방식과 정확하게 '대치'하고 있었으며, 언어와 번역이 실천을 통하여 냉전체제의 언어와 문화가 설정한 한계를 넘나들었다고 분석한 글이 그것이다. 이 분석은 리영희의 담론을 현실적인 맥락과 관련시켜 역사화해내는 작업이었다.[20]

3세대 학자들이 출간한 저서의 연구가 진행되고 있던 시점은 1990년대였다. 이들 저자들은 80년대 중후반의 문제의식이 학자로서의 수련시절에서 연장되었고 그 연구의 결과가 2000년대 초에 연구서로 출간된 것이다. 여기서 눈여겨볼 점은 이러한 연구서의 키워드와 90년대 이후 한국 지식인 사회의 담론과의 거리이다. 80년대 말부터 90년대 초에는 동유럽 사회주의의 붕괴라는 세계사적으로 거대한 파도가 스쳐 지나갔다. 1987년 6월

20 박자영, 「동아시아에서 사회주의 인민의 표상정치-1970년대 한국에서의 중국 인민 논의, 리영희의 경우」, 『중국어문학논집』 47, 2007. 최근 '이영희를 프리즘으로 삼아 우리 시대를 이해하고 다른 세상을 위한 새로운 고민을 시작한다'는 취지로 다양한 필자가 엮어낸 『리영희 프리즘』, 사계절, 2010.에도 중국근현대사연구자는 필자로 참가하지 않았다/못했다.

항쟁 이후 한국에서는 진보이론이 변혁운동의 진영뿐 아니라 민중 속에도 급속하게 확산되었다. 그러나 사회주의권의 붕괴로 진보진영은 크게 동요되었다. 외부적 요인과 함께 90년대 한국사회는 80년대 '이념의 시대'를 지나 '소비의 시대'로 진입했다. 80년대부터 징후를 보이던 새로운 소비문화는 90년대에 들어서서 대중문화와 만나며 만개했다. 1996년에는 국민총생산이 1만 불을 넘어섰고, 1997년 IMF관리체제의 충격 이후 그 충격이 가라앉자 대중소비문화는 다시 부활했다. 이후 이동전화의 보급, 초고속인터넷망의 시대가 열리면서 90년대 말 이후 한국사회는 세계에서 정보화가 가장 빠르게 진전되었다.

이러한 내외의 요인으로 말미암아 한국사상계에서는 서구의 각종 포스트주의가 주목을 받기 시작했다. 일부는 한국 자본주의를 긍정적으로 보는 근대화론으로 회귀하거나 시민사회론에 주목하며 환경운동, 여성운동, 문화운동 등 새로운 사회운동 영역을 찾았다. 탈민족주의가 제기되어 민족주의와 정면으로 충돌하게 되었고, 또 달리는 프랑스학계의 이론을 수용하여 포스트모더니즘으로 흘러갔다. 프랑스학계의 이론은 자본주의, 계급, 노동, 국가 같은 추상적인 개념에서 육체, 욕망, 문화, 지식, 권력으로 대표되는 '근대성'을 논의의 표적으로 삼았다. 탈근대의 담론에서는 근대성이 지향하는 주체성, 중심성, 동일성의 가치를 부정하고 진실, 이성, 정체성, 객관, 진보, 해방, 역사의 법칙과 같은 고전적 개념에 의문을 표했다. 대신 결혼, 범죄, 일탈, 축제, 죽음 등 미시적인 일상성에 주목하고 대중문화의 생산과 소비가 지닌 의미 혹은 지식체계나 지식생산에 내재된 권력의 문제를 따지게 되었다. 뿐만 아니라 진보라는 개념에 대한 재정의도 시도되었다. 진보든 보수든 직선적 시간개념, 목적론적 발전개념 등을 공유하고 있다고 반성하며 근대적 진보의 개념을 넘어설 지점을 모색하기도 했다.[21] 또한 시민 없는 시민운동이나, 진영 내부의 파벌적 경향이나 폭력성이 지적되었고, 머리는 진보적이나 행동은 가족주의와 권위주의를 벗어나지 못하고 보수적이라는 자기성찰도 제기되었다. 진보와 변혁을 내세운 대학사회가 실은 위계질서와 개인적인 예속관계의 온상이라는 비판도 있었다.

90년대 이후 한국사상계의 이러한 소용돌이가 위 저서들에 얼마나 투영되어 있을까. 세심하게 읽어보지 않아서 단언하기 어려우나, 영향을 받은 바가 크지 않은 것으로 보인다. 그 이유로 이들 저서가 장기간에 걸친 연구와 연찬을 필요로 하는 학위논문이라는 점을 첫째로 꼽을 수 있을 것이다. 2, 3세대 학자들이 90년대 이후 풍미한 문화연구나 포스트모더니즘 혹은 '근대성'에 반응한 흔적이 적다는 점은 하나의 반증이다. 이러한 한국사상계의 담론이 '일시적인 한낱 지적 유행'이라고 폄하할 수도 있으나, 지적 유행은 또 달리 그 시대가 당면한 과제와 화두를 의미하기도 한다.

『20세기 초 상해인의 생활과 근대성』(배경한 편, 지식산업사, 2006)는 '근대성'과 본격적으로 대면한 연구성과로 꼽을 수 있다.

21 이진경, 「진보개념의 경계: 근대적 진보개념을 넘어서」, 『문화과학』 16, 1998.

생활사 연구, 사회사 연구 등은 '근대성'의 문제와 분리될 수 없는데 이러한 연구는 일종의 문화연구이기도 하다. 21세기에 들어서서도 여전히 정치사가 한국의 중국 근현대사 연구의 주된 흐름을 차지하고 있는 속에 단편적으로 문화연구로의 전환도 나타난다. 박람회, 도시사, 위생, 치안, 여성, 풍속 등을 연구의 소재로 삼은 연구가 그러한 예이다. 이러한 연구는 구미학계는 물론 중국학계에서도 활성화되고 있는 연구의 흐름이고, 한국사 연구에서도 두드러지게 많은 성과를 낳고 있다. 『20세기 초 상해인의 생활과 근대성』에 수록된 한국학자들의 논문은 근대성이 갖는 인민의 기율화, 기형적 근대화, 성찰 없는 근대 편향 등의 현상을 분석하고 있다. 이러한 문화연구는 중국 등 외국학계의 흐름과 무관하지 않다. 그런데 중문학자 박자영이 중국학계의 이른바 올드 상하이(老上海)를 검토하여, '해방' 이후 사회주의 상하이의 맥락도 탈락되고 1920~30년대의 식민주의와 사회주의 운동의 상하이도 누락된 '상상의 노스텔지어'의 유포라는 비판을 제기한 바가 있다.[22] 『20세기 초 상해인의 생활과 근대성』은 이러한 비판의 사정거리에서 벗어나 있는 것으로 보이나, 문제는 한국학계에서 이와 같이 근본적인 성찰이 중문학에서 제기되고 왜 역사학은 침묵하고 있는가 하는 점이다. 뿐만 아니라 박람회 등을 소재로 한 일부의 문화사적 연구도, 풍속문화연구에는 반성적 물

22 박자영, 「상하이 노스텔지어: 중국 대도시문화현상 사례와 관련 담론 분석」, 『중국현대문학』 30, 2003.

음이나 성찰성이 결여되어 있다는 한국문학 연구자의 본질적인 비판[23]에서 벗어나지 못한다.

연구의 표준모델과 한국연구재단

90년대 이후에 왜 한국의 중국근현대사 연구자는 한국사상계의 소용돌이에서 벗어나 있고, 변화하는 현실의 문제에 지적 촉각을 세우며 거기에 개입하기를 기피하거나, 본질적인 문제의 성찰에 게으른가? 그 이유의 하나를 나는 2, 3세대 학자들의 '연구의 표준모델'에서 찾고, '연구의 표준모델'이 이들에게 연구주체의 문제에 관심을 돌릴 여유를 주지 못했다고 본다. 1세대 학자의 학풍을 이어받은 2세대 학자는 고증과 사실을 등한시하지 않으면서도 해외학계의 연구성과를 충분히 흡수하며 이론의 도입에도 개방적이다. 2세대 학자의 연구방식은 현재 한국 중국근대사학계의 표준이 되어서 2세대의 '연구 표준 모델'에 도달하는지의 여부가 연구수준을 결정한다. 『역사학보』의 〈회고와 전망〉에서는 80년대 이후 논문의 생산이 크게 증가함에 뒤따르는 문제를 자주 지적하였다. "논문의 체제나 질적 수준에 있어서 심각한 문제를 드러내고 있고 특히 사회경제사 분야의 경우, 자

23 차혜영, 「지식의 최전선: '풍속-문화론 연구'에 대한 비판적 검토」, 『민족문학사연구』 33, 2007.

료의 구사나 논증 등 기본적인 작업에서부터 부실함을 보여주는 연구들이 적지 않다"고 하거나, "간혹 충분한 사료 인용을 하지 못하거나 철저한 고증을 거치지 않은 논문들이 있기도 하다", "기존의 연구성과를 철저하게 숙지한 위에서 새로운 연구가 진행되어야 하겠다", "사료가치의 독자적인 발굴이 선행되어 있지 않았다. 그러나 문서연구란 사료의 새로운 발굴이나 적어도 새로운 해석을 전제로 한 연구방법이라고 할 수 있다"[24]는 이러한 지적들은 1세대 학자들이 논문쓰기의 기본을 어떻게 인식하고 있는지를 보여주는데, 그것은 연구주제와 관련된 기존 연구성과의 섭렵, 새로운 사료의 발굴과 재해석, 합리적인 논증으로 이루어지는 논문 체계 즉 '연구의 표준모델'이다. 2, 3세대 학자들은 학문의 수련과정에서 '연구의 표준모델'을 체득하고 이를 내재화했다.

고(故) 민두기 선생이 한국의 동양사학계에 끼친 영향은 그의 연구내용보다는 그의 연구방법—"엄격한 고증과 객관의 강조"—에 있다고 할 수 있다. 민두기 선생에게 고증과 객관은 연구방법이었을 뿐이고 그것을 통하여 시대상이나 시대적 구조 혹은 시대적 성격의 구명에 연구의 목적이 있었다는 이해[25]는 타당

24 신채식, 「총설」, 『역사학보』 144, 1994, p. 237; 황원구, 「총설」, 『역사학보』 120, 1988, p.60; 오금성, 「총설」, 『역사학보』 156, 1997, p.126; 박원호, 「총설」, 『역사학보』 159 , 1998, p.157.

25 배경한, 「민두기선생의 중국근현대사 연구와 그 계승 방향」, 『중국현대사연구』 9, 2000, p.98.

하다. 다만 "'무거운 물음'을 직접적으로 설명"하는 것을 피하는 그는 "입장을 표명하는 데 금욕적"이기까지 했다.[26] 민두기 사학의 이러한 특징은 2, 3세대 학자들의 논문에도 반영되어 대부분의 논문은 서론에서 연구의 의미나 가치 혹은 연구자의 세계관이나 이론적 입장을 먼저 제시하기보다는 연구 소재에 관한 학설사 정리로 일관하는 형태로 나타난다. 오늘날 학회지 논문의 심사에서 유일한 잣대는 얼마나 많은 사료를 수집하고 분석했는가가 관건이 되고, 논리적 구성도나 사회의 지적 요구는 부차적인 요소가 되어 있다. 1세대 학자 이성규의 다음과 같은 발언은 '연구의 표준모델'을 벗어날 때 어떤 비판을 감수하지 않으면 안 되는지를 잘 보여준다. "실제 탄탄한 연구의 기초가 없는 '논객'들이 무슨 이론, 무슨 방법론, 무슨 '담론' 따위를 들먹이며 마치 세계의 고뇌를 혼자 짊어진 듯한 '기개'로써 실증주의의 한계, 무슨 주의의 한계, 무슨 의식의 한계 등의 단어를 동원하여 깊이 있는 실증적 연구를 쉽게 비판하는 내용도 적지 않다"고 하고, "근래 '실천성'과 '대중성'을 강조하는 일부 후학들이 학술지마저 '신문, 잡지화'하려고 한다"고 하며, "이것은 개인의 양식에 앞서 학문과 연구의 본질에 관한 문제"로 보았다.[27] 여기서 말하는 "학문과 연구의 본질"이란 연구주제와 관련된 기존 연구성과의 섭렵, 새로운 사료의 발굴과 재해석, 합리적인 논증으로 이루어지

---

26 백영서, 「서평: 민두기 저, "중국에서의 자유주의의 실험"」, 『중국현대사연구』 2, 1996, p.107, 112.

27 이성규, 「총설」, 『역사학보』 175, 2002, pp.281-283.

는 '연구의 표준모델'로 보아도 무방하다. 한국의 중국근현대 사학계에서 '연구의 표준모델'의 성립은 한국학계의 연구가 해외학계의 연구와 어깨를 나란히 할 정도로 연구수준의 제고에 이바지하여 해외학계에서도 유통될 수 있게 만든 중요한 요인임은 부인할 수 없다. 따라서 '연구의 표준모델'이 폐기되어야 할 것도 당연히 아니다. 여기서 지적하고 싶은 것은 그것이 제도화의 수준에 버금가는 틀이 되어가고 논문 혹은 연구비 수주라는 형식으로 연구성과를 전문가 내부의 자가소비에 매몰시키고 있는 사실이다. 이러한 '연구의 표준모델'은 이후 중국근현대사 연구자들이 논문의 심사에서 혹은 연구비를 획득하기 위한 심사와 선정에서 심사를 하는 측과 심사를 받는 측 서로가 공유하며 내면화한 기준이 되었다고 나는 판단한다.

한국에서 인문학 연구를 위한 재정지원이 시작된 것은 그리 오래된 일이 아니다. 1981년 한국학술진흥재단이 탄생한 이후 1987년부터 인문학도 연구비 지원을 받기 시작했는데, 자유공모과제의 경우, 1987~1990년 사이에 인문학은 연평균 약 98건, 매건당 평균연구비는 324만 원가량이었다. 이 가운데 동양사 분야에서는 매년 3~4건의 연구비를 획득했고 중국근대사는 1건 전후에 그쳤다. 2000년부터는 위기에 처한 인문학의 활성화를 위한 목적으로 인문학육성지원 프로그램이 마련되어 인문학자료의 수집 · 조사 · 번역과 학제 간 연구를 장려했는데, 이 프로그램의 2000년도 지원액은 약 30억 원에 가까웠다. 이후 인문사회분야의 연구지원비 총액이 2005년에는 487억 원, 2006년에는 216

억 원에 이르렀다. 2008년도에는 인문학의 육성을 위하여 300억 원/년에 달하는 인문한국(Human Korea)사업이 마련되었다.[28]

1990년대 후반 한국의 인문학계는 심각한 위기를 겪기 시작했다. 1995년 당시 정부는 대학교육을 종래의 공급자 중심에서 소비자 중심으로 개편하기 위한 목적으로 대학에 학부제를 도입했다. 학생이 단일학과에 소속되는 제약을 풀어서 학생들이 전공을 자율적으로 선택할 수 있도록 만든 것이다. 이 때문에 인기 없는 학문분야 특히 인문학 관련 학과는 학생들로부터 외면받기 시작하여, 인문학 강좌의 폐강이 속출하고, 인문학 관련 학과에 입학생이 정원에 미달하거나 학과가 폐과되는 등 인문학이 심각한 타격을 받게 되었고, 사회적 문제가 되었다. 인문학에 대한 연구비 지원사업은 인문학 위기에 대한 국가의 대책이었다.

국가의 연구지원은 정보통신환경의 변화와 더불어 학문의 생산양식에 큰 변화를 몰아오고 있다. 한국연구재단의 연구비 지원은 비정규직 학자들에게는 연구생활을 이어가는 데 매우 중요한 생활비 획득의 원천이 되고 있다. 한국연구재단의 전신 한국학술진흥재단은 1997년까지는 신청자격을 대학의 전임교원으로 제한했으나, 1998년부터는 비정규직 학자들에게도 개방했고, 정규직 여부에 상관없이 심사를 하고 심사를 받도록 하여, 제도권과 비제도권의 장벽을 낮추었다. 또한 국가의 인문학지원으

28 한국학술진흥재단, 『한국학술진흥재단 10년사(1981~1990)』, 1991, p.99, pp.237-317, 한국학술진흥재단, 『한국학술진흥재단 20년사』, 2001, pp.244-248.

로 인하여 그동안 대부분 유명무실했던 대학 내 인문학 관련 연구소가 점차 자리를 잡아가고 있다. 한편 한국연구재단의 지원은 동시에 통제의 수단이란 측면도 지닌다. 한국의 대학사회에서 90년대 중반 이후 시작된 연봉제, 계약제, 연구평가제 등의 구조조정으로 인하여 양적 연구성과에 기초한 승진, 재임용 정책이 진행되면서 대학교수의 신분적 불안정성이 증대하고 있다. 따라서 학자가 한국연구재단의 연구비를 획득하느냐의 여부는 연구비용뿐 아니라 연구평가에서 우위를 갖기 위한 하나의 지표가 되고 있다. 한국연구재단은 심사의 공정성이나 투명성 확보 등 제도적 합리성을 학문세계에 정착시키고 있지만, 연구비 지원은 학자들을 한국연구재단의 시스템에 배치시키는 위세를 발휘하고 있다. 학자들은 대학과 한국연구재단이라는 시스템의 요구를 이미 내면화하고 있는데, 학회의 운영이든 학술지의 편집이든 혹은 논문발표이든 학자가 한국연구재단의 기준을 먼저 염두에 두게 되는 현상이 이를 증명한다. 이러한 현상을 초래한 일차적 요인은 한국 대학사회의 '후진성'이라는 진단은 적실한 것으로 보인다. 한국대학에서 학문체계는 위계적이고, 권위적이고, 순혈주의적이었다. 외부 환경의 변화에 둔감하면, 스스로 변화하려는 데도 소극적일 수밖에 없다. 그런 의미에서 대학의 학문 연구 풍토가 대학 자체 내의 반성을 통해 개혁으로 나아가지 못하고, 학술지원조직인 한국연구재단의 자극에 의해 촉발되었다는 것은

한국 학문사회의 불행이라는 것이다.[29]

한국연구재단 체제 속에서 중국 근현대사학계도 한국사상계의 지적 변화에 반응하지만 상대적으로 둔감하다는 인상을 지우기 어렵다. 사회과학에서 다루는 중국이 현실의 중국을 얼마나 정확하게 조각해내는가가 관건이라면, 인문학의 중국은 '방법 혹은 사유로서의 중국'도 염두에 두어야 한다. 역사적 사실의 발굴에 치중해서는 방법이나 사유로서의 중국을 사유하기는 어렵고, 이전 한국학술진흥재단의 연구지원 과제에서도 그러한 점은 부분적으로 드러나고 있다. 한국연구재단이 한국의 지식생산구조를 어떻게 변화시키고 있는지는 깊이 검토되어야 할 문제이나, 여기서는 중국 근현대사연구와 관련하여 일단을 살펴본다.

2003~2008년도에 중국근현대사와 관련하여 선정된 주제 약 50개를 분류해보면 최근의 변화를 엿볼 수 있다. 첫째는 3세대들의 전통적 연구주제이다. 앞에서 본 3세대들의 저서들의 연장선상에 있는 주제들로, 비밀결사, 의화단, 상하이의 사회사, 사상사, 국민혁명과 국민당, 공업경제, 중국공산당, 지역 향촌사회, 민족주의 등이다. 이러한 연구주제에는 변혁주체를 탐색하는 주제도 있으나 소수이고 중국자본주의의 발전을 긍정적으로 파악하려는 경향도 보인다. 또한 저서의 주제에서 출발하여 외연을 한국을 비롯한 외국으로 확장하고 이 때 범죄, 해양경계, 주한 중

29 오창은, 「'제도적 합리성'에 감춰진 '학문의 수렁'」, http://www.kyosu.net/news/articleView.html?idxno=10356

국외교사절, 교황청, 친일문제 등에 착목한 점에서 전통적인 외교사와 다르다. 둘째로는 중국의 변방, 예를 들면 타이완, 소수민족, 도시 등에 관한 연구를 들 수 있다. 이러한 변방에 대하여, 조선과 타이완 혹은 티베트 등과의 관계 내지는 비교사, 시선과 인식 혹은 전시, 도시사 등의 방법으로 접근하고 있다는 점에서, 그동안 다루지 않았던 지역의 연구라는 점 이상으로 새로운 시각에서 접근하려는 시도를 보이고 있다. 화교 네트워크, 소수자(minority) 간의 갈등에 관한 연구같이 중국을 동아시아로 확장하는 연구도 이러한 흐름의 일환으로 볼 수 있다. 셋째로는 중국의 문화보수주의, 문화대혁명 등과 같이 중화인민공화국 성립 이후도 연구의 대상으로 올리고 있다. 넷째로는 연애, 국가의 상징성, 위생, 복지 등은 새롭게 조명받는 문화사 혹은 사회사 연구이다.

한국연구재단의 연구지원이 가져오는 폐단으로 자주 꼽는 것은 전통적인 주제는 선정되기 어렵고, 새롭고 참신하다는 인상을 주는, 달리 표현하자면 최신 수입이론으로 무장하여 유행을 타는 연구가 선정되는 경우가 많다는 점이다. 중요하면서도 제대로 연구되지도 못한 주제가 진부한 주제로 치부되어버리고 제대로 소화하지도 못한 용어를 남발하며 오로지 심사자의 이목을 끄는 주제가 선정되기 십상이라는 것이다. 중국근현대사의 경우 이러한 지적에 전적으로 해당되지는 않는 것으로 보인다. 위의 주제들은 대부분 학위 논문 혹은 출간된 도서의 주제와 겹치고 있다. 중국근현대사 전공자는 심사 전공분야를 중국근현대사로 신청하게 되므로, 이 분야 전공자들의 연구경향에 의하여 선정이 좌우되는 것은 당연하다. 21세기에 들어서서 중국근현대사 연구에서 연구대상의 외연이 넓어지고 연구시각에 상당한 질적 변화가 있음은 분명하나 상대적으로 그 폭과 질의 변화는 적은 것으로 보인다. 중국근현대사 분야의 주제가 얼마나 정통적인가는 중국현대문학 분야의 주제와 대비시켜보면 잘 드러난다. 정통적이고 전통적인 문학연구라면 시나 소설 등과 같은 텍스트나 작가의 분석이다. 그런데 어느 중국현대문학 연구팀의 「20세기 초 중국의 근대어와 근대지식 연표 작성 및 데이터베이스화」라는 연구과제는 잡지를 대상으로 "근대성에 대한 특정한 관념에 기초한 사상논쟁 중심이 아니라, 그러한 사유와 논리구조를 근본적으로 결정짓는 언어 및 지식구조에 대한 심층적인 분석"을 시도하여 "근대 지식체계의 형성과정을 분석"하는 것을 목적으로 삼는다는 것이다.[30]

객관과 실증을 중시하여 사료에서 사실을 추려내 역사상을 재구성하는 연구방식에 의거하는 중국근현대 역사학과 달리, 중국현대문학은 소위 '언어적 전회'의 패러다임을 차용하여 사료에서 사실이 아니라 언어와 지식구조를 찾아 나서고 있다. 이러한 접근방식은 1세대로부터 물려받아 현재 중국 근현대사학계의 주역들이 공유하고 있는 '연구의 표준모델'로는 수용하기 어렵다. 뿐만 아니라 객관과 실증의 '연구의 표준모델'에 의거한 전통적 주제는 시야의 협애를 가져오고 그 결과 중국 근현대사 연

30 http://www.krf.or.kr/

구자는 학제적 연구를 기획하거나 거기에 참여하기가 쉽지 않다. 한국연구재단의 대규모 지원사업이었던 인문한국연구 사업이나 중점연구소 지원사업에서 중국근현대사 연구자들은 영역별 분배에 연구인력을 충당할 수 있어도 대규모 공동연구를 기획하는 주체가 되기 어려웠던 이유도 객관과 실증의 '연구의 표준모델'에 입각한 연구방식에 기인하는 것으로 보인다.

인문정신의 역사학으로

사회학자의 정리에 따르면, 최근 우리 사회 담론의 지형이 좌파 대 우파, 보수 대 진보의 이분법적 구도를 넘어서 복합 구도를 형성하고 있다. 그것에는 이념적 구도와 탈이념적 구도가 혼재하며, 서구주의와 비서구주의가 공존한다. 세계주의 대 민족주의, 현대 대 탈현대, 시장주의 대 국가주의, 개인주의 대 공동체주의, 개발주의 대 생태주의 등 복합 구도가 현재 우리 인문·사회과학 담론의 풍경을 이루고 있다는 것이다.[31] 오늘날 중국근현대사 연구에서 '진보'와 '비진보'를 따지는 것은 의미있는 작업이 되기 어렵다. 그것보다는 중국근현대사 연구 행위 자체에 대한 반성적 성찰의 유무를 따지는 것이 보다 유의미할 것으로 생각된다. 이 점에서 보자면 '진보'와 의식적으로 거리를 두었던

31 『경향신문』, 2007.7.13.

중견 학자가 자신의 연구를 한국인의 시각에서 출발하는 중국현대사연구로 자리 매기는 것은 인상적이다. "쑨원이 우리 한국인에게 과연 어떠한 의미를 갖는 인물인가를 집중적으로 다룸으로써 쑨원으로 상징될 수 있는 현대 중국의 역사가 한국인에게 어떠한 의미를 가지는가 하는 문제에 접근"하고자 하는 인식은 연구의 주체와 객체의 거리를 좁히고자 하는 의도로서 풍부한 시사와 공감을 불러일으킨다.

다만 그의 '한국인의 시각'은 기존연구에 대한 "엄밀한 검토와 비판" 그리고 사료가 말해주는 '실증'이라는 '연구의 표준모델'을 엄수하는 것을 전제로 한, 거리 좁히기이다. 이러한 '연구의 표준모델'은 연구의 완성도를 높이는 데 이바지함은 분명하나 한편 의도와 무관하게 획일화된 글쓰기를 내면화시킨 기율로 만드는 경향 또한 없지 않을 것이다. 연구주제의 의미, 선행연구 검토, 사실의 발굴과 재구성, 결론으로 이어지는 논문양식이 반드시 유일무이한 글쓰기의 형식은 아니다. 이러한 논문양식이란 학문을 좁은 의미의 합리성의 틀 안에 가두고 자본주의의 원칙과 논리에 끼워 맞추는 역할을 한다는 한 영문학자의 지적은 의미심장하다. 그의 주장을 압축하자면 이렇다. 서론-본론-결론의 구성은 결론을 향한 단선적인 전개를 강요함으로써, 대상세계의 다선적이고 다면적인 면을 충분히 존중하기 어렵게 만들기 쉽다. 논문양식이 논문의 주체를 합리적인 주체로 가장하는데, 주체의 생략을 통해 주관적 주장을 객관적 주장으로 격상시킨다. 또한 구체적이고 개념적인 표현을 써야 하고 비유적이거나 수사적인 표현을 피해야 한다는 논문 문체의 원칙은 언어의 사회성을 무시할 수 있다. 그리고 참고문헌과 각주는 논문양식의 필수적 요소이나, 그것은 담론으로서의 논문이 기존의 권위와 관계를 맺는 방식을 구현하는, 따라서 논문에서 가장 정치적인 형식적 장치라고 본다. 각주는 기존의 논의망을 확대 재생산하면서 연구의 내용을 전문가 집단 내부에 가둘 뿐 아니라, 지식의 사적 소유권을 보호하는 형식적 장치로 작용하여 연구를 개인의 소유로 귀속시킨다.[32]

그가 지적하는 논문양식이 갖는 본질적인 문제는 중국근대사의 연구논문에 대체로 해당된다. 선입관을 버리고 자신에게 불리한 사료에도 공정해야 한다는 사료취급의 객관주의는 '나'를 감춘 객관성이나 논리성의 이름으로 우연적이거나 다원적이고 혹은 복합적인 측면을 배제한다. 동사와 명사로 이루어지는 사실의 역사학은 형용사적 사실을 철저히 억압한다. 모든 개념이 갖는 근원적 모호성과 비결정성을 외면하기 때문에 언어에 내재하는 이데올로기성은 무시되고, 사실로서의 채택여부만을 고민한다. 철저한 선행연구의 섭렵과 검토는 해외학계의 권위로서 논문의 주체를 전문가로 인정받게 하여 '연구 표준모델'이라는 인정체제에 편입하는 관문이다. 이러한 점이 문제라면, 논문의 서술에서 전제하고 있는 가치나 지향 등을 언급하여 필자 자신을 가급적 드러내고, 자신의 주장을 상대화시키고, 학술용어를 비판

32 신광현, 「대학담론으로서의 논문」, 『사회비평』 14, 1996.

적으로 사고하며, 연구자 집단의 자가소비에서 넘어서려는 노력이 요구된다.

이러한 진단의 연장선상에서 포스트모더니즘적 역사학에 접근할 필요가 있다. 미국학계의 포스트콜로니얼리즘이 지나치게 구조를 거부하며 개별적 주체성을 강조하여, 결과적으로 아직도 구조적으로 온존하는 계급성이나 제3세계적 문제 등은 도외시하는 '반혁명성'을 내포하고 있다고 비판받기도 한다. 포스트모더니즘도 한국학계에 도입되었던 초기, 이와 유사한 비판을 받고 일시 뒤로 물러나기도 했으나, 역사학계에서는 서양사학에서 포스트모더니즘의 역사이론의 소개와 도입에 적극적이다. 반면 한국사학계에서는 매우 부정적으로 반응하였고, 중국사학계에서는 일언반구도 없다. 엄격한 실증을 중시하는 중국사학계로서는 일고의 가치도 없는 궤변에 불과한 것으로 치부되었을 법하다. 포스트모더니즘 역사학에서 역사는 더 이상 역사가 실재한 그대로 온전히 인식하고 복원해낼 수 있는 것이 아니라고 주장한다. 이러한 주장은 역사의 해체와 종언을 의미하는 것으로 과잉해석될 수 있지만, 역사학의 자기인식과 이해에 근본적인 물음을 던지는 일대 도전으로 철저한 반기성(反旣成), 반권위(反權威)의 비판의식이라는 점에서 유의미하다.[33] 한국의 중국현대문학계가 '언어로의 전환'을 재빨리 도입 적용하거나 중국사학계와 달리 자주 '동아시아담론'에 대하여 분석하는 것은 '연구의 표준모

33 안병직, 「포스트모더니즘 역사론을 위한 변론」, 『역사비평』 58, 2002.

델'이라는 짐이 없었기 때문이기도 하다. 학문적 전통의 축적과 변신의 속도는 반비례하는데, 분과학문의 특성 이상으로, 이 차이가 한국의 중국근현대사학계와 중국현대문학계의 사실에 대한 접근방식의 차이로 나타나는 것으로 보아도 무방할 것이다.

이제 중국근현대사 연구는 과학적 역사학에서 인문학적 역사학으로 이행하여야 할 시점이 아닐까. 전통적이고 정통적인, 역사적 사실에 스스로를 가둔 빗장을 풀어서 문학을 비롯한 미술학, 건축학 및 기타 인접학문과 소통하고, 경계를 넘나들며 생명 · 평화 · 인권 · 행복의 인문정신을 추구하는 인문학적 역사학이다. 인문학적 역사학이 담아야 할 내용은 끊임없이 '지금 여기'를 화두로 잡는 문제의식이다. '지금 여기'의 출발점은 몸에 배어버려 당연하게 여기는 제도와 시장, 프로젝트, 글쓰기 등 학문이라는 지식생산의 현장을 낯설게 보고 문제 삼는 곳에 있다.

3장

새로운 상상의 가능성

해양사 연구

해양사에 대한 관심의 증대

구미학계에서 해양연구, 해양사연구의 역사는 소위 대항해시대 이래 오랜 세월에 걸쳐 누적되어오고 있다. 그렇다면 동아시아의 경우는 어떠한가? 1996년 해양수산부의 신설과 이어진 2000년 (사)장보고기념사업회의 설립으로 한국에서 해양사연구가 활성화되는 계기가 마련되었다. 해양사가 한국사회에서 유달리 부각되며 사회적으로도 이목을 끌었던 때는 2008년 전후였다. 주경철의 두터운 저서 『대항해시대』가 출판되어 베스트셀러의 반열에 올랐고, 여러 언론에서 해양과 관련된 연재기사를 기획했다. 이 무렵 한국해양대학교에서는 '해항도시의 문화교섭학', 부경대학교에서는 '해양인문학'을 그리고 목포대학에서는 '도서해양문화학'의 기치를 세웠다. 이후 한국학계에서는 지속적으로 해양사 관련 연구성과가 누적되고 있다.[1] 한국에서 해방 이후 상당한 기간 동안 해양이 학계의 시야에 들어오지 않았다. 장기간 연안어업과 어촌에 국한된 공간이었던 해양은 조선 · 해운업의 발전을 배경으로 탄생한 해양수산부의 신설, 장보고기념사업회 재단의 설립 등 국가와 경제가 해양에 대한 관심을 유발했

1 하세봉, 「한국의 동아시아 해양사 연구-민족주의적 성과와 탈근대적 전망」, 『동북아문화연구』 23, 2010; 한임선, 「한국해양사 연구의 현황과 전망」, 『동북아분화연구』 21, 2009.

다. 중국은 아편전쟁 이후 백여 년 동안 바다를 건너 온 서구열강에 일방적으로 수모를 당하는 역사를 가지고 있었고, 냉전시기에는 죽의 장막이라는 표현이 말해주듯 해양에 대한 관심을 갖기는 어려웠다. 그러나 개방개혁 이후 연해 도시의 발전과 급격한 무역량 증대로 해양은 학문적 대상으로 급부상하고 시진핑 정부의 일대일로 정책은 해양사연구를 폭발시켰다. 일본은 타이완을 지배하고 1920년대 이후 소위 남양(南洋)에 대한 정보 수집에 나섰고 대동아공영권을 내세운 1940년대에는 제국의 팽창을 위해서도 동남아시아와 태평양에 대한 정보와 지식이 필요했다. 이러한 역사적 경험은 섬나라 일본이라는 정체성의 탐구와 오버랩되어 해양사 연구를 선도해나갔다. 국민국가와 해양 간 상호 관련성의 추이가 해양에 대한 학문적 관심을 좌우한 것이다.

20세기 말부터 동아시아 학계에서 방대하게 누적되고 있는 해양사연구는 기존의 역사학을 넘어설 새로운 가능성을 가지고 있는가? 아니면 과학사, 민속사 같이 특수분야사의 하나에 그치는가? 해양사연구에 새로운 패러다임의 가능성이 있는지를 주로 국내의 연구성과와 해외연구의 소개를 통하여 고민해보는 것이 이 글의 목적이다.

어디에서 배를 탈 것인가

육지와 달리 바다는 인간이 사는 터가 되기 위해서는 도구를 요구한다. 인간이 바다에 오르자면 어디서든 배를 타야 한다. 해양사 연구를 위한 배를 어디에서 탈 것인가. 승선 지점을 생각하자면 선행연구가 어디서 배를 탔는지를 먼저 살펴보는 일이 순서이다. 국내에서 한국해양사 연구의 선두주자이자 이론적 모델화에도 앞서고 있는 윤명철의 입장을 보자. 그는 "왜 해양사 연구인가?"라는 물음을 던지고, 답으로 1) 생물학적, 생태적, 문화적, 역사적 정체성의 확립, 2) 유기적인 세계관의 신문명 모델의 구축, 3) 해양의 전략적 가치 활용 등으로 제시했다.[2] 그는 한국학자들이 외국학계 동향 소개에 치중하거나 표피적으로 활용한다고 비판하며 거대한 문명사적 모델을 제시했다. 자신의 고유한 사고에서 출발하는 그의 문명사적 모델은 돋보인다. 그럼에도 학계에서는 그의 모델에 대하여 반응이 적다. 실증적인 연구를 중시하고 개별 사실에 천착하는 학계풍토와 무관하지 않을 것이고, 문명사적 모델은 그 자체가 왈가왈부하기 어려운 논리구성이라는 측면도 있고, 또한 모델에 입각한 역사적 사실의 재구성이 설득력 있게 받아들여지지 않은 것으로 보인다.

문명사적 모델 구축이라는 윤명철의 야심적인 의욕과 달리 한국학계의 일반적 해양사 연구는 그동안 방치되어왔던 사실의

2 윤명철, 『해양사연구방법론』, 학연문화사, 2012, pp.15-51.

발굴과 재구성에 치중하는 경향이 짙다. 한국해양사 연구에서 주역의 한 사람인 강봉룡은 해양사와 관련된 개별 사실의 발굴에 치중하고 이를 바탕으로 통사적인 한국해양사의 조립에 힘쓰고 있다. 그는 왜 해양사인가를 묻기보다는 조선시대 이래 육지를 위주로 한 폐쇄적 역사의식을 벗어나 묻혀 있던 한국해양사의 다양한 면모를 발굴하고 복원해야 한다는 입장이다. 조선업, 해운업 등의 발전으로 세계 굴지의 해양국이 되었음에도 불구하고 한국인의 해양에 대한 인식은 여전히 소극적이고 폐쇄적이라는 반성이 연구의 출발점이었다.[3] 이러한 반성적 인식은 다수의 한국해양사 연구자들이 공유하고 있는 문제의식이기도 하다. 해양사관의 필요성을 역설하는 하우봉의 논리가 이 점을 대표적으로 보여준다. "한국의 역사에 관한 한 '대륙사관'만 있었을 뿐 해양사관적인 접근은 거의 없었다."며 반성을 촉구하고, 비현실적이고 자기기만적인 '대륙적 사고'에서 벗어나 '해양적 사고'를 적극적으로 수용해야 한다는 주장이다.[4]

서양해운사 연구에서 시작하여 한국해양사에서도 주목할 연구성과를 산출하고 있는 김성준은 교통로, 식량, 자원, 생태환경 등의 면에서 인간 역사의 발전에 중요한 역할을 담당한 바다를 강조하며 "역사학이 간과해버린 해양이라는 공간을 복권"시

---

3 강봉룡, 「책머리에」, 『바다에 새겨진 한국사』, 한얼미디어, 2005; 강봉룡, 「해양인식의 확대와 해양사」, 『역사학보』 200, 2008, pp.69-70.

4 하우봉, 「책을 펴내면서」, 『해양사관으로 본 한국사의 재조명』, 재단법인 해상왕장보고기념사업회, 2004.

켜내고자 한다.[5] 이는 한국해양사 연구자들의 문제의식과 동일하다. 『대항해시대』에서 주경철의 문제의식은 뚜렷하여, 서구학계의 새로운 시각을 수용하여 유럽중심주의에 물든 세계사 인식을 문제로 삼았다. 『대항해시대』에 앞서, 대서양이라는 해역을 하나의 역사접근의 단위로 포착한 김명섭은 대서양적 표준의 성립과 확산 과정을 추적했다. 주경철의 저서가 서구학계의 연구성과를 잘 갈무리하여 해양을 통한 서구의 팽창을 다양하고 구체적인 사례로 제시하여 교양독자층의 관심을 끌었지만, 김명섭은 서구의 연구성과를 흡수하면서도 이를 재구성해내었다는 점에서 가치 있다. 김명섭은 세계적 표준의 상징으로서 대서양 문명을 파악하여, 유럽을 상대화시켜내고자 했다.[6] 한국은 물론 일본, 중국, 러시아, 시베리아와 태평양 등의 연안과 섬을 주유하며 다수의 해양사 저서를 낸 주강현은 지적인 대상으로서 환태평양의 광대한 바다를 직접 체험한 최초의 한국인이라고 할 수 있겠다. 저서로써 한국인들이 접하지 못했던 거대한 바다의 스케일을 실감하게 만들었던 그는 한층 분명하게 해양사연구의 목표를 제시했다. 현지답사에 바탕한 해양사를 통해 육지사 중심의 사고방식에 대한 '생각의 반란'을 도모하는 것이다. 그것은 바닷가, 변방, 천대받는 '갯것'을 통해 바깥에서 안을 바라보는, 시각의 전

5 김성준, 『한국항해선박사』, 문현, 2014, pp.18-22.

6 김명섭, 『대서양문명사-팽창, 침탈, 헤게모니』, 한길사, 2001, pp.67-77.

복이다.[7]

외국학계는 어떠할까? 방대한 외국학계의 연구를 제대로 파악하기는 내 능력으론 불가능한데, 국내에 소개된 일부의 사례로 짚어보자. 중국학계에서 해양사 연구의 필요성은 전통 중국사의 이해에 대한 비판에서부터 시작되었다. 대륙국가 농업문명의 전개 과정으로 파악하던 중국사 이해에 해양문명은 결락되어, 해양본위의 사고가 필요하다는 것이다. 이 점에서 보면 해양사연구에 대한 중국학계의 출발점은 '대륙사관'을 비판한 한국학계와 유사하다. 그러나 노리는 사정권은 보다 방대하다. 서구학계의 중국사 서술에서 해양사를 경시하거나 말살한 점 그리고 유럽중심주의적 해양인식에 대한 비판으로 확장되었다. 한국학계의 유럽중심주의에 대한 탈피는 서구학계의 논의를 수용한 것이지만, 중국학계의 유럽중심주의에 대한 비판은 헤겔 이래로 뿌리 깊게 유전된 유럽과 중국의 대비를 통한 유럽적 사유방식에 대한 이의의 제기이다. 근대서구의 자본주의가 해양을 쟁탈하여 식민화한 해양문화를 미화시키고 우월한 선진문화로 간주하는 지적 프레임을 비판하면서, 서양을 능가했던 중국해양사의 발전양상을 제시해야 한다는 것이다.[8] 근래 일본의 해양사 연구를 묶어

---

7 주강현, 『제국의 바다 식민의 바다』, 웅진씽크빅, 2005, pp.4-15. 최근의 저서에서는 국민국가적 시각에서 누락된 여진족, 나나이족 등 소수민족에 주목했다(주강현, 『환동해문명사: 잃어버린 문명의 회랑』, 돌베게, 2015).

8 하세봉, 「解读中国海洋史研究」, 『國家航海』, 2016년 2기; 하세봉, 「최근 중국학계의 해양사연구: 지적 성격을 중심으로」, 『2014년 제5회 전국해양문화학자대회』, 2014. 8. 중국학계 연구의 해양사적 전환은 사회교육적 이데올로

낸『해역아시아사연구입문』에서 해역 아시아사 연구는 역사학의 방법론을 쇄신할 가능성을 열어놓고 있다고 자평하고 있다. 해역 아시아사 연구는 사료에 의한 실증을 넘어선 이질적인 세계를 포괄하는 넓은 구상력, '다양한 근대'를 준비한 아시아의 독자적인 역사의 탐구, 대외관계사적 시각의 탈피, 폐쇄된 틀과 중심의 입장에서 역사를 보는 입장 거부 등이 문제의식으로 깔려 있었다. 일본학계는 해역사 연구를 일국사적 접근이나 제국이나 문명 중심적 발상, 전통/근대의 이항대립적 사고에 대한 안티테제로서, 근대 사회과학의 프레임이나 근대지(近代知)의 존재양태에 대한 도전으로 위치 짓고 있다.[9]

서구학계는 국내에 잘 알려진 쵸두리와 재닛 아부-루고드의 경우로 살펴보자. 쵸두리는 인도양 세계의 역사적 통일성과 비통일성을 분석하기 위한 이론과 개념을 세우기 위하여 브로델, 미셸 푸코, 게오르크 칸토어 등의 지중해론, 담론 이론, 집합론 등을 비롯하여 러셀, 월러스틴, 데리다 등의 논의를 서론에서 소개하고 있다. 즉 쵸두리는 브로델의 이론을 연구의 출발점으로 하

기의 전환으로도 파급되었다. 황하문명이 유럽의 해양문명을 배워야 한다는 1988년대 CCTV의 다큐 "河殤"에서, 농경문화와 해양문화가 조화를 이룬 중화문명이 이제 새로운 해양강국으로 출범한다는 2011년의 CCTV 다큐 "走向海洋"의 전환이 일례이다. (조세현, 「"하상(河觴)"에서 "주향해양(走向海洋)"으로-중국학계의 근대해양사 연구현황」, 『中國史硏究』 96, 2015, pp.267-272.)

9 모모키 시로 편, 최연식 역, 『해역아시아사 연구 입문』, 민속원, 2012, pp.10-21.

여 다양한 서구 지성사의 맥락 속에서 자신의 연구 좌표를 찾았다.[10] 유럽에서 중국에 이르는 광범위한 지역에 '13세기 세계체제'가 형성되었음을 논증한 재닛 아부-루고드는 카이로의 역사를 공부하면서 카이로가 고도로 발전한 도시문명을 이루었던 사실을 인지하고 암흑시대에 대한 유럽중심주의적 통념에 의문을 가진 지점에서 출발했다. 유럽중심주의가 유럽이 패권을 잡기 이전 시기에도 통할 수 있는지 회의하면서, 그것이 잘못된 이해라는 확신이 그의 연구의 출발점이었다.[11]

이상에서 일별했듯이 해양사 연구가 왜 필요한가 하는 문제 제기는 대부분 종래의 전통적 역사학의 시각이나 인식을 비판하는 지점에서 출발하고 있다. 최근 출간된 근대중국의 해양사 저서에서도 저자 조세현이 제기한 질문은 근대중국의 역사 내부에 초점이 맞추어져 있다.[12] 차이점은 한국학계의 해양사 연구는 대개 역사학계 내부의 사학사적 문제 제기인데 비하여, 쵸두리는 사학사적 맥락보다는 폭넓은 유럽지성사의 맥락 위에 자신의 연구를 위치 짓고, 일본의 해역사 연구는 문제의 제기가 사학사적으로 출발하면서도 근대지식 자체를 사정권 안에 두는 것이다.

---

10 쵸두리, 임민자 역, 『유럽 이전의 아시아』, 심산, 2011, pp.21-80.

11 재닛 아부-루고드, 박홍식 · 이은정 역, 『유럽 패권 이전: 13세기 체제』, 까치, 2006, pp.7-26.

12 조세현, 『천하의 바다에서 국가의 바다로: 해양의 시각으로 본 근대 중국의 형성』, 일조각, 2016. 이 책에 대한 서평 참조(하세봉, 「해양에서 보면 중국근대사는 어떻게 달라지는가?」, 『중국근현대사연구』 70, 2016).

그런데 오늘날 동아시아 역사학의 시각이나 분석틀은 유럽의 근대역사학을 도입하여 구축된 것이다. 이야기나 교훈 혹은 감계(鑑戒)로서의 전통적 역사가 근대학문의 역사학으로 동아시아에서 자리 잡게 되었을 때, 그 역사학이 유럽의 근대역사학임은 널리 인지되고 있다. 일본의 해역사 연구는 이러한 점을 인식하고 그것을 넘어서고자 한 발상이다. 다만 학문의 내재적 이해에 대한 성찰에서 출발한다는 점에서는 유사하다. 달리 말하여 해양 자체가 아니라 학문 내적인 상황을 문제 삼고 있는 것이다.

지중해 연구로 세계학계의 해양사 연구에 큰 영향력을 끼친 브로델이 "문제를 제기하는 것은 모든 역사의 시작이자 끝이다. 문제가 없으면 역사도 없다"고 한 명제는 상기할 가치가 있다. 학문 내적 문제의 출발점은 충분히 의미 있는 일이지만, 이는 자칫 해양사 연구가 학계 내부의 자가소비에만 머물러 세계의 현실과 괴리될 수도 있다. 학문이 현장에서 유리되어 학문내적인 성찰에만 치우치면 논리적으로는 치밀하지만 자칫 공허한 담론이 될 수 있다. 해양사 연구는 그 연구의 대상인 해양으로 돌아가 해양이 오늘날 처한 현실에서 출발할 필요가 있다.

우선은 동아시아에서 갈등의 뇌관이 되고 있는 도서 영토분쟁이다. 독도를 두고 한일 간에, 댜오위다오(釣魚島, 센가쿠 열도)는 중일 간에, 남중국해를 두고 중국은 베트남, 필리핀, 말레이시아, 인도네시아, 브루나이 등 아세안 다섯 국가들과 해양 영토분쟁을 벌이고 있다. 이러한 해양 영토분쟁은 미국의 세계전략과 연계되고, 그 연장선의 한 갈래 끝에 제주도 강정의 해군기지 건설이 위치한다. 해양이 초국경적인 공간임에도, 강단 역사학의 해양사 연구가 트랜스내셔널한 역사를 아무리 강조해도, 현재 동아시아의 해양은 국가주의의 대립이 극대화되어 현현하는 현장이다. 영토 분쟁뿐 아니라 바다는 해양자원 분쟁, 어업 분쟁의 공간이 되어 각국의 내셔널리즘을 증폭시키고 있다. 학계에서 상식이 되어 있는 탈민족주의 논의와 상반된 공간이 오늘날의 해양이다.

둘째로는 해양의 개발과 생태환경의 변화이다. 동아시아 대부분의 국가에서 해안매립이 다반사로 행해져 해안선이 자연 그대로의 모습을 상실한 곳이 많다. 갈수록 늘어나는 선박과 그로 인한 선박 충돌 사고 그리고 선박평형수가 해양생태계를 교란하고, 해양이 기름으로 오염되는 빈도가 높아지고 있다. 전 지구적으로 발생하는 일은 육지에서 화석연료의 사용으로 인한 지구온난화 현상이고, 이는 바다의 산성화와 해수온도의 상승을 초래하고 있다. 해수온도의 상승은 슈퍼태풍을 발생시키고 해수면 상승은 해안지역과 도서에 재난 가능성을 높이고 있다. 육지의 산업은 바다를 쓰레기 배출장으로 만들고 바다 쓰레기는 물고기를 통해 인간에게 전이되고 있다. 육지의 생산과 소비가 바다오염과 해수온 상승 그리고 물질대사에 변화를 초래하고 그것이 육지 인간들의 삶에 엄중한 영향을 미치고 있다. 코로나19가 덮치고 있는 최근에는 세계 각지에서 백년 만에, 천년 만에 한 번 일어날 확률의 기후위기가 인간을 위협하고 있다.

셋째로 문화적 · 인적 교류의 공간으로서 해양이 지녔던 기능은 퇴색되었다. 대신 해양은 물자가 이동하는 물류의 공간이

되었다. 거대한 컨테이너선으로 대표되는 원근거리 물자가 대량으로 이동되는 공간일 뿐, 인간은 비행기를 타고 바다를 건너게 되어 배를 타고 이동하는 경우는 희소해졌다. 문화교류의 면에서 현재는 해항의 시대가 아니라 공항의 시대로 전환되어 있다. 인간이 이동할 때, 인간과 함께 인간이 지닌 문화가 이동하며 타문화와 접촉이 발생한다. 인간의 이동에 비해 물자의 이동이 유발하는 문화의 접촉은 적다. 원료인 물자는 공장으로 직송될 뿐이고, 상품은 소비문화의 접촉에 그친다. 오늘날 공항의 시대와 과거 해양의 시대는 연속적이기보다는 단절적인 측면이 강하다. 이러한 세 가지 해양의 현실은 상식이다. 이러한 상식적인 현실문제에서 해양사 연구는 출발해야 하는 것이 아닐까. 동아시아 각국에서 70~80년대에 비해 오늘날 역사학의 사회에 대한 발언력이 약해지고 활력이 사라지고 있다. 그것은 문제의 출발점을 '지금 여기'의 현실에 두지 않고, 국내외 학자들끼리 서로가 서로를 참조하며 논리를 확장해가는 상호복제의 순환에도 하나의 원인이 있을 수 있다. 이 글도 그 순환에서 예외가 되지는 못하지만.

교차점으로서의 해양사

한국이나 중국학계에서 해양사관을 제기하면서 육지사관을 문제 삼았다. 그러나 육지사관이 어떤 문제를 지니고 있는지 톺아보지는 않았다. 해양사는 최근학계의 새로운 시각과 접맥되는 부분이 많다. 오늘날 해양의 현실에서 출발한 해양사연구는 이러한 새로운 논리와 시각에서 시사점을 참고할 필요가 있다. 그것은 종래의 이른바 육지사관이 지닌 본질적인 문제를 건드리기 때문이다.

그 첫째는 탈민족주의 역사학이다. 해양사 연구가 바다를 통하여 이루어지는 상호관계를 다루는 공부라면, 국가와 민족을 초역사적인 실재로 전제하는 민족주의 역사인식은 한계를 가질 수밖에 없다. 민족주의적 역사인식은 해양 영토분쟁을 한층 극대화시키고 영토분쟁은 피드백되어 관련국 대중을 한층 '국민화'하여 민족주의를 촉발시키는 순환이 이루어지고 있다. 이러한 순환은 각국에 보수주의적 정권을 배양하는 촉매제가 되고 있다. 해양을 둘러싼 분쟁의 이해에 민족주의(국가주의)는 필수조건이고, 분쟁 완화의 실마리는 탈민족주의에 있다. 한국학계에서는 임지현이 『민족주의는 반역이다』라는 저서로 탈민족주의의 기치를 들었다. 그는 민족국가를 역사발전의 주체이자 대상으로 한 역사 서술은 국가권력을 정당화하는 이데올로기적 기제였다고 단정했다. 동아시아의 민족주의와 '국사'는 서로 배제하면서 충돌하지만 사유의 기본틀은 공유하는 '적대적 공범관계'에 있다는 지적, 그리고 우파의 역사학은 물론 좌파의 역사학도 '국사'의 틀에 포섭되고 있다는 진단은 21세기로의 세기전환기 한국학계에 큰 파장을 던졌다.[13] 국사를 해체해야 한다는 그의 주장은 이후 논란을 거치며, 한국학계에서는 민족주의를 고수하더라도 적어도 폐쇄적인 민족주의에 갇혀서는 안 된다는 선까지는 공감대가 형성되었다고 해도 좋다.

그럼에도 한국해양사 연구는 탈민족주의적 비판에서 자유롭지 못하다. 아니, 초기 단계 해양사 연구에서는 민족주의적 감성에 호소하는 경우가 자주 보인다. 윤명철이 "왜곡되고 앗긴 민족자아의 실체를 찾아내는 것…… 국가 간의 치열한 경쟁…… (동아시아 각국은) 상호경쟁과 잠재적 적국의 가능성" 등을 거론하거나, '생각의 반란'을 도모한 주강현의 저서에서도 "대마도가 우리 땅이었던 사실에 관한 변증", "동해, 東海, EAST SEA-일본해에 빼앗긴 이름들"로 이름 매긴 장절의 제목이 예이다.[14] 강봉룡은 한국학계에서 통용되는 '해양사'의 목적성과 당위성을 설명하면서, "역사인식의 교정을 지나치게 강조하다 보면 자칫 그 이념성에 함몰될 우려도 있을 것이고, '해역사'의 경우는 복수 육역의 넘나듦을 지나치게 강조하다 보면 한 나라의 해양활동사를 간과

---

13 임지현, 「국사의 안과 밖」, 임지현 · 이성시 편, 『국사의 신화를 넘어서』, 휴머니스트, 2004, pp.15-33.

14 윤명철, 「서문」, 『동아지중해와 고대일본』, 청노루, 1996; 주강현, 『제국의 바다 식민의 바다』, 웅진 지식하우스, 2005. 후자는 일본학계의 탈민족주의적 연구성과를 다수 활용하고 있고, 따라서 저자는 탈민족주의의 세례를 받았음에도 불구하고 민족주의적 감성에 때때로 호소하고 있다. 이는 대중의 관심을 끌어야 하는 교양도서의 편집전략의 측면도 있겠다.

하는 우를 범할 수도 있다"고 지적한다.[15] 앞서 보았듯이 일본학계의 '해역사(海域史)'는 일국사적 시각, 달리 말하면 민족주의를 넘어서려는 의도가 깔려 있다. "이념성에 함몰"의 경계는 과도한 민족주의를 의식하지만, '해역사'에 대한 우려는 그가 민족주의의 자장을 벗어나려 하지 않음을 보여준다. 1980~90년대에 한국의 조선·해운업이 비약적으로 발전하는 데 조선시대의 폐쇄적인 해양정책과 인식이 장애물이 되었을까? 고려시대 이전 해상활동의 화려한 영광을 발굴한다고 한국사에 대한 진취적인 인식이 배양될지는 의문이다.

구미학계에서 포스트식민주의·포스트근대주의 등의 논의가 활발하고 민족주의를 넘어서야 한다는 점은 상식이 되어 있다. 그럼에도 불구하고, EU의 성립 이후의 유럽에서도 민족주의적 역사서술은 완강하게 존재하고 세계화가 강화되는 추세 속에서도 국사 패러다임은 강화되는 경향이 있다고 한다. 유사하게, 일본에서도 해역사(海域史)적 역사이해는 역사교육 현장의 국가주의와 괴리되고 있다고 진단된다. 왜구에 대하여 탈경계·탈국가적 존재로 파악하는 것은 일본학계의 통설이지만, 역사교과서의 왜구에 일본인의 모습이 지워지거나 역으로 왜구가 조선인, 중국인임이 강조되고, 혹은 선구적인 해외활동의 진취적인 이미지로 활용되기도 한다.[16] 강단 역사학과 소비 역사학의 괴리로

---

15 강봉룡, 「한국해양사의 몇 가지 논점」, 『도서문화』 33, 2009, p.9.

16 윤성익, 「21세기 동아시아 국민국가 속에서의 왜구상」, 『명청사연구』 23, 2005, pp.183-193.

인하여 대중적 역사교육이 전문가의 역사연구를 필요에 따라 필요한 만큼 전유하고 있는 것이다. 박근혜 정부의 한국에서도 시도되었던 국사교과서의 국정화는 국가권력의 이데올로기, 정권의 정당화에 복무하는 역사의 현실을 단적으로 보여주고 있다.

'국사'를 해체하자는 탈민족주의는 기존의 역사인식에 문제를 제기하는 것이다. 그렇다면 대안은 무언가? 지구사는 자민족중심주의 · 국가중심주의에 대한 거부가 출발점의 하나라는 점에서 탈민족주의 역사학의 대안이기도 하다. 지구사는 사회변화의 원인으로 특정 사회 내부보다 외부의 영향력에서, 영역성 보다는 관계성에서 찾고자 한다. 상호관계를 가지는 사회 간에서 진행되는 공통된 변화를 외부와의 관계 속에서 그 연결고리를 부각시키는 것이다. 이 점은 민족주의 역사학이 내부와 영역성에 치중하고 외부와의 관계성을 경시하는 것과 대비된다. 조지형의 소개에 의하면, 지구사는 인류의 존재조건을 지구성(globality)으로 보아 하나의 역사단위로 지구를 상정하고, 지역적 상호연관성과 역사행위자의 지구적 · 지역적 층위 혹은 의미를 연구하여, 서유럽 중심주의와 모더니티를 뛰어넘는 방법론을 제공한다고 한다.[17] 지구사에서 공간은 중요한 요소로 취급된다. 해양은 지구의 71%를 차지하는 공간이라는 점에서, '공간적 전환(spatial turn)'으로 표현되는 패러다임의 변화는 해양사 연구에 던지는 시사

---

17 조지형, 「지구사의 미래와 역사의 재개념화」, 조지형 · 김용우 편, 『지구사의 도전』, 서해문집, 2010, p.93.

가 적지 않다. 지구사에서 공간적 전환은 기존의 세계사 서술에서 주요 서술 축을 이루어온 대륙, 문명권, 제국, 국가와 같은 전통적인 공간개념, 궁극적으로는 동양과 서양과 같은 오리엔탈리즘적 공간개념을 해체하고, 보다 중첩적, 투과적, 탈경계적인 새로운 공간이해로 나아갈 수 있는 이론적 토대를 제공해주었다.[18] 제국, 국가는 육지를 공간적 근거로 하여 만들어진 정치권력이었고, 해양은 제국과 국가가 팽창하고 수축하는 중요한 무대였다. 프랑스의 역사철학자 세르토는 세 가지 공간개념을 제시했다. 지배권력이 만들어낸 국민국가의 '절대공간'은 지도에서 추상화되고 균일하고 동질화되었고, 권력이 감시에 실패하고 통제하지 못하는 '표류공간'은 국지적으로 유동하며 불안정하고 주변적이며, 또 하나는 침묵, 추방, 이탈의 '부재공간'이다.[19] 세르토의 이론을 빌리자면, 해양은 '표류공간'이고, '부재공간'인 경우가 많았다. 불안정하고 이탈하는 공간으로서의 해양은 육지의 국가나 제국에 균열을 내는 파도이기도 하고 그것이 팽창하는 항로이기도 했다.

지구사의 가장 중요한 테제는 무엇보다도 유럽중심주의의 극복이라고 한다. 유럽중심주의 극복은, 그리스로마 고대 문화에서 시작하여 영국의 산업혁명을 거쳐 19세기에 유럽이 세계를 제패하기에 이른다는 줄거리를 지닌 유럽중심의 역사를 새로 다

18 박혜정, 「하나의 지구, 복수의 지구사」, 『역사학보』, 214, 2012, pp.297-298.

19 장세룡, 「미셸 드 세르토의 공간이론」, 류지석 편, 『공간의 사유와 공간이론의 사회적 전유』, 소명출판, 2013, pp.54-75.

시 써야 한다는 데 머무르지 않는다. 역사용어와 개념도 탈유럽화해야 한다는 것이다. '문명', '근대성', '민주', '봉건', '산업화', '이성', '발전', '진보' 등의 개념이나 담론이 유럽중심의 역사를 서술하는 구성요소이자 논리이기 때문이다. 유럽중심주의의 극복이 우리에게 중요한 의미를 갖는 것은 세계사의 재구성 이상으로 동아시아의 역사학이 이러한 개념이나 담론을 수입하여 전문적 혹은 강단 역사학이 성립되었기 때문이다. 단일한 역사과정을 전 세계가 보편적으로 밟게 된다는 근대화 패러다임과 보편적 진보사관은 유럽이 강요하기보다는 동아시아 3국이 자발적으로 수용하고 내면화했다. 해방 이후 한국에서 역사학계를 지배했던 식민사관의 극복, 민족주의 사관, 역사발전의 법칙, 과학으로서의 역사 등은 결국 유럽중심주의의 복제라는 점을 지구사적 시각이 지적한다.[20] 말하자면 지구사는 현재 역사학자들이 내면화하고 있는 역사연구 틀 자체의 전복을 요구하고 있다. 내면화된 역사연구 틀이 해양사에서는 민족 내지는 국가를 중심에 두고 사고하는 것으로 나타나고 있다. 한국해양사 연구는 국제적(inter-national)인 점에 관심을 두고 있지만, 초국적인(trans-national) 점에는 관심이 적다. 전자는 국가적 맥락에서의 교류이나 후자는 비국가적 주체들 사이의 연결과 교환행위이다. 전자가 외교 · 전쟁 · 공무역이라면 후자는 종교 · 사무역 · 약탈 · 해적

20 임성우, 「동아시아의 유럽중심적 역사관의 극복」, 『지구사의 도전』, 서해문집, 2010, pp.49-79.

등으로, 후자는 한국해양사 서술에서 부차적인 위치에 놓여 있다. 이런 점에서 다수의 한국해양사 연구는 여전히 육지사관을 답습하고 있는 것이다. 다만 표류(민)연구는 육지사관을 넘어설 가능성을 열어두고 있다.

해양의 개발과 생태환경의 변화에 관하여 환경생태사[21]에서 답을 찾아보는 것은 당연한 수순이다. 환경부가 2007년에 발표한 자료는 현재의 지구온난화 추세가 지속될 경우 2100년에는 한반도 연안지역의 대부분이 침수될 것으로 전망했다. 이 전망에서 말라리아의 창궐과 여름 내내 지속된 열대야 현상이 추석 무렵까지 이어질 것이라는 예상은 2050년의 일이었으나, 벌써 그런 조짐이 발생했고 말라리아 대신 콜레라에 이어 급기야 코로나19가 등장하여 세계는 신음 중이다. 이러한 기후변화, 아니 기후위기는 대기-해양이 대순환하면서 구름과 해양의 대류 등 수많은 물리 현상이 복합적으로 작용하면서 이루어진다. 대순환의 신진대사에서 해양은 필수 불가결한 고리에 위치한다. 지구온난화로 인한 태평양의 거대한 에너지 축적이 태풍, 폭우 등의 기후이변을 몰고 온다. 해양기후 등 자연과학적 현상에 대하여 인문학자가 접근하기는 어렵지만, 이를 원용하는 것은 가능하다. 해양생태학자 홍선기가 문화생태학의 도입을 제기한 것이 일례이다. 문화생태학으로서 해역의 지형과 생태환경의 차이에 따라 해역에

21 학계에서는 환경사, 생태사, 자연사를 구분하고 있으나, 본고는 묶어서 사용한다.

서 살아가는 인간 행동양식의 구분이 가능하다는 접근은 환경생태사적 시각을 한반도 해역에 적용해보는 시도이다.[22]

지구사와 마찬가지로 환경생태사도 근대역사학과의 결별을 준비한다. 환경생태사는 환경문제란 성장과 발전에 집착한 근대의 논리가 배태한 것으로 간주한다. 성장하고 발전할수록 위험요소(risk)가 일상화되고, 위험을 낳는 근원에는 현대의 기술과학과 합리성에 있다는 울리히 벡의 '위험사회'는 생태환경사의 필요성을 메워준다. 태안 앞바다의 대규모 기름 유출 사고, 세월호 참사 등 바다에서 빈발하는 사고는 우리 사회가 위험사회임을 증거하고 있다. 오늘날의 생태위기는 진보로서의 역사가 아니라 파국으로서의 역사를 강구하게 만든다. 김기봉은 환경사를 통하여 "파국으로서의 미래를 기억함으로써 우리 역사현실의 대안이 되는 과거를 상상"하면서, "역사의 파국에 대한 두려움을 떨치기 위해 미래의 위험을 기억하면서 안전했던 과거를 상상"하자고 한다. 환경생태사가 "안전했던 과거를 상상"한다는 건 안이한 발상이지만, "미래의 위험을 기억"하는 역사연구란 민족이든 계급이든 과거에 대한 해석의 지배권을 장악하려는 오늘날의 주류역사학을 전복하는 것이다. 전복하면서 미래를 보호하고자 과거 해석의 헤게모니를 쟁취하려는 점에서 생태환경사는 정치성을 띤다고 그는 공언한다.[23] 해양생태계의 파괴 자체가 국제정치적

---

22 홍선기, 「도서문화연구 어떻게 할 것인가」, 『도서문화』 32, 2008.

23 김기봉, 「환경사: 성찰적 현대화를 위한 역사」, 『역사비평』 46, 1999, pp.113-116.

갈등을 야기한다. 21세기에 들어서서 세계 주요 어장의 75%가 과잉 착취되거나 고갈되었고, 대형 포식성 물고기의 90% 이상이 사라졌다. 어업기술의 기계화 · 자동화 등으로 해양생태계를 착취한 결과, 바다는 수중 묘지가 되어가고 있다.[24] 근래의 한중 어업분쟁은 대량 생산과 대량 소비라는 자본주의적 축적체제에 기인함은 자명하다. 생태환경사적 논리 자체가 정치적일 뿐만 아니라 생태파괴 자체가 국가 간 분쟁을 일으키는 정치적 요인이 되고 있다.

생태근본주의자들이 심각성을 과장하고 종말론적 공포감을 유포시키는 것은 지나칠지 몰라도, 지구온난화와 더불어 지구가 생태위기의 임계점에 점차 가까워지고 있다는 사실에 의심을 품는 사람은 적다. 공기와 물의 오염, 방대하게 배출되는 쓰레기, 빈번한 이상기후 등은 일상생활에서 겪는 위기의 현실이다. 코로나19가 덮친 요즘 선진국, 후진국을 가리지 않고 폭염, 한파, 이상 고온, 폭우, 폭설, 가뭄, 태풍 등은 종말론적 공포감이 협박이 아니라는 것을 절감시키고 있다. 그런데 이대로 가면 심각한 위험이 닥칠 수 있다는 위기감은 가지면서도 사람들은 당장의 일로 실감하지 못한다. 대중매체에서 일상적이 되어버린 생태위기 담론에 면역되고 피로감을 가지기 때문이기도 할 것이다. 환경생태사는 대중들이 심각함을 알면서도 대응 없는 이율

---

24 브레트 클라크 · 레베카 클로센, 「바다의 위기: 자본주의와 해양생태계의 악화」, 『생태논의의 최전선』, 필맥, 2009, pp.181-206.

배반적 현실에 경종을 울린다는 점에서도 정치적이다. 뿐만 아니라 환경오염과 지구온난화는 국가 간 형평성, 일국 내 부유층과 빈곤층 간의 형평성, 세대 간의 형평성에서, 어느 쪽을 우선할 것인가 하는 환경정의의 문제를 회피하지 못하게 한다는 점에서도 정치적이다.

그래프1) 인류세의 지표: 1750~2000

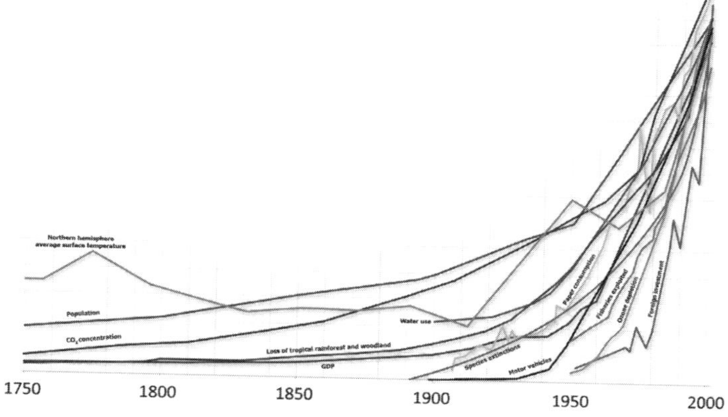

그래프의 선은 인구수, CO_2 배출량, 물 사용량, 열대림 파괴, 자동차 수, 종이 사용량, 물고기 남획량, 해수오염도, 국외투자액 등의 수치변화를 나타낸다.(출처: https://humanorigins.si.edu/research/age-humans-evolutionary-perspectives-anthropocene)

기후의 변화가 인류를 파국으로 치닫게 할지 모른다는 가능성을 한층 심각하게 받아들이는 논의는 인류세(Anthropocene) 담론이다. 환경생태사는 인간이 지구에 가하는 지질적 규모의 충격에 대해서는 거의 상상하지 못했고, 따라서 기후에 좌우되는 인간이라는 관점이었지, 기후를 만드는 인간이라는 관점은 아니라는, 환경생태사의 한계에서 나왔다.[25] 인류세라는 개념은 크루첸(Crutzen) 등이 약 20년 전에 인간과 전 지구적 환경 사이의 관계에서 양적인 전이(shift)를 포착하기 위해서 제기했다. 지구는 약 1만 2천여 년 전부터 시작된 홀로세(Holocene=현세)라 불리는 현재의 지질학적 시대로부터 벗어나고 있고, 인류 자체가 인류의 생존에 필요한 한계조건들을 어지럽히는 전 지구적인 지질학적 동인이 되었기 때문에, 인류의 활동은 홀로세로부터 이탈하여 대재앙이 발생할 가능성에 대해서 큰 책임이 있다는 것이다. 그들은 인류세가 유럽에서 산업혁명이 개시된 1800년 전후에 시작되었고, 1950년대 이후 급속히 그리고 극적으로 진행되고 있다고 파악한다. 산업혁명 이래로 화석연료를 본격적으로 사용하게 되면서 이후 자연환경에 대하여 인간활동이 끼친 영향이 속도와 정도에서 지질학적 힘의 영향에 버금가기 시작했다고 보는 것이다. 차크라바르티는 지난 250년 동안 인류사회에서 가장 중요한 주제였던 포괄적 개념으로서의 자유—인권, 시민권, 마르크스주의, 혁명, 탈식민 운동 등등—가 에너지 집약적인 화석연료의 지속적 사용이라는 기초 위에 서 있었음에도, 인간이 자유를 획득하는 과정은 동시에 지질적 행위자가 되는 과정이라는 자각은 없었다는 사실을 지적한다.[26]

---

25 디페시 차크라바르티, 「역사의 기후: 4가지 테제」, 조지형 · 김용우 편, 『지구사의 도전』, 서해문집, 2010, pp.362-363. 인류세에 관한 이해에 '인류세연구회'의 번역자료에 도움을 받았다.

26 같은 글, pp.364-366.

지질이라는 단어를 염두에 두고 우리 주변을 살펴보면, 아스팔트 위를 걷고 콘크리트 더미 속에서 자며 플라스틱 쓰레기가 바다를 덮고 있는 현실이 새삼 눈에 들어온다. 사암층, 역암층 같이 언젠가 이것들이 하나의 지층을 형성할 것임은 분명하다. '지구의 인간'이 아니라 '인간의 지구'라는 발상, 자연환경은 인간 활동의 결과라는 인식, 그래서 인류 자신이 인류 대멸종의 원인이 될 수 있다는 인류세 담론은 인문학 논의의 전제를 바꾸게 만든다. 가령 위스콘신대학교 '21세기 연구 센터'가 내건 '인류세의 페미니즘'이란 주제나, 허드슨 마크 혹은 프라센짓 두아라가 시도하고 있듯이,[27] '인류세의 역사학'이라는 명제가 가능하다. 고중세가 역사연구의 대상이라면 그 연구란 인류세의 역사학이 홀로세의 역사를 다루는 점을, 근대 이후라면 인류세의 역사학이 인류세를 다룬다는 점을 명확히 하는 명제이다.

어디로 향해할 것인가

대륙사관을 벗어나자는 주장은 기존의 역사관을 해체하고

27 Mark J. hudson, "Placing Asia in the Anthropocene: Histories, Vulnerabilities, Responses", *The Journal of Asian Studies* 73.4, 2014; 프라센짓 두아라, 「인류세(人類世)에서 아시아 연구의 의제」, 『아시아 리뷰』 제4권 제1호, 2014.6. 마크는 인류세가 중국에서 더 빨리 시작되었을 가능성을 제시한다. 두아라의 글은 제목과 달리 주목할 만한 내용을 담고 있지 못하다.

재구성하자는 논의가 되지 못한다. 해양사 연구는 기존의 역사 연구에서 빠진 부분을 채워 넣자는 소박한 수준에서 한 걸음 더 나가야 한다. 그리고 그 걸음은 바다를 둘러싼 우리의 현실에서 출발되어야 한다. 해양을 둘러싸고 현재 일어나는 분쟁은 영토 분쟁에 그치지 않는다. 해양사 자체도 분쟁적이다. 해상실크로드가 대표적인 예이다. 중국 측이 '해양실크로드'를 띄우자, 인도도 여기에 대응하여 인도의 해양실크로드를 '마우삼 루트'라고 명명하며 몬순 계절풍이 만들어낸 인도양 세계를 만들어내었다. 또한 베트남은 평화와 번영, 우호의 사절로 묘사하는 중국 측의 정허(鄭和) 원정은 사실 침략으로, 중국이 그려내는 정허상은 역사 왜곡이라고 비판한다. 노영순은 해상실크로드를 둘러싼 이러한 역사해석권의 분쟁에 관하여 그것을 코즈모폴리턴 커먼즈로 인식하기를 제안한다. 근래에 각국이 해양에 대하여 취하고 있는 태도는 생물학자 하딘이 주장한 '공동자원의 비극'과 같은 결과를 가져올 수 있다. 국경을 넘어서 확장된 자원공간인 해양실크로드는 협력, 평등, 상호성, 지속가능성으로의 출구를 열어주는 공동자원이 되어야 한다는 것이다.[28] 더 차지하고 우리만 차지하려고 하다가는 공멸로 갈 수 있다는 경고이다. 또한 이때 우리란 누구인가를 해양사는 물어야 한다. 중국이나 한국, 일본이 분쟁이 되는 섬을 배타적으로 차지할 때, 배타적 소유의 이익이 그

---

28 노영순, 「초국경 해양실크로드와 코즈모폴리턴 커먼즈」, 『해항도시문화교섭학』 12, 2015, pp.259-287.

들 국민 모두가 공평하게 갖는 몫이 된다는 보장은 없다. '독도는 우리 땅'이기는 하겠지만 말이다. '우리 땅'이라는 주장 자체로 누가 정치적 이익을 챙기는가 하는 점을 문제 삼아야 한다.

해양이 국가가 배타적으로 관리하는 영해가 된 역사는 불과 200년을 넘지 못한다. 그 이전의 해양은 누구도 주인이 아닌 혹은 누구라도 주인이 될 수 있는 공간이었다. 영해의 시대 이후에도 연해의 어장은 복수의 주체가 공동으로 사용하며 관리하는, 공동자원의 대표적인 공간이었다. '공동자원의 비극' 시나리오를 반박하고 공동자원이 행복한 결말을 가져오는 희극이라는 점을 증명하기 위하여 제시된 사례는 미국 동해안의 어장, 뉴저지주 연안, 캐나다 토르코 연안지역, 타이 남부 등 연안 해역을 대상으로 한 인류학적 연구였다.[29] 김경옥에 따르면, 조선시대 도서지역 주민들도 섬과 바다를 공유자원으로 인식했다. 그들은 마을 앞에 있는 바다를 자신들만의 어장으로 여기지 않았다. 인접 마을 주민들의 노동력과 생산량을 고려하여 어장 운영을 결정했다. 마을과 마을 간의 어장 경계는 문서가 아니라 상호 암묵적인 동의 아래 시행되었다.[30] 공동자원이 완전히 사유화되지 않거나 정부가 규제하지 않으면서도 지속적으로 관리되었던 사실은 사(私, private)와 공(公, public) 사이의 공(共, commons)이 존재했음을

---

29 이노우에 마코토 편, 최현 · 정영신 · 김자경 역, 『공동자원론의 도전』, 경인문화사, 2014, pp.15-36.

30 김경옥, 「20세기 전반 장흥 노력도 대동계의 조직과 운영」, 『역사민속학』 33, 2010.

실증해준다. 이 점이 주목받아야 하는 것은 '근대'가 모든 소유를 개인소유와 국가소유로 양극화시키며 공공영역을 왜소화시킨 시대적 추이를 성찰하는 작업이 될 수 있기 때문이다.

유럽중심주의를 극복할 수 있는 대안으로서 지구사에 대한 관심을 촉구하지만, 지구사가 제시하는 비교, 관계, 탈중심 등의 키워드 또한 서구학계에서 발신된 대안의 수신임은 사실이다. 여기에는 하나의 반추와 하나의 공명이 요구된다. 결국 유럽중심주의의 극복 그 자체도 서구학계에서 제기된 바가 한국학계에 소개 수용되는 점 자체, 다시 말하여 유럽(구미)학계의 논의로서 유럽중심주의의 극복을 추구하는 아이러니에 대한 반추이다. 결국 유럽중심주의의 극복이라는 논리도 여태껏 한국사회와 학계를 지배해온 서구의 틀과 이론의 범주를 벗어나지 못하는 것이다. 이론은 현실문제를 해결하기 위해 출발하고 서구의 이론은 서구의 문제에서 출발한다. 서구의 이론을 수용하면, 그들의 눈으로 우리 사회의 문제를 재단하기 십상이다. 이러한 점은 늘 염두에 두어야 한다. 그러나 이러한 대안이 서구학계의 수입품이라 하여 외면하는 것은 소아병적이다. 이러한 대안이 우리에게 지적 자극으로 와닿는 것은 세계의 지구화로 인하여 그리고 동아시아의 산업화로 인하여, 서구와 동아시아는 유사한 사회문제에 당면하고 있기 때문이다. 지적 자극이란 유사한 현실문제에 당면하여 공명하는 반응이다. 유럽 근대성이 갖는 문제가 차크라바르티와 딜릭이 톺아보는 "국민국가, 기계산업, 전 지구적 제국,

근대적 주체의 문제"[31]라면, 이러한 문제가 서구의 문제이기만 한 것이 아니라 전 세계의 문제, 우리의 문제이다. 20세기 후반 이후 가속도가 붙은 세계화는 근대의 문제를 세계화시켰다.

서구중심주의는 지구사·생태환경사 등으로 일정 정도 해소된 듯하다. 그러나 근대중심주의는 그것이 지닌 다양한 문제가 지적되어 심각한 균열이 일어났지만, 그것을 대체할 대안적 논리는 구체화되지 못했다. 이 점에서 서구중심주의와 근대중심주의를 집요하게 비판하고 그 대안을 모색한 국내학계의 두 가지 제기가 주목된다. 하나는 열대학이다. 이종찬은 서구가 열대에 미친 영향이 아니라 열대가 서구를 어떻게 만들어갔는지 드러내어, 서구의 근대를 만들어낸 거울로서 열대 자연사를 강조했다. 뿐만 아니라 근세 일본-서구 사이의 문화적 접촉에 일본-열대 동남아시아-유럽으로 일본과 유럽 사이의 인터페이스로서 열대무역의 의미를 부각시켰다. 이러한 작업을 통하여 그는 열대학의 구축을 시도하고 있다.[32] 열대학적 접근에 해양사의 이해는 불가결한 조건이다. 열대학 구축의 제언은 과거 조선시대 학인들뿐 아니라 한반도 주변 해역에만 맴도는 한국해양사 연구에 대한 질타로도 들린다. 또 하나 "전근대로 근대를 심문"하자는 배항섭의 제안도 주목된다. 이 제안은 서구학계의 논의를 참조하면서도 동아시아 고유의 대안적 시각을 찾아내려는 노력으로 구체화

31 제리 벤틀리, 「다양한 유럽중심의 역사와 해결책들」, 『지구사의 도전』, p.126.

32 이종찬, 「근대서양사는 열대를 어떻게 은폐시켰는가」, 『서양사론』 128, 2016; 이종찬, 『난학의 세계사』, 알마, 2014; 이종찬, 『열대와 서구』, 새물결, 2009.

되어가고 있다.[33] 해양사에서 대륙사를 재구성하자는 논의가 가능하다면, 해양사로 대륙사를 심문할 수도 있다. "전근대로 근대를 심문"이 전근대의 소농경제, 유교, 관료제로서 근대를 묻는다면, 해양사는 공동자원 경제, 도교나 토속신앙, 천민(賤民)적 유동성으로서 대륙사를 심문할 수 있지 않을까?

윤명철은 해양사적 관점의 특징의 하나로 해양민들이 호족성이나 무정부성, 거점성을 지니고 있다는 점을 들었다.[34] 해양사에 로컬리티적 측면이 강함을 지적한 혜안이다. 로컬리티 논의 가운데 중요한 키워드의 하나는 이동성이고, 해양은 인간이 이동하는 자연공간이다. 이동은 비대칭적인 힘에 의해 이루어지고, 이동의 네트워크는 장소적 의존성이 강하다. 이동성은 고착성과 표리를 이룬다. 항구, 공항, 철로 등은 이동을 가능하게 만드는 고착점이고, 인간과 물자는 이 고착점이라는 장소에 의존하여 이동한다. 해양사에서는 이동, 네트워크, 교류, 교역을 긍정적으로 부각시킨다. 그러나 이동과 교류에는 자발성과 함께 폭압성, 강요성, 그리고 배제의 원리도 작동한다.[35] 더욱이 환경생태사나 인류세의 관점에서 보면, 해양을 통해 이루어진 근대의 교류는 자연파괴 환경훼손에 크게 이바지했다. 해운을 통하여 근세에는 차, 아편, 정향 등의 기호품이, 근대에는 곡물, 석탄, 공업제

---

33 미야지마 히로시 · 배항섭 편, 『동아시아는 몇 시인가』, 너머북스, 2015.

34 윤명철, 「해양사관으로 본 한국고대사의 발전과 종언」, 『해양사관으로 본 한국사의 재조명』, 재단법인 해상왕장보고기념사업회, 2004, pp.17-18.

35 「좌담회: 이동성과 로컬리티」, 『로컬리티인문학』 6, 2011, pp.14-24.

품 등 엄청난 대량 그리고 대규모의 화물이 원거리 대륙 간에 이동했다. 이런 이동의 배후에는 이윤, 개척, 성장, 발전이라는 자본주의의 이념과 논리가 작동했다. 이러한 이동에 대하여 지구사는 탈경계 · 혼종성 · 크로스보더(cross border)라는 담론으로 재해석해내고, 이러한 담론이 한국학계에서는 유력하게 유통되고 있다. 그러나 이러한 담론이 세계화와 자본의 헤게모니적 질서를 추인하는 논리로서 갖는 위험성은 종종 지적된다고 고은미는 소개했다.[36] 자본에 의한 세계화가 전 지구적으로 구동된 20세기 후반 이후 어느 때보다도 탈경계 · 혼종성 · 크로스보더가 광범위하고 뚜렷하게 진행되고 있는 현상임은 분명하다.

또한 이 시기는 인류세 담론이 말하는 거대 가속(the great acceleration)과도 일치한다. 탈경계 · 혼종성 · 크로스보더라는 레코드의 A면은 〈그래프 1〉이 보여주듯이 세계인구의 급증, CO2 배출량, 석유소비량, 자동차의 폭발적인 증가, 심각해지는 해수오염과 어종 감소라는 레코드의 B면과 동시에 돌아가고 있다. 환경생태 논의에서 기후위기에 대처하는 하나의 방안으로 로컬 차원의 공동체가 자주 강조된다. 다른 로컬과의 교역은 필요한 만큼으로 한정하고, 투자와 자본은 지역에 뿌리를 박고 지역 안에서 순환하는 로컬경제가 그것이다. 이러한 로컬리티의 가치는 유통 · 교환 · 교류를 부각시키는 해양사와 배치된다. 근대중심의

36 고은미, 「글로벌 히스토리와 동아시아론-일본의 연구성과를 중심으로」, 『대동문화연구』 94, 2016, p.495.

사고가 문제라면, 근세 동아시아의 해금(海禁)은 달리 해석될 여지가 많다. 바다로의 진출, 바다를 통한 교역에 과다한 의미부여를 지양한다면 바다에의 무관심이나 공포, 바다를 빗장으로 잠군 역사에서 또 다른 가치와 의미를 찾아낼 수도 있다. 이 점에서 진관타오(金觀濤)가 제시했던 '초안정적 중국봉건사회론'은 다시 기억해낼 만하다. 그는 이천여 년 전근대 중국의 사회구조가 초안정적으로 유지되어왔다고 보면서, 경제시스템에서 자작농의 지나친 감소와 과다한 상품 경제의 발달은 초안정 구조를 교란시키는 요소로 간주했다.[37] 해금했던 명청(明清) 왕조는 장기간 초안정적 구조를 유지할 수 있었지만, 해상교역이 발달했던 송(宋) 왕조는 북방민족에 억눌렸다. 전통시대 동아시아 각 왕조가 유사한 동형구조를 형성하고 있었다면, 한도를 넘어선 상품경제의 발달은 왕조체제의 불안요소로 작동하고 한 왕조의 체제불안은 동아시아 전체질서의 교란을 수반하기도 한다.

해양을 통한 전근대사의 평화로운 교류 · 교역에서 오늘날 해양 영토분쟁에 답을 얻으려는 것은 낭만적 발상이다. 평화롭고 조화로운 모습만 추출하여 현대의 정치담론에 역사모델로 제공하려는 재닛 아부-루고드 등의 전근대 해역사 연구가 이미 비판받고 있다는 소개는 경청할 가치가 있다. 인도양 연구 전문가 센(Tansen Sen)은 서구 제국주의의 진출 이전의 아시아 역내 교역

37 金觀濤 저, 하세봉 역, 『중국사의 시스템이론적 분석: 초안정적 중국봉건사회론』, 신서원, 1997.

세계에서도 유럽에서와 마찬가지로 무력행사, 상업적 이윤추구, 외교전략, 외세개입, 지역갈등이 똑같이 중요한 요소였지만 무시되어온 사실을 지적했다고 박혜정은 소개한다.[38] 물고기가 인간의 역사를 뒤흔들었다는 김문기의 연구는 자연사와 인간사, 좀 더 구체적으로 말하면 해양생태환경사와 형성기 국민국가를 유기적으로 결합시켜 주목된다. 1850년을 전후하여 한랭 기후가 온난기로 전환되고, 이 기후변동이 동아시아 해역에서 청어 등의 물고기를 이동시키고, 청어의 어획 고갈이 한·중·일 국가 간 분쟁을 불러왔다.[39] 김문기의 연구는 두 가지 측면에서 유의미하다. 하나는 해양사에서 대륙사를 심문할 때 무엇이 가능한가를 실례로 보여준다. 기후변동을 통한 해양사적 접근이 얼마나 기존의 역사상=대륙사를 전복시킬 수 있는가를 보여주는 대표적인 모델이다. 또 하나는 기후변동이 해양환경의 변화에 작용하고 그것이 국가 간 분쟁을 유발했다는 사실의 제시이다. 이러한 역사적 사실은 해수온도 상승과 기후위기가 앞으로 국가 간 분쟁을 더욱 촉진할 가능성이 있음을 예언한다.

여기다 인류세 담론이 말해주는 시사를 떠올리자면, 산업혁명 이후 그리고 20세기 후반이 인류의 역사에서 너무나도 극적

38 박혜정, 「지구사적 관점으로 본 동아시아사의 방법과 서술」, 『동북아역사논총』 40, 2013, pp.126-130.

39 김문기, 「기후, 바다, 어업분쟁: 1882-1910년간 조청어업분쟁의 전개」, 『중국사연구』 63, 2009; 김문기, 「소빙기와 청어-천·해·인의 관점에서」, 『역사와 경계』 89, 2013; 김문기, 「온난화와 청어-천·해·인의 관점에서」, 『역사와 경계』 90, 2014.

으로 변하는 획기적인 전환기이고, 그 시기는 자본주의의 세계화 시기와 겹친다는 점이다. 인류세 담론에서 거대 가속(The Great Acceleration)의 출발점은 1944년 브레튼우즈 회의 이래, IMF, 세계은행, GATT의 3각체제로 세계화가 가속되는 시점과 일치하는 것이다. 비판적 견해에 따르면, 이들 기구의 주된 목적은 환경을 무제한 착취하는 초고속성장 조장, 수산자원 같은 세계 공동자산, 공공보건 등 공적 서비스의 사유화, 기업에 대한 규제를 완화하여 무제한으로 국가 간 자본이동이 가능하도록 하는 데 있다는 것이다.[40] 팽창 · 폭력 · 약탈의 근대해양사를 외면하고서는, 자본주의의 세계화, 동아시아의 경제성장 제일주의가 해양생태환경을 변화시킨 점을 직시하지 않고서는, 해양 영토분쟁에 답을 찾기 어렵다.

근대해양사가 유럽세계의 외부로 향한 팽창, 폭력, 약탈로 현현했다면 21세기의 온난화로 인한 기후위기는 사회 내부로 향하여 그것이 또 다른 얼굴로 재현될 가능성이 있다. 지구온난화로 인하여 폭염, 폭우, 폭설, 가뭄, 태풍이 빈발하고, 기후위기와 생태계 파괴는 심각한 식량난과 사스, 메르스, 코로나19 같은 새로운 팬데믹 질병의 증가를 가져오며, 해안에서는 해수면 상승이 예상된다. 2016년 10월의 태풍 '차바'에 부산의 마린시티나 해안 매립지 등 인공시설물로 인한 곳이 유독 심각한 피해를 입었다.

---

40 허장, 「서평: 세계화에 대한 환경주의의 대안」, 『환경사회학연구 ECO』, 2003, pp.219-223.

울리히 벡은 기후변화가 자연재해뿐 아니라 사회적 변화와 위험을 수반할 것이라고 예상한다. 이나미의 정리에 의하면, 벡은 통제할 수 없는 위험을 대면하면 사람들은 무력감과 회피 심리, 각자 도생의 개인주의화가 증대될 것이라고 본다. 긴급사태와 파국적 국면은 민주적인 대안을 강구하기보다는 전문적 과학지식을 무기로 한 국가권력의 일사분란한 대처를 정당화하게 되고, 사람들은 비민주적인 상황에 익숙해진다. 더욱이 자연재해의 위기는 사회적 증오를 일으킬 수 있다. 벡은 사람들이 취약한 소수자를 희생양으로 삼아 증오를 분출하여 자기 위안으로 삼을 것이라 한다.[41] 대외적으로는 국가주의가 팽창하면서 자민족중심주의가 극단화되며 국제분쟁을 임계점으로 밀어붙일 가능성도 높다. 미국대통령 선거에서 하층 백인들의 트럼프에 대한 열광이나 북한의 핵실험에 대한 국론통일을 강조하는 한국 대통령의 언사 그리고 최근 코로나19에 대한 각국의 대처는 기후재난이 닥칠 때 울리히 벡의 예상이 실현될 가능성을 보이는 징조이다.

바다는 근대성이 유입되는 통로이자 입구였다. 근대의 한 가지 속성은 베네딕트 앤더슨의 『상상의 공동체』가 말하듯 시간의 균질화이다. 근대성은 기계적 시간의 규칙성이다. 근대는 바다에서 시작되었음에도 불구하고 바다에서 기계적 시간의 규칙화 정도는 약했다. 엄격한 정기성과 확실성은 범선의 시대에는 불가능

41 울리히 벡, 『위험사회』, 새물결, 1997; 이나미, 「기후변화로 인한 사회적 위기와 공동체의 대응」, 『인문과학』 60, 2016, pp.14-19에서 요령 있게 소개하고 있다.

했다. 바람, 조류, 해류 등 자연조건에 따라 항해하지 않을 수 없었기 때문이다. 1870년대 이후 증기선이 범선을 제치고 해운의 주역이 되어 해운에 정기성과 확실성이 담보될 수 있게 되었다. 육지에서 철도가 부설되면서 인간들은 달력과 시계가 가리키는 근대의 시간에 적응해갔고, 철도와 연접하여 화물이 운송되어야 할 선박에게도 속도와 예측 가능성이 요구되었다. 기계동력의 증기선은 이러한 요구에 부응할 수 있었다. 우편물 운송, 다수의 여객교통이 있는 항로에서부터 정기선의 취항이 시작되었다. 19세기 말 이후 정기 여객선, 정기 화물선이 정시에 여객이나 화물을 운반하게 되었다. 해저 전신의 도입은 화물운임 시세를 실시간으로 파악할 수 있게 만들어 해운의 정기성에 박차를 가했다. 한편으로 해저 전신을 통한 실시간 시황 정보는 가장 싸게 사서 가장 비싼 곳으로 팔 수 있는 화물을 싣고 나르는 부정기 화물선이 활동할 여지를 남겼다. 또한 부정기선은 식량 등 농산물 풍흉작에 따라, 그리고 철광석 · 석탄 등 대량의 무거운 화물의 시장 상황에 효율적으로 대응할 수 있었다. 이 때문에 부정기선은 정기선 이상으로 오랫동안 높은 비중을 유지했다.[42] 바다에서 시작된 근대는 육지에 기계적 시간의 규칙성을 관철시켰다. 그러나 바다에서 시간의 규칙성은 완결되지 못했고, 이 점은 오늘날까지 지속되고 있다. 분 단위로 탑승하는 비행기와 달리 배는 두세 시간

42 대니얼 R. 헤드릭 저, 김우민 역, 『과학기술과 제국주의-증기선 · 키니네 · 기관총』, 모티브북, 2013, pp.210-214; 아니스트 페일 저, 김성준 역, 『서양해운사』, 혜안, 2004, pp. 317-334.

의 유격을 두고 승선하며 태풍, 파랑, 해무 등으로 인하여 하루 이틀의 시간적 지체는 자주 생긴다. 항공에 비해 해운은 속도가 떨어질 뿐 아니라 예측가능성도 낮다. 시간의 규칙성을 보편화시킨 근대가 바다에서 시작되었으면서도 바다가 시간의 규칙성에서 더딘 점은 해양에서 근대를 볼 때, 근대의 다른 측면을 상상할 가능성을 시사한다.

해양사는 역사 연구의 논리뿐 아니라 역사 서술의 방식에서도 자기 갱신할 가능성을 내포하고 있다. 새로운 세계사를 주창하는 하네다 마사시는 시계열에 집착하지 않는 역사를 새로운 역사서술 방법의 하나로 제시한다. 시계열사는 특정한 공간이나 집단이 일정 기간 존재했다는 것을 전제로 해야 하고, 그것이 직선적인 시간의 흐름에 따라 독자적으로 전개되었다고 이해하는 방식이고, 따라서 실제보다 유럽·중국·일본 등과 같은 개념을 현실로 만드는 중요한 장치라는 것이다.[43] 인과관계로 설명하기 힘든 우연적·돌발적 요소가 보다 많이 개재하는 해양사에서 시계열적 서술만이 최선이라고 보장하기 어렵다. 조승래가 소개하는 드닝의 저서는 이 점에서 흥미롭다. 18세기 말 바운티호에서 일어난 선상반란을 다룬 드닝의 저서는 마치 희곡처럼 막과 장 그리고 막간으로 구성되어 있다. 또한 막과 장이 반란 사건의 시간 순으로 구성되지도 않았다. 저서의 이러한 구성은 역사가 과

43 하네다 마사시 저, 이수열 역, 『새로운 세계사-지구시민을 위한 구상』, 선인, 2014, pp.166-168.

학적 지식이라는 근대역사학=유럽중심주의적 역사주의를 부정하고 역사지식은 현재의 문화적 욕구를 만족시키는 일종의 허구라는 그의 생각이 반영되어 있다고 한다.[44] 강단 역사학이 생산하는 역사란 무엇인가 하는 질문이 필요함을 말한다.

더욱이 인과론적 해석에 대하여 서발턴 그룹은 본질적인 문제를 지적한다고 김택현은 안내한다. 역사학은 시간을 축으로 그 전후를 인과론적으로 설명한다. 그런데 서발턴 그룹은 그것이 '회고적으로' 구성된다는 점을 상기시킨다. 역사적 사건들의 인과적 진행은 역사학자들의 사유 안에서의 '역행(逆行)'에 따라 이루어진다. 그것들을 원인과 결과의 위치에 배치하는 것은 '사후의' 역사학자들의 작업이다. 원인이 결과를 낳는 것이 아니라 결과가 원인을 구성하는 것이다. 그런데도 역사적 사건들이 '실제로' 인과관계의 연쇄를 이루면서 시간의 질서에 따라 순차적으로 전개되는 것처럼 보이는 것은 일종이 '착시효과'이며, 그것은 역사학자들의 사유방식이 투사된 혹은 그것을 드러내는 것이다. 그러므로 인과관계에서 배제된 사실들은 역사성을 갖지 못하고 역사 외부로 추방된다고 비판한다.[45] 이러한 비판은 역사학의 존

44 Greg Dening, 『블라이 선장의 잘못된 언어, 바운티 호 선상의 욕망, 권력, 그리고 무대(Mr. Bligh's Bad Language, Passion, Power and Theatre on the Bounty, Cambrigde)』, 1992; 조승래, 「유럽중심주의 논쟁과 세계화 시대의 새로운 역사인식」, 『지구사의 도전』, pp.232-233.

45 김택현, 「역사학 비판으로서의 서발턴 역사」, 『사림』 49, p.384. 이러한 포스트모던 역사학적 비판에 반비판은 가능한 일이나, 역사연구의 본질을 드러내고 있다는 점은 분명하다.

재이유를 뿌리째 흔들고 있다. 시간을 축으로 하는 인과론적 설명, 그 테두리 밖의 역사서술이 어떻게 가능할지 상상하기는 어렵다. 마치 자본주의의 바깥을 상상하기 어려운 것과 유사하다. 다만 해양사가 갖는 우발성은 티핑 포인트(Tipping Point)를 연상시킨다. 중대한 변화가 일어나는 위기상태라는 의미의 티핑 포인트는 엄청난 변화가 때론 사소한 일에서 시작되어 급속하게 발생하는 현상을 설명하는 개념이다. 이는 일반적인 인과관계적 해석의 틀을 벗어난다. 혹은 환경생태사에서 제기한 "파국의 미래에 대한 기억", 공간이론이 언급하는 "유동하며 불안정하고", "침묵, 추방, 이탈" 혹은 해양민들의 "무정부성" 등이 키워드가 될 수 있을지도 모른다. 그렇다면 지금 역사학은 엄밀한 논리성을 추구하는 역사과학에서 시간과 공간을 가로지르는 인문학으로 변신할 시점이 아닐까.

덧붙이는 글

도대체 내 공부는 무엇이었던가

40년 연구생활을 접으며

2021년 오스카상 수상 당시 배우 윤여정 씨가 연기철학을 묻는 질문에 "철학 같은 건 없어", "먹고살기 위해 절실하게 연기했어"라고 했다고 라디오에서 들었다. (나중에 LA에서 한 기자회견 기사를 찾아보니 앞의 멘트는 보이질 않는다.) 그가 자신의 연기철학을 말했든 아니든 그의 연기철학은 영화평론가들이나 후배 연기자들에게 탐구되며 유산으로 남을 것이다. 시니어 인문사회과학자들에게 당신의 학문·연구 철학은 무엇이었느냐는 질문을 받고서 "철학 같은 건 없어"라고 답해도 좋을까. 하긴 나도 "먹고살기 위해서" 글을 쓰고 강의했다고 하는 것이 솔직할 것이다. 연구생활을 돌아보고자 하는 이 글이 솔직해지자면, "철학 같은 건 없어"라는 말이 맞을지 모른다. 그러나 몸으로 표현하는 연기자와 달리 글과 이론으로 먹고사는 직업인 인문사회과학자가 연구의 철학이 없다는 말은 무책임하고 무능력의 증명이기도 하다. 그러니 억지로라도 철학을 만들어내야 하고, 있었던 듯해야 한다. 더구나 나는 일 많은 학교보직을 한 것도 아니고, 대형 프로젝트를 유치하여 학교에 이바지하지도, 석박사 배출에 시간을 투자했던 것도 아니다. 오로지 내 개인의 연구에만 매달린 셈이니, 그동안의 내 공부가 '도대체' 무엇이었는지 자문하지 않을 수 없다. 학계나 지식시장에서 내 연구가 주목받은 적도 없었고 양적으로 많은 것도 아니다. 겨우 단독저서 3권 정도이니 연구생활 40년의 결실로는 초라하기 그지없다. 뛰어난 학자나 명문대학에 재직한 학자들은 동료나 선후배들의 평론으로 그들의 학문에 의미와 가치가 부여될 터이나, 내 공부를 평해줄 동료도 후학도 갖지 못한 나는 내 스스로 뒤돌아보지 않을 수 없다.

열등감의 외톨이와 지식인

부산대학 영문과에 지원했다가 제2지망 칸에 생각 없이 적었던 사학과에 입학통지서를 받자, 부모님과 주변의 지인들은 재수를 권유했다. 사학과 나와서 "뭘 해 먹고 살 거냐"는 다그침이었다. 영문과는 사촌형이 "영어 하나만 잘하면 먹고사는 데 걱정 없다"는 조언에 따른 선택이었다. 고교 1, 2학년 때까지만 해도 '무슨 과든 서울대' 하던 심리가 아직 남아 있어 당초는 재수를 생각하다가, 지옥 같았던 고3 공부를 다시 할 엄두가 나지 않아 사학과에 등록했다. 졸업 후 진로로 언론인을 염두에 두고 1년간 학교를 다니다가 적응하지 못하고 전투경찰에 자원입대했다. 제대 후 대학원 진학을 생각하며 역사학 가운데서 동양사학으로 가닥을 잡았다. 우리 사회는 동양의 전통이 사라지고 서양문화의 수입에 매달리고 있다는 생각을 했다. 한국사 공부와는 달리, 아무나 읽을 수 있는 것이 아닌 일본책, 중국책, 한문서적을 서가에 가득 채워둘 미래의 장면이 멋있을 듯한 지적 허영심도 작용했겠다.

고등학교 시절, 누구나 다 서울대에 가야 하는 줄 알았다. 1

학년에서 2학년으로 진급하며 그 꿈이 멀어짐을 알았고 3학년으로 진급하면서 단념해야 하는 현실을 받아들여야 했다. 아무리 열심히 해도 성적이 오르지 않는 장삼이사(張三李四)에 불과하다는 확인은 재능 있는 친구들과 비교하면서 열등감을 가지게 만들었다. 공부 못하는 범생이는 결코 범생이 반열에 낄 수 없었던, 문제학생이라도 성적만 높으면 인정받는 것이 당시 명문고교의 분위기였다. 수재는 아니라도 강인하고 뚝심 있는 맷집의 소유자라면 좋았을 것이다. 내가 여리고 순진하게 보이는 동안의 얼굴에다 온실 속 화초같이 살아온 소심하고 유약한 인간이라, 눈앞의 이익에 흔들리지 않거나 속으로 계산하지 않는 심지 강한 친구나 선배가 부러웠다. 강인한 뚝심과 수재 모두 내겐 해당되지 않는 항목이었다. 드센 기질의 맷집이라면 수재를 대수롭지 않게 여길 아집을 가졌을 터이고, 수재라면 엘리트 의식으로 무장되었을 것이다. 난 어느 경우도 아니라는 자의식이 비교 속에서 형성되던 때가 대학 시절이었다.

대학 시절 나는 서클 즉 동아리나 친구 혹은 선배로부터 사상적 영향을 받는 경우는 적었고, 혼자 서점가에서 이 책 저 책을 들추며 흥미가 가는 책을 펼쳐보며 지적 갈증/장식을 채웠다. 그 당시 '삼성문화문고'가 다양한 서구 사조를 소개했고, 군생활 때부터 삼성문화문고를 수십 권 넘게 사 모았다. 용돈으로 살 수 있는 문고본 가격 때문이기도 했다. 연구실도 없던 시절에 몇 차례 이사하면서 책 둘 곳이 없어 다 버렸다. 『명이대방록』, 『제로성장사회』, 『목근통신』, 『반주류의 경제학』, 『예종에의 길』, 『민족주의』, 『세계사 편력』, 『양명학연론』, 『역사의 원동력』 등이 내가 구입했던 책들이다. 지금 온라인에서 삼성문화문고의 목록을 살펴보니, 동서고금을 아우른 묵직한 지식이 망라되어서 놀랍다. 그 도서목록은 1970년대 한국을 대표하는 지식인들이 시민들이 읽어야 할 교양이라고 판단하고 선택한 주제들이다. 정치적으로 보면, 그 주제들은 대체로 보수적인 성향이 강하다. 이와나미문고 등 일본의 문고 시리즈를 참고하여 내용과 주제를 선택했을 것인데, 20세기 후반 한국지성사의 이해에 이 도서목록은 반드시 검토되어야 할 사항이다. 1980년대 출판문화운동은 삼성문화문고로 대표되는 70년대에 대학교수로 재직하던 지식인들의 지적 흐름에 대한 반기이지 않을까 싶다. 지금 내용은 생각나지 않으나 『목근통신』에 감동했던 기억은 살아 있다. 인터넷에서 내용을 찾아보니 일본인의 모멸에 대한 민족적 항의가 주된 내용이다. 대부분의 책이 논리적이고 사변적인데 비해 이 책은 에세이여서 이해하기 쉬웠기 때문일 것이다. 『명이대방록』이나 『양명학연론』은 사학과 학생이니 읽어야지 하고 구입했지만 쟁여두기만 했다. 『제로성장사회』 등 사회과학류가 많은 것은 당시 대학생이었던 나는 현실 사회에 대한 관심이 역사보다 높았다는 걸 짐작게 한다.

동양사학으로 방향을 잡았으면서도, 역사 관련 도서나 동양 고전에 손길이 뻗지 못한 것은 아이러니다. 한번은 학부시절에 친구 류일현과 초량의 화교서점에 갔다가 그 친구가 『이아(爾雅)』를 집어 드는 걸 보고 놀란 적이 있다. 지금도 이 책 이름을 기억하는 건 당시 그만큼 충격이 컸다는 증거이다. 중국에서 가장 오래된 한나라 때의 언어해석학 사전이라는 『이아』를 친구가 알고 있다는 사실 자체에 놀란 것이다. 그러나 그 충격이 한문고전에 대한 관심으로 나를 유도하지는 못했고, 여전히 나는 사회과학류에 눈길이 가고 있었다. 1970년대 말 80년대 초 현대사상사에서 출판된 책들도 내 호기심을 끌었다. 그 가운데 로버트 존슨의 『반문화운동과 종교』, 한완상의 『지식인과 허위의식』, 루이스 코우저의 『지성사의 전개』, M. 엘리아데의 『우주와 역사: 영원회귀의 신화』 등이 구입했던 책이지 싶다. 그러나 삼성문화문고와 현대사상사의 책들을 당시 나는 거의 소화하지 못했다. 조금 읽다가 만 것이 대부분이다. 수필이나 소설 정도가 내가 소화할 수 있을 정도였다. 돌이켜 보니, 동양학을 하겠다고 하면서도 동양고전에는 무지한, 사회이론으로 접근하는 나의 인문학 공부는 이 무렵에 이미 예비되어 있었던 모양이다.

학벌 콤플렉스에서 벗어나게 해준 책은 파울로 프레이리의 『페다고지』였지 싶다. 서울대 콤플렉스가 작동하여 대학 1년 때는 고시공부를 하여 나를 증명해보나 하는 과욕이 잠시 스친 적도 있었다. 『페다고지』는 학교의 성적이란 얼마나 사회질서에 잘 순응하는가 하는 척도라는 점을 일깨워주었다. 금서목록에 올라 있던 책이라 더 탐독하게 만들었지 싶다. 『페다고지』보다 앞서 지식인 양하게 만든 건 당시 대학생이면 누구나 펼쳐 보았던 헤르만 헤세의 『데미안』, 『싯다르타』로, 영혼의 심연이라는 새로운 세계가 있음을 알게 했다. 기억에 남아 있는 한 구절은 유명한

"새는 알을 깨고 나온다"로 책표지에도 적혀 있던 문구였지 싶다. 선과 악, 위선과 위악 등 우리는 그때 헤세를 인용하여 편지를 쓰거나 헤세의 책을 선물로 주고받으면서 동류의식이나 공감대를 가졌다. 우리는 상대방에 대한 호의를 편지나 책갈피 메모로 표했던 청춘의 시대를 살았다. 아내가 치매로 사고기능이 멈춘 후, 아내가 받아 보관하고 있는 수십 통이 넘는 편지를 열어 보았는데, 역시 유사하다. '편지 시대'의 청춘은 '카톡 시대'의 노년으로 오늘을 살고 있다. SNS의 오늘날 청춘은 수십 년 후 자신의 청춘을 어떤 시대로 기억하게 될까.

『데미안』보다 앞서 열독했던 건 콜린 윌슨의 『아웃사이더』이다. 버리지 않고 책장에 꽂아두고 있던 이 책을 찾아 열어보니, 책 종이는 누렇게 변했고 세로쓰기로 인쇄된 책이다. 책 후미에 찍은 소장자 날인 도장과 함께 고3 말인 '1974년 12월 보수동에서 구입'이라 메모가 적혀 있다. 책을 펼쳐 보니 책 전체의 여기저기 줄 쳐진 구절이 있다. "아웃사이더는 사물을 꿰뚫어 볼 수 있는 유일한 그리고 고독한 인간이다", "세계의 공허함과 비현실성을 자각하고 죽음과 새벽 사이에 닥치는 통찰을 얻으면 그 뒤엔 자연히 확신이 생기기 마련이다" 등등. 수많은 문장 가운데 왜 이런 구절들에 줄 친 건지 지금은 그 무렵의 감각이 생각나진 않는다. '영혼', '신비', '자기기만', '자화상', '미망', '고독' 등의 단어를 입시공부에서 해방된 고3 말기의 수준으로 수용했으리라.

당시 한편으로 종교에 관심이 갔다. 1학년 생활을 접고 군 입대가 예정되어 있던 1976년 초에 표충사 내원암에서 두 달여를 보냈다. 『논어』를 제대로 읽어볼 요량으로 을유문화사의 책과 기타 몇 권을 지니고 갔었다. 마침 내원암에서 곧 토굴에 들어가 정진할 예정이라는 젊은 스님을 만나 식사 시간 전후에 이런 저런 불교 이야기를 듣는 기회가 있었다. '마구니', '구산스님', '선지식' 등이 기억에 남아 있다. 제대하고 복학한 후 반승반속(半僧半俗)의 친구 형님 지암 거사를 만나 금강경을 1~2년 배우기도 했다. 내원암에서 지낼 당시 30대 중반이었을 법한 그 젊은 스님의 형형한 눈매의 힘이 너무 강해 눈길을 맞추기 어려웠다. 한 번은 오기로 눈에 힘주고 맞보려 했는데 얼마 못 가 내 눈길을 떨어뜨렸다. 참선의 힘이 저렇게 강한가 싶었다. 나보다 예닐곱 나이가 위였던 지암 거사는 대학 시절에 록밴드의 멤버였던 뮤지션이었는데, 불교에 침잠하여 한두 달 장좌불와(長座不臥)하며 용맹정진한 분이었다. 지암 거사에게서 몇 년 불교를 배우고 집 근처 절에서 좌선을 하곤 했다.

70년대 말에 출간되어 베스트셀러가 된 김성동의 소설 『만다라』는 젊은 스님에게 들은 얘기가 있어 진하게 와닿았다. 이후 걸레스님 중광을 친구들과 등산 갔다가 우연히 만나 공세적인 대화를 나눈 기억도 있다. 최인훈의 「라울전」에서 다음의 문구를 독서카드에 옮겨두었다. "옹기가 옹기장이더러 나를 왜 이렇게 못나게 빚었냐고 불평을 한들 무슨 소용이 있으랴. 옹기장이는 자기 뜻대로 못생긴 옹기도 만들고 잘생긴 옹기도 빚는 것 아니냐." 타고난 내 재능에 대한 열등감이 오버랩되었기 때문이지 싶다. 1960년 전후에 최인훈의 명작 『광장』 외에 「라울전」도

출간되었다는 점이 신기하다. 이문열의 『사람의 아들』(1979) 등과 함께 60~70년대에는 기독교가 그리고 불교가 문학작품을 통해 재해석되며 독자들에게 종교라기보다는 하나의 철학적 사유로서 한국사회에 강한 호소력을 지녔던 것이 아닐까 싶다. 엘리아데의 『성과 속』, 라인홀드 니버의 『도덕적 인간과 비도덕적 사회』, 국내 학자가 쓴 『종교사회학(?)』도 흥미로웠다. 이러한 종교학 이론서의 유통은 종교를 소재로 한 문학작품과 짝을 이룬 현상이다. 그 후에도 종교에서 떠나지 못한 것은 청년시절의 각인 탓인지도 모른다. 다만 종교가 내 연구에 삼투된 바는 없다. 마흔을 넘기며 불교에서 천주교로 갈아탔다. 일본 도쿄에서 천주교 영세를 받았다. 깨달음으로 자신을 구한다는 자력종교 불교는 마흔의 나를 구해주지 못했다. 그래서 신이 정해둔 길로, 신의 노예로 살기로 했다. 1996년 도쿄대학에 공부하러 갈 무렵, 기대하던 채용 인사가 무산되었다. 당시 신임교수 채용을 40살로 제한하는 경우가 많았고 그 때 나는 마흔을 넘어서고 있었다. 이후 천주교에서 영적인 영감은 성경과 사유가 아니라, 성당 스테인드글라스에 비쳐드는 햇살, 성가대의 성가에 귀 기울이며 매료되는 감동이다.

'영혼', '신비', '자아', '광기', '예언자', '선지식', '마구니' 등에 매료되고 있던 청년이 어떻게 대학 고학년 이후 『페다고지』를 비롯한 좌파적 사회과학 서적에 빠져들 수 있었을까. 앞의 단어들은 극히 개인주의적이고 퇴행적인 관념의 세계인 반면, 후자는 행동적, 조직적, 사회 운동적 세계이어서 양립하기는 어렵다. 양자를 연결시키는 고리를 찾아보려 하니, '지성'이라는 단어일 듯하다. '지성'이 만들어낸 기대 섞인 자아상은 그 당시 콜린 윌슨의 『아웃사이더』 후편인 『지성과 반항』이라는 책명이 단적으로 표현하고 있다. '논리와 이성에의 반역', '창백한 이성' 등으로 엮어지는 '지성'은 대중과는 차별되는 지식인으로서 대학생 스스로를 위치 지우는 명제였다.

트로트가 아니라 포크송이나 팝송을 즐기는 것으로 대중과 다른 문화적 표지로 삼았던 것은 그러한 맥락 위에 서 있었다. 90년대 후반 이후 문화연구가 붐을 이루면서 소개된 부르디외의 구별 짓기, 문화자본 등의 논의에 쉽게 공감한 것은 나의 과거가 그런 점을 확인시켜주기 때문이다. 요즘 가끔 이미자의 트로트를 듣는다. 신파조이되 이별과 한과 그리움을 저렇게나 구성지게 노래하는, 뛰어난 일품이다. 또 하나. 방탄소년단이 빌보드 1위에 랭크된다는 걸 그 무렵에 상상이나 할 수 있었는가? 우리가 잘 알아듣지도 못하는 팝송의 일부 소절을 따라 부르듯이, 구미인들이 일부 소절의 한국가사를 절규하다니! 당시의 소위 '청년문화'였던 통기타, 청바지, 장발은 '지성과 반항'이라는 명제와 무관하지 않았다. 히피문화의 장발이 우리 사이에 유행한 것은 미국 대중문화에 대한 동경과 함께 기성세대 문화에 대한 반항의 몸짓이기도 했다.

콜린 윌슨의 '지성'은 유럽 근대의 부르주아적 지식인에 대한 비판과 그들 세계로부터의 일탈을 탐색한 논리인데, 정형화되고 대세를 이룬 부르주아적 지식인이 20세기 한국 사회에 존재했을

지는 의문이다. 그만큼 당시 『아웃사이더』는 한국사회의 현실과는 거리가 있는 정신세계의 탐구였을 터이다. 근대 서구와 한국 현실의 갭을 메워준 것은 최인훈의 『회색인』이나 『광장』이었지 싶다. 사색적이고 관념적 회의주의자인 주인공과 사회변혁을 꿈꾸는 행동주의자를 대비시킨 『회색인』에서 관념적 회의주의자는 한국 전쟁 이후 한국 지식인의 자아상이었고 이를 잘 형상화시켜 당시 지식시장에 큰 반향을 불러일으켰다. 이데올로기로 죽고 죽이는 시대를 몸으로 살아온 세대들이 반공주의의 남한에서 자신의 사고세계를 허용하고 표현할 수 있는 지점이 『회색인』까지였다.

방대한 스케일과 섬세한 묘사로 감동과 스토리의 재미를 동시에 안긴 이병주의 소설도 동일한 흐름에 서 있었다. 그가 자주 사용한 단어가 '미망'이었지 싶다. 지금 『소설 알렉산드리아』는 내 서가에서 사라졌지만, "스스로의 힘에 겨운 뭔가를 시도하다가 파멸한 자를 나는 사랑한다."는 문구에 매혹되어 독서카드에 이기해둔 기억이 난다. 범재가 학문에 뜻을 두면서 자기위로로 삼기에 적절했기 때문이다. 하동의 '이병주 문학관'에 따둔 이병주 어록에 "처자를 버리고 용감하게 대의를 위해 죽는 영웅적인 행동을 존중하지 않는 바는 아니지만, 자기를 쳐다보는 처자식의 굶주린 눈동자가 안타까워 스스로 종으로 팔려가는 사나이의 심리도 무시해서는 안 된다"는 구절은 한국전쟁 전후 빨치산의 좌익지식인에 대한, 이념에 불타지 못했던 자신의 자기합리화일 터이고, 이것은 바에서 칵테일을 마시며 환담하는 남한의 소시민적 상류 지식인의 자기위안이기도 했을 터이다. 이병주와 마찬가지로 방대한 스케일이면서도 결이 다른, 그래서 새로운 시대를 열어가는 밑거름은 박경리의 『토지』가 아니었을까 싶다. 『토지』는 토속적인 민중 세계로 안내하는 소설이다. 70년대엔 '세계문학대전집', '세계위인전집' 등의 전집류가 많이 간행되었다. 도스토옙스키나 톨스토이의 장편소설이 이런 전집에 실려서, 대학생이면 읽어야지 하면서 책을 펼쳤지만, 얼마 읽지 못하고 인내심이 바닥나 덮었다. 그러면서 나의 수준 낮은 지적 능력을 절감했다. 그런데 『토지』를 읽으면서 『토지』가 영어로 번역되었다면, 외국인들이 얼마나 이해할 수 있을까 하는 데 생각이 미치면서, 내가 『까라마쵸프가의 형제들』을 읽다 덮는 건 당연하겠다 싶은, 부수입으로 위로를 안긴 것도 『토지』였다.

급진주의 사상으로의 경도

5·18 광주항쟁이 일어날 때, 나는 복학한 3학년생이었다. 당시 계엄령이 내려져 있는 상태라 부산 서면 거리에 무장한 군인이 열 지어 있으며 검문검색하던 모습이 생생하다. 문교부에서 교수들에게 학생지도를 철저히 하라는 지시가 내려왔는지, 모이라는 연락이 와 지도교수가 같이 자리하여 학과생이 모인 적이 있었다. 언론봉쇄로 자세한 건 알려지지 않았지만, 부산은 일부 잡히는 일본TV의 전파를 통해 심상치 않은 상황임은 느끼

고 있었다. 다만 너무나 위압적인 계엄령에 두려움이 앞서는 분위기였다.

두려움이 만들어낸 위축감은 반발적으로 변혁의 역사에 눈뜨게 만들었다. "우리는 민족중흥의 역사적 사명을 띠고 이 땅에 태어났다"로 시작되는 '국민교육헌장'을 통째로 외우는 것이 당연했고, 고등학교의 학도호국단으로 교련과 사열식을 정기적으로 거행했던 우리 세대들은 국가와 민족을 앞세우는 국정교과서로 역사를 공부했다. 송건호 외의 『해방전후사의 인식』, 이영희의 『우상과 이성』 등과 같이 친일파 청산 문제, 좌익 사상을 다시 톺아보는 책들은 때마침 역사에 대한 지적 갈증을 메워주는 교과서였다. 『해방전후사의 인식』에서, 아버지를 따라 인사 갔던 분이 친일파 고문경찰이었고, 아버지가 그분의 도움을 받았다는 사실을 알게 된 건 충격이었다. 다른 시각, 다른 사유를 가능하게 하는 역사는 사학과 학생임을 자랑스럽게 만드는 시대를 연출했다. 1980년대에도 경영학과 법학과가 입학성적이 높았지만, 최대한의 수익을 올리기 위한, 따라서 학문도 아닌 기능 학습에 불과한 경영학, 체제유지에 봉사하는 법학과 학생을 비웃었던, 사회과학이라면 정통학문인 경제학을 공부해야 한다고 여겼던, 그런 점에서 80년대는 인문학의 황금기였다.

광주항쟁 이후 나는 그리고 우리 세대의 일부는 『데미안』을 잊어버리고, 그 빈자리는 『페다고지』에 이어 『해방전후사의 인식』 등으로 메웠다. 대학원에 진학한 무렵인 80년대 초에는 일본의 좌파이론을 열심히 탐독했다. 지금 생각나는 책 제목은 오쓰카 히사오(大塚久雄)의 『공동체의 기초이론』인데, 이 책과 함께 마르크스의 『자본제 생산에 선행하는 제형태』, 엥겔스의 『가족 사유재산 및 국가의 기원』 등 일본번역판을 복사하여 마구 읽었다. 당시 서울대 석사과정에 있던 오미일 교수를 통해 정치경제학 저서를 대량 입수하여 부산대학 인근 복사점에서 재복사하여 사학과 대학원생들에게 그리고 사회과학대학의 대학원생들에게도 일부 배분되었다. 우연히 보관하고 있는 당시의 편지를 보니, 일본서로 『소농경제론』, 『마르크스와 아시아』, 『농민분해론』, 『70년대의 자본주의』, 『발전도상경제의 연구』, 『농촌문제입문』 등과 영서 『Articulations of mode of production』 그리고 중국대륙 학술지 『역사연구(歷史硏究)』 등이다. 서울대학 관악사 등 당시 대학가 주변의 복사점에서 이러한 책들이 대량 복사되어 은밀히 유통되었다. 북한의 주체사상 관련 책도 몰래 유포되었으나, 주체사상에 나는 별로 흥미를 갖지 못했다. 그 이후에는 여러 영인업자가 교수나 대학원생들로부터 추천받은 외국서적을 리프린트하여 전국 대학을 순방하며 판매했고, 고액의 원서를 대학원생들은 값싸고 손쉽게 구입할 수 있었다. 석사 시절에 대여섯 명이 1, 2주마다 모여 이들 책을 장별로 분담하여 4~5쪽의 요약문을 작성하며 읽었다. 이론을 아는 이의 지도가 있었던 것도 아니고, 입수되는 대로 읽었으니, 이해도 제대로 되지 않았으면서도 당시 금기였던 정치경제학 이론을 학습하며 지적 포만감을 만끽했다. 급기야 포만감에서 나아가 "우리야말로 진정한 공부를 한다"는, 사회경제사 공부만이 진정한 역사공부라는 독선과 오만도 심었다. 아내는 한국고대 정치사를 연구했는데, 결혼 후 '그게 공부냐'고 타박했던 핀잔이 그 증거이다. 나는 해당되지 않지만, 그 당시 같이 공부했던 동료들 가운데 각자의 시대 연구에서 괄목할만한 성과로 주목받은 이들도 많다. 그때의 공부가 밑거름이 되었을 것이다.

부마항쟁이 부산에서 발화되었고, 이후 학생운동은 부산에서도 파고가 높아졌지만, 학생운동에 직접 뛰어들지는 않았다/못했다. 겁 많고 유약한 소시민적 성격이 첫째 이유였고, 혼자 돌아다니는 스타일이라 조직에 가입을 권유받는 계기도 없었다. 조직, 투쟁, 감금, 고문 등 운동권으로서의 삶에 뛰어들지 않은 것은 내가 체질적으로 감당할 수 있는 맷집의 소유자가 아니라는 점에서 다행스런 일이다. 그러나 정치경제학 이론은 세계를 해석하는 것이 아니라 세계를 변혁하기 위한 공부를 주문하고 있었고, 이론이 아니라 실천해야 한다는 강박감은 이후 부산대학강사협의회, 강사노조 결성 때 임원을 맡게 만들었다. 1987년 서울대와 성균관대학에서 강사협의회가 창립되기 시작하여 1988년에는 전국의 여러 대학에서 강사협의회가 결성되었고, 부산대학에서도 이 해에 창립되었다. 1990년 4월에는 전국대학강사노동조합 결성대회가 서울대학에서 열렸다. 나는 여러 차례 전국대학강사협의회 회장단 수련회와 노조결성대회에 참석했다. 백유성, 이행봉, 김호범에 이어 잠시 부산대학강사협의회의 일을 맡았으나, 리더십이라고는 전무한 내 자질 탓으로 별로 한 일이 없이 지나갔고, 이후 강사협의회나 노조에 적극 참여한 기억은 없다. 1990년 전후에 전국대학의 강사협의회나 강사노조의 임원들은 얼마 지나지 않아 대부분 전임교수로 자리잡았다. 보관되어 있는 문건을 보니 당시 영남대학 강협 지부장은 장세룡 선생이었다. 그는 오랜 강사생활 이후 부산대 HK교수를 거쳐 현재 구미시장이다. 이론과 실천을 겸비한 인생행보이다. 당시 강의료 현실화 요구, 성적표제출 거부, 강사법 추진 등을 추진했지만, 이후 대학강사의 현실은 크게 달라진 것은 없다.

지방학자라는 정체성

진보적 사상으로의 사고 변화는 내 석·박사 논문의 주제와 접맥되었다. 석사논문의 주제는 1800년경 중국 변방에서 일어난 백련교 반란과 관련된 민중의 정신세계 탐구로 잡았다. 민중종교인 백련교를 매개로 하여 일어난 반란에 착목한 것은 종교에 대한 관심이 광주항쟁의 민중과 접맥된 발상이리라. 다만 입수해서 열독한 관찬 사서에는 백련교 자체에 대한 기록은 소략했다. 민란을 진압하는 관료들에게 민중의 정신세계에 관심이 있을 리가 없었다. 따라서 자료를 읽어가며 초점을 바꾸지 않을 수 없었고, 진압하는 민간조직(鄕勇)에 관하여 논문을 작성했다. 박사논문의 주제는 중국 자본주의의 발달단계에 천착한 것으로, 중국 상하이와 홍콩을 무대로 한 3대 중국 기업의 자본, 경영, 시장에 관한 연구로, 「1910~1930년대 上海 3대기업사 연구」였다.

1980년대 중후반 한국사상계에서는 한국사회구성체 논쟁이 뜨거웠다. 그 논쟁의 한 갈래로 중국의 사회성격 논쟁이 국내에 소개되었다. 혁명전략과 관련되어 1930년 전후의 중국이 반봉건제 사회인가, 자본제 사회인가를 둘러싸고 봉건파와 자본파 사이에 논쟁이 치열했다. 당시 부산대학 학생회 잡지 『효원』에 이 논쟁을 소개했다. 3대 중국기업사 연구는 이 논쟁이 하나의 계기로 작용했다. 상하이 3대기업은 족벌적 성격과 경영권의 집중, 다수 기업의 소유 등에서 외형상 독점자본과 유사하나 외형에 부응하는 내실은 갖추지 못했다는 것이 핵심 논지였다. 중국 시장경제의 급속한 성장에 관하여 개방개혁 정책 이후만을 보나, 그 성장은 1920~30년대 중국의 시장경제와 기업의 동태를 사상하면 충분히 설명되기 어렵다.

박사학위 논문은 연구자로서 능력의 증표이다. 내 첫 저서는 나이 마흔네 살이 되던 2001년에 출간한 『동아시아역사학의 생산과 유통』이다. 역사연구자로서의 첫 저서가 역사적 사실에 관한 전문서적이 아니라 비평서라는 점은 학문적 역량의 취약함을 드러내는 일이다. 1994년 2월에 박사학위를 취득하고 이후 서울의 출판사 6곳에 논문 개요를 보내며 출간을 타진했는데, 한 곳에서만 미안하다는 회신이 있었을 뿐 무반응이었다. 출간 의뢰 편지의 한 구절은 이렇다.

> "이 편지를 내기에 앞서 귀사를 잘 아는 분의 소개를 받아 출판의사를 타진해볼까 하는 생각도 하다가 그만두고 연구성

과 그 자체로서 의뢰하기로 작정하며 이 편지를 보냅니다. 그동안 우리 학계도 상당히 성장했고 출판계의 안목도 이제는 자체의 선별력을 가지게 될 정도에 이르렀으리라는 기대를 가지기 때문입니다…… 저의 연구는 국내에서는 중국현대경제사 분야의 첫 성과라 할 수 있습니다. 근래에 중국과의 교류 가운데 경제적 분야가 가장 큰 비중을 차지하고 있다는 사실에 비추어 볼 때, 저의 연구가 순수학술적이기는 하나 우리사회의 현실적 요구와 무관하지 않을 것입니다."

지금에도 큰 변함 없이 출판사는 대개 학계 유력인사의 추천을 받아 출판되는 경우가 많으나, 그런 끈을 갖지 못했기 때문으로 여긴, 당시 착잡했던 기분이 지금도 남아 있다.

그런데 박사학위논문 주제는 지도교수와 상의 없이 잡았다. 김종원 지도교수께 초고를 들고 가니 "니 맘대로 해"라며 지도를 거부한 것은 당연지사이겠다. 그땐 석사 학위 이후는 독립적인 연구자라 여겼고, 반드시 지도를 받아야 한다는 생각을 하지 않았다. '운동으로서의 학술연구'라는 당시 젊은 연구자들의 기고만장한 분위기에 편승한 탓도 있다. 사회운동에 직접 뛰어들지는 않지만, 사회운동과 궤를 같이하는 하나의 지식운동이라고 스스로의 공부를 위치 지웠다. 그러니 실증적이고 보수적인 선학들에겐 배울 것이 없고 단지 극복의 대상이라고 여겼던 것이고, 보수와 진보라는 학계 내부의 전선에 서 있는 연구자로 나를 자리매김하고 있었다. 80년대 중반 박사학위 과정에서 지도교수와의 개인적인 불화를 진보 vs 보수라는 논리로 포장하여—나중에 돌이켜 보니—당시 동양사학계 원로 학자들의 보수적인 시각과 역사관을 비판한 글을 『역사비평』에 실었다. 지금 한국 역사학계의 주류를 이루는 70, 80학번 세대들의 상당수는 젊은 시절에 진보 vs 보수라는 의식을 공유하고 있었다. 『역사비평』에 실은 내 글은 당시 중국 근현대사를 공부하는 젊은 학인들 대부분은 느끼는, 그러나 지도교수 등의 관계로 말하지 못하는 것을 학연에서 자유로운 지방의 학인이 대신 발언해준 것에 지나지 않았다. 박사학위 없이는 생존이 불가능한 시대에, 더욱이 지방대학 출신의 대학강사 신분에서 지도교수와의 불화는 이후 박사학위를 8년 만에 간신히 받기까지 오랫동안 나를 괴롭혔다. 그러다 보니 지도교수와의 사이의 애증 가운데 '증'만이 기억에 짙다. 취업을 도와준 일도 없지만, 그러나 그분은 자료복사나 사료 혹은 논문 검토 등 사적인 일을 내게 시킨 적도 없었다. 그러고 보니 박사과정에 합격했다고 축하 전화를 주신 적도 있다. 기억이 편향되고 부조(浮彫)되는 것은 피할 수 없는 특징이 아닐까 싶다. 이 글 자체도 그러하다.

선지식을 찾아가 듣고 보고 배우는 시도를 하지 못한 것은 내 공부의 커다란 흠결이다. 자신에게만 갇혀 새로운 비약을 할 수 없었다. 혼자 서점에서 책으로 흡수하는 지식은 분명한 한계가 있었다. 이론적인 서적은 제대로 이해하기 힘든 경우가 많고, 이해하기 힘들면 금방 책을 손에서 놓아버리는 것이다. 선지식을 찾아 나서지 못하는 것은 열등감, 자신감 부족에 기인했을 것이다. 읽은 것이나 아는 것이 빈곤하고 천박함이 곧 드러나 선학으로부터 무시당하지 않을까 하는 두려움이 있었을 법하다. 부산대학에서 석사, 박사를 지속한 것도 새로운 선학을 찾아갈 용기가 없었던 점도 작용했지 싶다. 당시 내 학번을 전후하여 한국사 전공자가 매년 한두 명 서울대학 대학원으로 진학하고 있었는데, 그럴 시도를 하지 못한 것이다. 소시민 집안의 아들딸로 대학의 선택지를 서울대학이 아니면 부산대학 이외에는 생각하기 어려웠듯이, 내 학번 아래위의 동료들에게도 대학원 진학은 서울대학이 아니면 자동적으로 부산대학이었다.

"부산대학 사학과 학풍을 세우자." 80년대 초 졸업정원제로 인하여 대학이 갑자기 팽창하면서, 1982년에 대학원에 입학할 무렵 70학번 전후의 서울대 출신 여럿이 석사학위로 부산대학 사학과에 부임했다. 불과 4~5살 사이의 차이인데, 교수와 학생의 관계에 놓이자, 비로소 우리는 부산대학 출신인 것을 절감하게 되었다. 그동안 한 해에 한 명 있을까 말까 하던 석사과정 입학생이 우리가 입학할 무렵 4~5명으로 급증했고 이후 지속되었다. 우리는 서울대학의 식민지를 벗어나기 위해서 부산대학의 학풍을 만들자는 결기를 다지곤 했다. 서울대학 출신의 교수들이 은근히 지방학계를 낮추어 보는 시선이 느껴졌고, 내 지도교수도 부산대학에 부임했을 초기에 서울대학 출신이라는 엘리트주의로 부산대학의 나태한 학문적 풍토를 종종 비하하던 말을 했던 기억이 희미하게 난다. 석사과정을 마칠 무렵 내 학문적 재능의 한계를 느끼며 교사로 나갈까 했는데, "'부산대학 학풍을 세우자'고 앞장서서 외친 네가 먼저 도망가?"라고 대학원 동료들이 질타하는 바람에 주저앉았다. 아마도 교사로 살았다면 내 삶은 더 넉넉했을지 모른다.

잔학비재 독학자의 불운과 행운

대학시절에 이어, 대학원 시절의 공부도 누군가의 조언이나 지도로 영향을 크게 입었던 경우는 적었다. 이것저것 손에 잡히는 대로 읽었지만 특정한 사상서에 몰입한 일도 없다. '잔학비재(殘學非才)'는 내 능력과 공부를 한 마디로 표현하기에 딱 어울리는 성어이다. 좋은 스승을 만났다면, 비재는 어쩔 수 없는 일이나 잔학은 조금이라도 만회했을 터이다. 학자들 자기소개에 누구의 제자임을 밝히고 그 학맥을 잇고 있음을 자랑스러워하는 것이 부럽다. 제대로 된 공부가 되려면 먼저 스승의 논리에 푹 빠지고 그걸 바탕으로 스승의 논리에서 떠나는 것일게다. 어느 하나의 논리에 빠져 숙성되지 않으면, 자신의 논리를 세우기 어렵다. 막스 베버는 『직업으로서의 학문』에서인가 학문의 전수를 '내 영혼의 창을 넘겨준다'고 표현했던 듯하다. 넘겨받은 영혼도 없는 나는 당연히 넘겨줄 영혼도 없는 불임의 학자였다. 사제 간에 맞거나 어긋나는 궁합은 있겠으나, 세상에 원래 그리고 누구에게나 좋은 스승은 없다. 좋은 스승은 제자가 발견하는 것임을 한참 나이 들어서 알게 되었다. 완벽한 학자는 드문 것이고, 단점보다 장

점을 보고 배우는 건 제자의 몫일지 모른다. 스승을 모신다는 건 인정욕구와 무관할 수 없다. 스승에게 인정받을 때 모실 수 있게 된다. 나는 '비재'인 탓으로 대학원 시절 스승들에게 학문적 역량을 인정받은 적이 없다. 그러니 좋은 스승을 만났다는 생각을 할 수가 없게 된 것이다. 대학원생 지도는 방목형과 사육형이 있다고 학생들에게 종종 말한다. 내가 방목형으로 자랐으니, 사육형으로 지도하지 못하고 또한 않는다. 하긴 그럴 석박사 학생을 받은 적도 없다. 유일한 한국학생 제자는 50대 중반의 뇌병변으로 고생하는 장애인 시인이다. 퇴직 전에 내 시간을 나누어 누군가에게 봉사해야지 싶어서 전공이 아님에도 받았다. 방목형에서 커온 연구자는 자신의 관심사를 논문과 책을 읽으면서 찾고 논리화를 스스로 훈련한다. 궁합이 맞는 스승을 갖지 못한 나는 논리화에 미숙하나, 누구의 눈치를 볼 일 없이 내 개인의 지적 호기심과 관심사에 따라 문제의식을 찾고 만들 수 있었다는 점에서 꼭 불행한 일만은 아니었다고 여긴다.

나는 스승보다는 동년배 연구자들로부터 자극받는 경우가 많았다. 석박사 시절, 독학이나 마찬가지라 부산에서 내 공부와 관련하여 입수할 수 있는 정보나 지식도 자료도 극히 제한적이었다. 자료 복사를 위하여 연고대나 서울대 도서관에 자주 가야 했는데, 그때 대학원 연구실에 들러 동년배 대학원생들과 교유하고 정보도 얻었다. 그러면서 그들의 책상 위에 꽂힌 책들을 유심히 살펴보곤 했는데, 저런 책이 있었나? 이 친구들은 저런 책도 읽나? 싶어 놀라곤 했다. 스승의 학식과 소장 서적은 먼 세계의 일이지만, 동년배 연구자들의 지식은 곧 바로 나와 비교대상이 될 수밖에 없으니 체감의 정도가 높게 되는 건 당연한 이치일 터이다. 해서 우리 대학원생들에게 교수보다 동년배의 다른 대학 연구자와 만나고 교류하라고 조언하곤 한다. 지금 생각해보니 의외인 것은, 학부 동기인 전형권 교수나 박화진 교수와 지적 교류가 적었다는 사실이다. 전 교수는 근대 호남성 경제사에 평생을 바쳤고, 박 교수는 근세 일본사 전공이다. 중국근대사에서 일본도 포함하는 동아시아 근대사로 확장한 나는 두 교수로부터 정보나 지식에서 얻을 것이 많았을 터이다. 그럼에도 불구하고 지적으로 소원했던 것은 같은 시기에 대학원에서 함께 공부를 하지 못한 탓이지 싶다. 오히려 당시 함께 공부하던 한국사 전공자들과 지적인 유대감이 높았다.

뛰어난 학자들도 자신을 잔학비재하다고 겸양지사를 말한다. 그러나 그건 절대적인 차원에서의 겸사이다. 주변의 학인들과 비교하면서 느끼는 잔학비재는 훨씬 자기연민에 빠지게 만든다. 열등감은 기회주의적 행동을 취하게 만드는 씨앗이다. 쉽사리 자존감에 상처를 받고 조급하고 초조한 심리는 차분히 기다릴 여유를 허락하지 않는다. 이제 와 생각하니 나의 긴 강사생활은 눈앞의 이해관계와 유혹에 매달린 기회주의적 속성과 무관하지 않을지 모른다 싶기는 하다. 다만 유혹을 떨치지 못했으나, 유혹에 빠진 적은 없었지 싶다. 능력보다 학자로서의 기대욕구와 인정욕구가 높았으니, 능력에 넘치는 욕구를 채우기 위해 한평생을 허겁지겁하지 않을 수 없었다. 잡기라곤 즐기는 것이 하나도 없이, 주어진 학업에만 매달려도 겨우 평균을 유지할 정도인 것이다. 그러고 보면 참 나는 여유 없이 살았다. 도서관에 필요한 책을 찾으러 갔다가 옆의 책에 구미가 당기는데, 눈앞의 작업만 마무리하면 저 책을 읽어봐야지 하면서도 그런 적은 별로 없었다. 그만큼 쫓기는 공부를 한 것이다. '교수는 무식한 전문가'라며 전공에서 한 발짝 바깥의 책조차도 읽을 생각도 않는 세태를 내가 탓하면서도, 그건 그대로 내게 해당되는 말이다.

이 글을 적기 위해서 내 사고에 미쳤던 책들을 기억에서 더듬어 꺼내어 보니, 대부분 이론서가 아니라 문학작품이라는 걸 알게 된다. 사회과학이나 역사학 이론서는 논리로 직조된 것이니 복잡한 논리보다는 문학작품의 감성적인 문구가 더 잘 기억나기 때문이기도 할 것이나, 논리보다 감성에 빠지는 내 지적 취향과도 무관하지 않을 법하다. 마르크스의 『자본』이 국역 출판되어 본격적으로 읽어보고자 했지만, 쉽게 독해되지 않았다. 알튀세르, 그람시, 푸코, 들뢰즈, 벤야민 등의 이론서도 이 책 저 책을 들추어 보았지만, 그들의 저서를 제대로 충분히 읽은 적은 없다. 이러한 이론을 소개한 한국 필자의 논문으로 맛보고 일부를 내 논문에 인용하고 부분적으로 적용한 경우가 더러 있을 뿐이다. 어느 세미나에서 10여 년을 들뢰즈에 매달려 공부한 영문학자가 국문학자들이 손쉽게 그리고 함부로 들뢰즈를 가져다 쓰는 천박한 수준을 탓하는 소리를 들은 적이 있다. 그 천박함은 내게도 해당되는 일이다. 하지만 들뢰즈의 이론을 활용하기 위해 모두가 들뢰즈 원서 학습에 매달릴 필요는 없을 터이다. 그 영문학자의 소임은 누구나 손쉽게 활용할 수 있도록 소개 비평하는 일로서, 서로가 나누어 갖는 역할분담이기 때문이다.

역사학자로서 지금도 벗어나지 못하는 핸디캡은 사료에 대한 천착이다. 역사가는 사실로서 말해야 하고, 문서고와 도서관 사료관을 뒤적여서 새로운 사실을 발굴하거나 기존의 사실을 재해석하는 것이 기본이다. 내 스승은 사료로서 말한다는 극히 실증주의적 학자였다. 스승의 작고 후 1주기 무렵 스승의 저서들을 종합 정리하는 글을 써서 제대로 모시지 못했던 스승을 추억하고 동시에 늦었지만 계승할 무언가를 찾는 시간을 갖고자 한 적이 있다. 그러나 대부분이 사실 자체의 정리에 일관한 저서였고, 내 연구주제와 먼 탓에 학설사적 위치부여를 할 능력이 없어 중도에 포기하고 말았다. 석사 논문을 쓸 때, 마침 관련 자료가 연세대학 도서관에 있어서, 한 달여 연세대학 근처에 숙식하면서 25책의 자료를 매일 몇 권씩 대출하여 체크하고 복사했다. 박사학위 논문은 홍콩 산렌서점(三聯書店)을 통해 구입한 중국의 편찬 자료를 기본으로 하고, 보조 자료는 국내 소장 일본자료로 보충했다. 중국과 국교가 없던 당시 중국현지에서 자료 수집을 할 수 없는 조건 탓이었기는 하나, 자료를 찾아 문서고를 뒤적이는 경험이 제한적일 수밖에 없고 이후에도 선행연구에서 활용한 자료를 체크하고 부분적으로 보완하는 습관에서 벗어나지 못했다. 근래에 편지함을 뒤적이다가, 석박사 시절에 자료를 구하기 위해 많은 사람에게 신세 졌다는 걸 잊고 있었음을 새삼 알게 되었다. 대만으로는 대만대학 법학부에 재학 중이던 정영숙 씨, 일본 쪽으로 오노 미쓰노리 교수, 유학 중이던 김하원 선배와 박화진 동기, 중국자료는 당시 대륙서적을 수입 판매하던 천안문 서점의 조현웅 사장의 편지가 남아 있다. 특히 정영숙 씨에게는 많은 자료를 부탁하여 받았으면서도 신세를 갚지 못했다. 1980년대 초반 당시 중국사 연구자는 누구나 홍콩 산롄서점을 통해 대륙서적을 입수하고 있었는데, 특히 현대사관련 책은 서명에 '혁명', 출판사 명칭에 '인민출판사'가 많아, 세관 검열에서 더러 압수당하곤 했다. 해외출국이 쉽지 않았던 시절에 지방에서 혼자 중국근대사를 공부하는데 자료입수의 장벽은 높았다.

다만 박람회 연구는 타이완에서 시작했고 타이완의 각처에 소장하고 있던 새로운 자료나 사실을 발견하면서 느낀 희열이 지금도 기억난다. 타이완 국가도서관, 타이베이시립도서관 등에서 타이완 식민지시대의 자료를 소장하고 있었고, 국립타이완박물관에서는 지나간 과거의 전시에 관한 내부 회의 자료 일부를 학예사 오우양성지(歐陽盛芝)의 도움으로 서고에 들어가 열람할 수 있었다. 국내외 박물관 연구에서 가장 큰 장벽은 전시에 관한 내부회의 자료를 체크할 수 없다는 점이다. 해당 박물관에 근무하는 학예사가 자신의 박물관 역사를 검토한 국내외 논문에서도 내부 회의자료를 인용한 것을 본 적이 없다. 전시기획에 관한 회의자료는 당연히 보존하고 있을 터인데, 이해되지 않는 부분이다. 박물관 학예사가 아닌 외부인인 나로서는 당연히 접근불가한 일이다. 내가 수행한 박람회, 박물관 연구는 사실이 아니라 시선을 찾아내려는 시도인데, 사료 천착에 대한 핸

디캡, 내게 주어진 연구조건에서 최적의 길을 찾기 위한 하나의 방도이기는 하다.

한 가지 그냥 넘어갈 수 없는 치명적인 오점이 있다. 신서원 출판사에서 일본학계에서 발행된 『아시아 역사와 문화』 시리즈 번역을 기획하여 그 가운데 중국 근현대사 부분을 내가 맡아 번역했고 1996년에 출간되었다. 늘 대하는 일본어이고 교양서 수준이니 부담 없이 번역했다. 책이 출간된 후 나는 당시 일본에 있었는데, 경북대학 대학원 김민지 씨가 참고하면 좋겠다고 하며 여기 저기 오류 부분을 줄 치고 수정 메모한 책을 보내왔다. 흘낏 넘겨보면서 처음엔 정성들여 꼼꼼하게 체크해주어서 너무 고맙다 싶었는데, 원저와 대조하며 자세히 들여다보니 얼굴이 화끈거릴 정도로 오류가 많았다. 이후 번역과 관련하여 경북대학 임대희 교수 등이 참가한 하이텔 동호회에 공개사과하고, 수정본을 신서원에 보내며 재출판을 상의했다. 내 실수로 재출판해야 하는 일이니 당연히 내가 재출판 경비를 부담해야 했다고 여겼지만, 가난한 강사시절이라 곤혹스러웠다. 뜻밖에 신서원 사장께서 출판사가 경비를 부담하겠다는 뜻을 전해 와 송구했다. 일본어 교양서라고 너무 안이하게 생각하고 급하게 번역했던 탓이다. 정작 본문 번역보다 해제로 붙인 「일본학계의 중국근현대사 역사상과 그 변화」에 적지 않은 시간을 투입하여, 본말이 전도된 작업을 한 것이다. 이후 부끄러운 일인 탓에 재출판되었는지 확인하지 않고 지났는데, 이 글을 적기 위해 온라인에 찾아보니 2006년 재출판이 확인된다. 임성렬 사장은 부산에 출장 오면

강사 시절의 나와 자주 만나 격려도 해주고 늘 도와주려 했던 분이다. 10여 년 전에 그의 부고를 접했다. 돌아가시기 두어 해 전에 재출판 약속을 끝내 이행하셨구나 싶으니 가슴이 뭉클해진다. 사명감으로 출판문화사업을 경영했던 그분임에도 온라인에 관련 기사 하나 남겨진 것이 없어서 씁쓸하다.

제3의 길과 체념의 미학

20세기 끝 무렵까지 나는 상하이(上海) 근대기업사, 동아시아 무역사 연구에 매달려 있었다. 박사논문이 경제사 분야여서 기업사에서 무역사, 그리고 동아시아사로 확장하고 있었다. 그런데 경제사 공부가 몹시 힘겨워 한계를 실감하고 있었다. 기업사 편찬자료를 분석할 때와 달리 방대한 무역통계자료에서 내가 필요로 하는 수치를 뽑아내는데, 분류방식이나 화폐단위에 따라서 결과가 크게 달라지고 무역통계가 작성된 기준도 감을 잡기가 어려워서 진땀을 빼면서 논문 작성도 답보상태였다. 1997년 하마시타 다케시 교수의 도움으로 2년간 도쿄대학 동양문화연구소에서 공부했다. 석박사 논문을 쓸 때 절감한 자료입수 장벽의 한은 연구소 서고에 산처럼 쌓여 있는 방대한 자료가 날려버렸지만, 도쿄에서의 연구는 지지부진하여 초조하고 불안했다. 억지로 한두 편 글을 발표하는 데 그쳤다. 지지부진한 경제사 연구와 달리 틈틈이 읽었던 문화연구와 관련된 글들이 오히려 지적 호기심을 부추겼는데, 이 교차로에 서 있다가 1935년에 개최된 타이완 박람회를 발견했다.

나는 도쿄에서의 2년 연구생활 이후 상하이 사회과학원, 그리고 타이완 중앙연구원에서 체류 연구하고 상하이 푸단대학, 광저우 중산대학 등에서 발표하거나 장기간 체류 방문하는 기회를 가졌다. 이러한 외국에서의 체류 연구는 하마시타 다케시 교수의 인적 네트워크에 힘입은 바가 컸다. 도쿄대학 동양문화연구소로 초청해준 분도 그였고, 필요할 때마다 사적으로도 크게 도움을 입어 그의 학은은 잊을 수 없다. 하마시타 교수의 연구성과는 내게 동아시아라는 시야 확장에 자극제가 되었지만, 그의 경제사 연구성과를 바탕으로 내 연구를 확산시키지 못했다. 경제사는 내가 감당하기 역부족임을 시간이 갈수록 절감하고 있었다. 내 저서 『동아시아엑스포의 역사』 머리말에서 박람회로의 연구 전환에 대해 다음과 같이 적었다.

1999년 말 당시 타이완 한학연구센터(漢學研究中心)의 연구비 지원을 받아 '20세기 초 동아시아 무역'에 관한 주제로 타이완에 3개월간 체류 연구하게 되었다. 거기서 타이완 학계의 연구를 찾아보니 내가 구상하던 주제로 논문이 벌써 나와 있었고, 그 논문의 논리를 넘어선 글을 쓴다는 것은 어렵다 싶어서 곤혹스러웠다. 무언가 길이 없을까 하면서 타이완 근대사 관련 도서를 이리저리 훑어보다가 1935년 타이베이(臺北)에서 개최된 타이완 박람회가 내 시선을 사로잡았다. 박람회? 그동안 경제사 연구에 매달려 있던 나로서는 생소한 소재였다. 박람회를 발견하고 한 사흘 고민을 했다. 타이완 역사에 대해서는 전혀 무지한 내가 마흔을 훌쩍 넘긴 나이에 연구영역과 대상을 바꾸어서 승산이 있을까. 중국현대사와 경제사에서 하루아침에 타이완 역사와 문화사로 바꾸어 새로 공부를 시작하는 것이 가능할까. 고민 끝에 박람회는 타이완 역사의 전통적인 문맥 이상으로 동아시아 근대와 궤를 같이하는 '근대성'에 무게가 기우는 역사적 소재이고, 그동안의 내 연구가 근대성과 무관하지 않은 고민이었으니 가능하다는 결론을 내렸다. 이후 내 공부는 동아시아의 박람회 역사, 박물관 역사로 전환되었다.

이러한 전환의 저변에는 1990년을 전후한 동구 사회주의권 및 소련의 붕괴와 한국사회의 변화가 있었다. 1980년대에 다수 연구자와 마찬가지로 나도 한국사회의 현실을 염두에 둔 '변혁의 중국'에 관한 관심에서 20세기 중국사 연구를 시작했다. 그러나 1990년대 현실 사회주의권의 붕괴를 전후하여 내 자신의 연구방향도 혼미해지는 속에 중국을 넘어선 '동아시아'에서 새로운 출구를 모색하게 되었다. 타이완에서 수행하고자 했던 '20세기 초 동아시아 무역'이라는 주제는 그 연장선상에 있던 주제였다. 동아시아를 묶어내는 관계의 요소로서 '무역'에 착안했지만 통계수치의 처리와 가공에 전전긍긍하면서 문화연구에 한눈을 팔고 있던 차에 문화연구의 한 소재로서 박람회는 둘도 없는 소재라 판단한 것이다. 1990년대에는 정치경제학을 대신하여 포스트모더니즘, 탈민족주의, 대중문화, 지식과 권력의 관계 등이 한국사회에서 새롭게 주목받기 시작했다. 내가 박람회로 연구주제를 전환하게 된 것은 이러한 새로운 사조의 유행과 짝을 이룬다. 푸코, 벤야민 등의 이론이 국내에 번역되거나 소개되었고, 나는 번역서를 충분히 읽어 소화시키기보다는 소개논문에 의존하는 경우가 많았다. 내게 직접 필요한 것은 시각언어 영상문화에 관한 이론이었고, 이와 관련된 이론서를 몇 권 읽었지만 이 역시 내가 소화하는 한도 내에서 내 공부에 인용하고 활용했다.

경제사에서 문화연구로의 전환은 괜찮은 선택이었다고 여긴다. 그런대로 실적용 논문 편수를 채울 수 있었고, 시대의 변화와 호흡을 같이할 수 있었기 때문이다. TV, 광고, 영화에 이어 근래에는 스마트폰의 보급, 비대면사회화로 시각언어가 현대인의 사고를 좌우하는 경향은 더욱 심해지고 있다. 이러한 현실에 대한 인문학의 대응은 시각언어에 대한 본질적인 질문의 탐색이다. 박람회 · 박물관 연구를 한참 진행하고 있을 무렵 내 전공학계인 중국근현대사 연구에 관한 비평문을 썼다. 이 책에 실린 2부 2장의 글이다. 이 비평작업은 내 공부가 어디에 서 있는가를 확인하는 기회가 되었다. 진보와 보수라는 학계 구도 속에서 뚜렷이 의식하지는 못하고 있었던 내 자리는 근대주의와 민족주의, 이 양자를 넘어서고자 한 지점으로, 2006년에 기획 발간된 『근대를 다시 읽는다』의 문제의식과 유사한 위치였다. 박람회 · 박물관 연구는 어떠한 일이 있었는가 하는 사실보다도 어떻게 보여주고 보았는가 하는 이미지를 추적하고 그 시각을 분석하는 일이다. 포스트모던 역사학은 '역사는 언어의 구성물이다'라고 하며 객관적 사실보다 언어로 사실이 구성되는 측면을 강조한다. 나는 일대

일의 의미조합인 문자언어가 아니라 다중성 다의성을 갖는 시각언어를 다루니, 포스트모던 역사학보다 더 주관성에 무게가 두어진 셈이다.

문화연구로 전환할 무렵인 2000년경, 진보가 언제나 올바른 것은 아니다, 그리고 생계에 급급한 시간강사에게 진보라는 가치로 자신을 치장한다는 건 현실과 괴리된 관념의 사치일지 모른다는 생각이 들기 시작했다. 진보적인 연구의 내실을 채우기 위해서는 연구비가 필요했다. 하나 당장은 연구비보다 생활비가 더 급했던 시절이었다. 진보와 변혁을 내세운 학자도 학내 생활의 반경에서는 위계질서와 개인적인 예속관계를 당연하게 여기는 경우가 많았고, 그들의 활동도 대부분 학벌과 학연에 기인한 선입관과 네트워크 내부에서 작동하고 있다고 느끼는 건 어려운 일이 아니었다. 머리는 진보이나 행동은 가족주의와 권위주의를 벗어나지 못한다는 운동권의 자기반성을 이 무렵 종종 들을 수 있었지만, 학계 내부에서 그런 성찰을 들은 적은 없다. 시민 없는 시민운동, 강남좌파라는 보수진영의 비판에, 사회정의라는 명분과 교수라는 사회적 지위를 양손에 쥔 진보적 학자들은 자유롭지 못하다. 내가 해양대학에 부임한 후, 민교협에 대하여 받은 인상도 유사했다. 형해화한 친목모임과 비슷하다는 인상을 받았고, 저런 사람이 민교협 멤버인가, 라는 의구심이 들기도 했다. 학교 내외에서 상식과 원칙보다 편법과 관행으로 하는 일처리를 대수롭지 않게 여기고, 자기성찰이 결핍된 병든 진보, 당위론으로 무장한 진보, 변화된 현실을 공부하지 않는 진보를 목격하는 건 드물지 않았다.

이후 보수정권 10년 동안 진보진영은 386적 사유와 행동양식을 반성적으로 성찰하고 권력과 사회변화에 대한 대응 전략이 보다 유연해진 것으로 보인다. 그러나 문재인 정부 시대 초기에 개인생활과 괴리된 사명감과 동시에 편법과 관행에 익숙한 패권적 진보가 부활하는 조짐을 느꼈는데, 그것은 근래에 조국이나 부동산 소유 문제 등의 현실로 나타났다. 엘리트주의 진보의 사명감과 검찰 개혁의 필요는 데칼코마니이다. 편법과 관행의 유혹은 나도 해당된다. 학회지 편집장을 맡고 있을 때 등재지 유지 심사를 받아야 했다. 대략 점수를 내어보니 투고논문 탈락율이 낮아서 등재지에서 탈락할 위험이 높았다. 등재지에서 탈락될 때 쏟아질 비난이 두려워, 임의로 투고논문을 두어 편 늘리고 심사서를 만들어 보완할 작정을 했다. 그런데 논문 3편이면 심사서를 9매 만들어내야 하고, 심사자로 이름을 빌리자고 양해를 구해야 하는 일을 도저히 감당할 수 없어서 포기한 적이 있다. 편법과 관행의 유혹에 상식과 원칙이 손쉽게 무너지는 참담함의 기억이 지금도 뚜렷하다.

진보의 가치를 버린 것은 아니면서 진보를 상대화시키자, 내가 선 자리는 애매해졌다. 부산경남에서 유일하다시피 한 나의 박람회 역사 연구가 그렇다. 부산시가 유치하고자 하는 엑스포를 부정하는 것도 아니고 그렇다고 유치활동에 발 벗고 나서자는 입장도 아니다. 내가 그동안 수행한 박람회 연구는 박람회적 현상을 비판적으로 성찰하는 입장에 선 논리이기 때문이다. 박물관 연구도 관람객 수를 극대화시키려는 대중성과 수집·전시·연구의 전문성 사이는 상극이나, 어느 한 입장에 선 논리는 아니다. 그러고 보면 나는 70년대 지식인상으로 퇴행한 것은 아닌가 싶다. 어느 한쪽에 설 확신을 갖지 못하고, 그저 '창문'으로 세상을 관조하기만 할 뿐인 '회색인'. 다만 스스로 위로하자면 디지털 시대에 일상화된 편 가르기를 벗어나고자 하는 시도로 자기 해석할 수 있다. 특정한 신념으로 무장된 폐쇄 시스템에서 정보나 지식이 필터링을 거쳐 교환되면서 그 신념이 강화, 증폭되는 에코 체임버(Eco Chamber) 현상은 학계 외부의 정치적 성향에 국한된 일이 아닐 터이다.

앞서 든 문화연구의 이론을 참고하면서 양자택일을 지양하고자 내 나름대로 세운 분석 시각 가운데 중요한 하나는 로컬리티였다. 그것은 내가 지방학자라는 정체성에서 발원한 것이다. '지금, 여기'는 인문학이 현실과 유리된 공리공담이 되지 않기 위해서 물어야 할 지점이다. 국내외의 이론은 이론 그 자체의 논리적 수준과 함께 '지금, 여기'를 해명하는 데 유용한가 아닌가로 가치를 따져야 한다. 나는 학생들에게 동서양의 고전 읽기를 권장하진 않는다. 내가 읽은 것도 적다. 먼저 자신이 선 자리의 문제를 인식하고 그것을 해결하는 지혜를 구하기 위한 하나의 길이 고전에 있다고 말한다. 나는 로컬리티가 보수-진보의 이분법을 해결해줄 수 있는 논리는 아니나, 양극 사이의 다양한 빈틈 한두 곳을 메울 수 있는 논리가 될 수 있을 것이라고 보았다. 로컬리티는 내 자신의 학문적 정체성과도 직결되는 지점에 있었고,

국내외의 다양한 '동아시아론' 속에서 내 나름의 논리적 개성은 로컬리티적 접근이 아닐까 싶다. 정도의 차이는 있지만 동북아시아 각국에서 진행되고 있는 지방의 낙후, 공동화, 소멸이 눈앞에 와 있는 현재, 로컬리티라는 시각은 더욱 필요해지고 있다. 다만 내가 탐색한 로컬리티는 피상적인 수준을 벗어나지 못함을 자인하지 않을 수 없다.

사유는 생활과 분리될 수 없을 것이다. 동아시아와 박람회·박물관 연구로 전환할 무렵의 나는 오랜 시간강사 생활의 빈곤에 시달리고 있었다. 다음은 그 무렵 적어둔 편지의 한 페이지이다.

> "나는 사십도 제법 넘긴 대학강사로 지방의 몇 군데 대학에서 강의하며 동아시아 근대사를 전공하고 있다. 요즘 TV드라마에서도 대학강사를 등장시키는 경우도 가끔 있으니, 보따리장사 대학강사의 형편이 어떤지는 일반사람에게도 꽤 알려진 편이리라. 나는 아내도 한국고대사를 전공하는 대학강사이어서, 생활고에 부대낌은 더한 편이다. 내가 공부하고 있는 동아시아 근대사라는 지식은 대학이 아니면 어디서도 팔아먹기 힘든 학문이다. 근래에는 더러 대학교수직을 버리고 프리랜서로 나서는 사람도 없지는 않는 듯하나, 일류학자도 아니고 지방의 그저 평범한 학자인 나는 먹고살아야 한다는 현실 앞에, 대학 전임이 되기 위해 10여 년을 넘게 초조하게 지내왔다. 십여 차례가 넘는 인사에서 번번이 밀려나면서, 나는 '사

랑과 인사에는 면역이 없다'는 명언을 발명해 내기도 했다. 그러나 나이를 먹을수록 대학교수가 된다는 것은 더욱더 어렵게 된다. 인사권을 가진 학과교수들이 늙은 연구자에 대하여 딱하다는 연민의 정은 가지나, 학과의 한 식구가 되는 것은 기피하는 것이 일반적이기 때문이다."

그 무렵 이병주의 『비창(悲愴)』에 적힌 문장에 공감하며 메모해두었다. "세네카는 운명에 순종하는 자는 태우고 가고, 거역하는 자는 끌고 간다고 했다…… 운명이 만사를 결정하더라도 그것을 받아들이는 방식과 태도는 우리의 자유에 속한다. 운명이 사형선고를 내렸다고 하자. 그 결정에까진 우리가 관여할 수 없지만, 돼지처럼 죽을 것인가, 소크라테스처럼 죽을 것인가는 우리의 선택에 달려 있다." 이후 체념하기 연습을 했다. 체념하고, 가진 것만 가지고 살겠다고, 그것이 내 운명이라면 받아들이겠다고 생각하니, 마음이 잠시 편해지곤 했다. 현실을 받아들이고 체념할 수밖에 없다고 되뇌곤 했다. 그러나 가난과 불안한 미래에 짜증이 나는 것은 어쩌지 못했다. 하니 자주 까닭 없이 우울해지고 불안해지는 초조감이 점차 늘어갔다. 뚝심과 배짱을 가지라고 스스로에게 주문하고 자주 자기최면을 걸고자 했지만, 낙오된다는 초조감은 도저히 떨쳐지질 않았다. 강사 시절 건드리면 툭 터질 듯 초조와 울분에 썩은 표정의 나는 같은 전공학계의 학인들이나 대학의 선후배들을 불편하게 만든 경우가 많았을 것이 분명하다. 정신질환적 증세는 해양대학에 자리 잡고 난 후에 점차 사라졌다. 일체유심조(一切唯心造)는 역시 일면의 진실일 뿐임을 내 사례로서 확인하는 셈이다.

보관하고 있는 편지를 보니 백영서 교수의 긴 글이 있다. 원고 게재여부의 이유를 지방의 시간강사 푸대접에서 찾는 나의 일방적인 오해를 위로하는 글이다. 이후에도 백 교수로부터 종종 사적인 긴 편지를 받아 아직도 고마움을 간직하고 있다. 그러고 보니 선배들의 많은 도움을 받은 것을 잊고 있었다. 같은 전공인 유장근 교수의 글쓰기 방식은 내게 자극이 되었다. 지금도 부산분권혁신운동본부를 이끌어가고 있는 경제학의 황한식 교수는 박사학위 논문구상에 큰 도움을 주었다. 고고학의 신경철 교수는 일본체류 연구를 강구할 때 물심양면으로 도와주었고 이후에도 특유의 '신경철 서체'로 쓴 위로 편지나 연하장을 매년 받았다. 전 부산시립박물관장 양맹준 선배도 도와주지 못해 안달이었고, 전 민주주의사회연구소 소장 김하원 선배도 마찬가지였다. 선배들에게 받았음에도 불구하고 내가 후배를 돕고 베풀었던 기억은 없다. 이기적인 인간이었음을 실토하지 않을 수 없다. 대신에 논문심사를 맡으면 가급적 내 지식이 논문의 완성도를 높이는 데 도움을 주는, 심사가 아니라 조언하고, 가급적 서평쓰기에 발 벗고 나서서 동학의 공부에 가치를 부여하고 배우고자 했지만, 제대로 된 조언이나 비평이었을지는 자신이 없다.

환경생태사상은 강사시절의 내 처지에 명분을 제공해주는 위안이 되었다. 『녹색평론』을 통하여 소개된 『자발적 가난』, 『경제성장이 안되면 우리는 풍요롭지 못할 것인가』, 『작은 것이 아름답다』 등은 책 제목 자체가 세계화, 경제성장, 진보적 가치 등에 대하여 도발적 발상으로 이끌면서 동시에 내 삶을 위로해주는 논리가 되었다. 오늘 먹을 것이 있으면 내일 걱정을 미리 사서 하지 말자고 했고, 어쩔 수 없이 받아들여야 하는 현실이라면, 생존경쟁에서의 탈락이 아니라 자발적으로 택한 가난으로 여기고자 했다. 평생 시골 교회의 종지기로 살았던 권정생의 『우리들의 하느님』 이야기는 내가 얼마나 가진 것이 많은지를 헤아리게 만들었다. 또한 학자에게 필요하고 연구의 동력이라고 여기는 명예욕도 하나의 욕망이라는 걸 일깨웠다. 이후 시간이 나면 도서관에 가서 『녹색평론』에 실린 글을 읽곤 했다. 박람회에 대한 내 연구에 대량 소비주의, 과학기술주의에 대한 비판적 시각이 깔려 있는 것은 『녹색평론』의 영향이자, 학문적 실천이기도 하다. 학자는 연구실을 지키는 기본을 고수해야 할 터이다. 참여와 실천은 우선 논문과 책으로 말해져야 한다. 보수뿐 아니라 진보도 참여와 실천의 기치를 내세워 명예와 부와 권력을 탐한다면, 배부르고 거만한 인문학자가 되기 십상이다. 인간과 시대를 탐구하는 인문학자는 여타 학문분야의 학자보다 가난해야 할지 모른다.

유행을 따라서, 역사학자에서 인문학자로

잔학비재한 인간이 공부로 일업(一業)을 이루자면 하나의 주제를 평생 잡고 가야 한다. 경제사에서 문화사로 전환할 무렵, 불안했던 것은 바로 이 점이었다. 잡고 있던 주제와 소재에서 조금씩 반경을 넓혀가는 게 특정한 분야의 전문가라는 명망을 안을 수 있고, 최소한 부실한 글이라는 평은 면할 수 있을 터이다. 40 중반 이후 내 공부가 문화 연구, 문화사 연구로 급선회하면서 이후 너무나 연구 대상이 확장되어버렸다. 박람회는 개최도시 타이베이, 오사카, 경성, 상하이, 나고야, 혹은 구미로 넓어져 갔고, 박물관은 난퉁, 베이징, 홍콩, 타이베이, 도쿄 등의 박물관으로 확대되었다. 박람회 혹은 박물관이라는 소재는 같아도 그것의 국가나 도시가 달라지면, 국가나 도시의 역사적 맥락을 충분히 소화해야 한다. 구체적인 분석의 대상이 달라지니, 논문 한 편 한 편마다 전혀 새로운 자료를 수집해야 하고, 선행연구를 통해 대상으로 삼은 도시의 역사적 맥락을 학습해야 했다. 그러니 자료 수집의 한계와 선행연구의 흡수에 한계가 있을 수밖에 없다. 최근의 새로운 사조나 경향을 알기 위한 글 읽기가 겨우 신문서평 정도에 그치는 것은 이렇듯 논문 작업에 필요한 글 읽기에 급급하지 않을 수 없기 때문이었다. 뿐만 아니라 '동아시아'를 범주로 삼아 큰 그림을 그리는 글을 종종 썼다. 가령 동아시아 500년의 역사를 한 편의 글로 묶거나, 박람회, 박물관으로 동아시아를 그려내고자 했다. 큰 그림이니 디테일에서 잘못되고 성긴 부분이 적지 않다. 한 평생을 가령 조선시대 토지제도사나 일정한 지역의 특정한 역사만을 공부하는 학인들에겐 선행연구의 일부만을 부분적으로 소화하여 박람회 혹은 박물관에 대입한 내 공부가 미덥지 않을 법하다.

박물관에 관한 내 저서의 표지 홍보문에 "박물관, 역사서술학으로 접근하다…… 개별 박물관 다수를 통하여, 역사학계 외부에서 만들어지는 동아시아적 시선과 담론의 또 다른 측면을 캐어낸다"고 적었다. 박람회의 역사에 관한 저서의 책표지 홍보문구는 "동아시아 엑스포의 역사에 대한 새로운 이해, 새로운 분석! …… 이 책은 엑스포가 빚어내는 이미지의 마력과 이미지의 노예, 이 두 가지 측면에 대한 성찰을 촉구하고 있다."고 적었다. 꽤나 도발적인 문구임에도 앞 책은 정곡을 찌르는 서평은 받지 못했다. 학회에서 비평자를 내게 소개하라고 하는데, 딱히 부탁할 적임자가 생각나지 않았고 사양하는 걸 억지로 간청한 서평 정도였다. 엑스포의 역사에 관한 책에 대하여는 서평이 나온 적이 없다. 박물관과 마찬가지로 가령 한국엑스포의 역사를 공부한 연구자는 여럿 있어도 한, 중, 일, 타이완의 엑스포를 함께 다룬 연구자가 없기 때문이라고 자위하기는 한다. 혹독한 서평보다 서러운 것은 제대로 된 서평 한 편 없이, 학계에서 외면받고 도서관 서고에 사장되는 일이다. 운좋게 『동아시아 엑스포의 역사』는 2019년 세종도서 학술 분야에 선정되어 출판사에 부채감을 조금은 덜 수 있었다.

돌아보니 내 공부는 한평생 하나의 주제를 잡아 천착하지 못하고 유행을 타는 연구였다. 박사논문 시절은 '사회구성체 논쟁'에 촉발된 당시 유행하던 정치경제학의 유행을 탄 것이고, 동아시아사 역시 90년대에 시작된 한국학계의 새로운 주류로 대두했던 '동아시아론'의 파고 위에 있었다. 박람회, 박물관 연구는 문화연구의 새로운 유행에 휩쓸린 공부였다. 경제사에서 문화사로 전환한 첫 이유는 경제사 연구에 내 자신이 부딪힌 능력의 한계였지만, 역사학은 시대의 변화와 조류에 대면하고 발언해야 한다는 초심이 작용한 탓도 있다. 유행을 탄다는 점에서 보면 해양사도 해당되겠다. 90년대 이후 한국학계에서 해양사 연구가 시작되었고 21세기에 들어오면서 해양사가 주목을 받기 시작했기 때문이다. 특정한 주제의 전문가라는 명성보다도 '여기 지금'이라는 현실과의 대면에 가치를 두고 싶었다. 그러다 보니 내 학문적 정체성은 중국근현대사 전공자라는 역사학자보다는 범박한 인문학자로 바뀌었다. 문화연구, 문화사 연구 자체가 그러하기는 하다. 역사학적 바탕이기는 하되, 영상언어학, 문학, 미술사학, 박물관학 등과 겹쳐지고, 대상 지역도 중국, 타이완, 일본, 홍콩, 한국 등이니, 어느 한 영역의 전문가가 되기는 애당초 틀렸다. 일본체류 연구 이후 세월이 한참 흐른 지금, 일본어도 잊혀가고, 중국어는 좀처럼 입력되지 않아서 반풍수 꼴을 면치 못하고 있다.

우리는 언제부터인가—인문학의 위기가 운운되며 국가의 R&D 예산이 증폭된 2000년대 초반부터이지 싶다—연구 작업에 돈을 받지 않으면 손해 받는 느낌을 가지게 되었다. 강사 시절은 한국연구재단이 지원하는 연구비가 생활비로 절실했고, 전임교수가 된 뒤에도 나는 개인연구과제로 한국연구재단의 연구비를 종종 받았다. 이 책에서 내가 '학진시스템'의 문제를 지적했지만, 기실 '학진시스템'의 수혜자인 셈이다. 내 공부가 유행을 타는 연구 덕분일 가능성도 높다. 그런데 요즘 논문을 학회지에 실을 때, 학내 성과급에 혹은 한국연구재단 연구비가 계상되지 않으면 무용한 연구가 되어버린다. 내 연구 결과로서 동료연구자 간에 공감을 유발하고 싶은 학문적 동기는 사라져버린 나를 발견하곤 했다. 부산시가 엑스포를 유치하려는데, 지역의 연구자가 침묵하고 있는 것은 책무의 유기다 싶었다. 해서 2년여 전 부산의 대학에서 엑스포에 관심 가질 만한 연구자들 이십여 명에게 통지하여 자기 밥값 내고 공부하는 모임을 갖자고 제안한 적이 있다. 단 한 명뿐 아무런 반응이 없었다. 엑스포 용역, HK, BK, 학내 연구지원비 등 돈이 넘쳐나는데, 자기 밥값 내며 하는 공부모임에 관심 갖지 않는 것은 당연한 일이기도 하다. 연구하는 데 돈이 필요한 것이 아니라, 돈이 있어서 연구하는 역전이 진행되고 있음에도, 이 역전이 하등 이상할 게 없이 익숙해져버렸다. 우리 그리고 내가 연구성과 평가시스템에 적응해온 결과 그것이 체화되어버린 것이 아닐까 싶다.

5년 당겨 명예 퇴직한 부산대 손일 교수는 '학자로서의 마지막 업'으로 혼신의 힘을 투입한 두툼한 책을 내면서, 자신의 책이 손자 녀석의 책장 한구석을 언제까지나 차지하기를 바랐다. 그의 사유가 손자에게도 전해졌으면 하는 바람이리라. 나는 내 글이 그다지 생명이 길기를 바라지 못한다. 글이 나오고 몇 년간이라도 일부 연구자들에게 읽히기를 바라는 정도이다. 유행을 탄 공부이니, 얼마간은 유통될지 모르겠다 싶기는 하나, 간혹 학술연구정보서비스(RISS)에 들어가 상세조회와 다운로드 횟수를 보면 많지 않다. 한국학이 아니고 논제에 사례가 달린 경우가 많아서 그렇다고 자위할 수밖에 없지만, 강의를 듣는 내 학생들에게 내 공부를 전하는 것으로 만족해야지 한다. 퇴직을 2~3년 남겨두었을 때, 이제 남은 시간 동안은 해양사 공부에 몰입해야지 했다. 그때 "해야지 한다는 것이지 해질지는 모르겠다"고 적었다. 해양사 공부가 역사학의 패러다임을 바꿀 잠재성을 지니고 있다고 느껴져 지적인 매력을 느낀다. 그러나 해양대학에 부임한 후 십여 년 동안 해양사 강의를 하면서 연구의 착지점을 찾고자 했으나 여전히 오리무중이었다. 사료를 읽으며 글쓰기에는 역량이 사라졌고 깨알같은 글씨의 사료를 읽기엔 시력의 한계에 와있으니, 자신은 없었고, 이전에 하지 않았던 새로운 공부를 해야 한다는 중압감도 있었다. 학연도 지연도 없는 아주의대 이종찬 교수와는 20년 넘게 지적 교류를 하고 있고 요즘도 그가 던지는 지적 메시지의 통찰력에 놀라고 있다. 한때 그가 제창하는 열대학에 계발되어 시야를 동남아시아로 넓히고 중국남부를 동남아시아와 연결시켜 볼까 궁리하기도 했다. 그러나 더 이상 연구영역의 확장은 내가 도저히 감당할 수 있는 일이 아니다 싶어 포기했다. 특히 근래 중국학계에서는 해양사 연구가 방대하게 쏟아지고 있어 연구성과를 소화하기도 어렵다. 같은 전공인 부경대학 조세현 교수가 '만국공법'으로 근대중국 해양사에 접근하는 성과를 보고는 그의 지적 순발력에 탄복했다. 다만 해양사가 이론적으로는 흥미로우나, 구체적인 대상으로 들어가면 재미가 반감된다. 국내외 대부분의 연구가 실증적인 내용이기 때문이다. 근래의 해양사 연구는 사례 연구가 많고 사례연구는 미시적인 경향으로 흐른다. 미시적인 연구는 연구의 공백을 메울 수는 있어도 거시적인 흐름을 통한 미래의 전망을 제시하기에는 한계가 있다. 여기에 존재하는 간격을 메우는 것이 내 숙제가 아닐까 했다. 그동안 작업해오던 박물관 전시 연구와 동아시아 해양사를 접맥시켜 시각적으로 해양사의 큰 그림을 그려보고 있다. 그러나 숙제를 감당할 자신은 없고, 아니 숙제라고 스스로에 부과한 짐에서 풀려나고 싶다.

고령사회로 한국이 진입하게 되니, 당연히 언론에서도 '노년을 어떻게 보낼 것인가' 하는 식의 언론 기사나 다큐가 많아지고 나도 저절로 그런 기사에 눈이 가게 되는 건 어쩔 수 없다. 한 다큐를 보니, 70이 넘어서도 페이스북을 한다거나 산악자전거를 타고 악기 몇 개를 더 다루고자 연습하고 외국어를 새로 학습한다는 등의 내용이다. 기사도 이와 유사한 경우가 적지 않다. 나이 팔순에도 저서를 출간하거나 그림을 그린 르페브르나 제백석 같은 인물, 다들 구순 넘은 김형석 선생의 왕성한 활동을 보라고 하며, 나이는 숫자에 불과하다고 강조한다. 특별한 재능과 열의를 가진 이들의 그러한 노후 역작은 충분히 상찬할 일이다. 그러나 평범한 노인이 되어가는 우리 모두에게 그런 사례를 들먹이며, 늙은 척하지 말라고 하는 건 하나의 희망고문이기도 하다. 나이 들어서도 명예 욕망 혹은 인정 욕망의 불을 끄지 않고 태우는 것은 부러운 일이다. 그러나 그 욕망이 조절되지 않을 때는 패가망신의 길이 되기도 한다. 타고난 뛰어난 능력이 언제나 득이 되는 것은 아니다. 젊은 시절 수재 소리를 듣던 김기춘이 감옥에 가고, 타고난 꾼 이윤택은 미투 운동의 과녁이 되었다. 노벨상 후보 고은도 있다. 고은의 작품이 수도꼭지같이 틀기만 하면 쏟아졌지만, 차세대 시인은 쏟아지는 그건 똥물이라고 일갈했다. 자기 그릇의 크기를 알고, 손을 놓을 줄 알고, 장삼이사(張三李四)에 만족할 줄 아는 것도 하나의 지혜일 터이다. 게을러서는 안 된다는, 뭐든 머리에 채워 넣어야 한다는 강박관념에 쫓겨 허겁지겁 허둥지둥 줄달음쳐온 육십여 년의 세월이었다. 자의 반 타의 반 옭아맨 굴레에서 해방되는 것도 좋은 일이다.

60대 인문학자, 우리는 어떤 길을 걸어왔는가

초판 1쇄 발행 2021년 11월 22일

지은이 하세봉
펴낸이 강수걸
기획실장 이수현
편집장 권경옥
편집 윤소희 김리연 신지은 오해은 강나래
디자인 권문경 조은비
경영관리 공여진
펴낸곳 산지니
등록 2005년 2월 7일 제333-3370000251002005000001호
주소 부산시 해운대구 수영강변대로 140 BCC 613호
전화 051-504-7070 | 팩스 051-507-7543
홈페이지 www.sanzinibook.com
전자우편 sanzini@sanzinibook.com
블로그 http://sanzinibook.tistory.com

ISBN 978-89-6545-765-7 03040

* 책값은 뒤표지에 있습니다.
* 잘못 만들어진 책은 구입처에서 교환해드립니다.